古今東西スイーツ物語

The History of Sweets in Japan & the World

吉田菊次郎

Yoshida Kikujiro

松柏社

目次

近代……119

第一章

世界のスイーツ物語

先史時代

今からおよそ八〇〇万年から五〇〇〇万年前のアフリカにおいて、私たちの祖先は直立二足歩行を機にチンパンジーたちと分かれるようになったという。遠い祖先たる彼らはまだはっきり人間とは呼べない、いわば猿と人間の中間的な存在として猿人と呼ばれていた。タンザニアのラエトリでは、三六〇〇万年前の二足歩行人類、アウストラロピテクスと名付けられたアファール猿人の足跡が発見され、一九九二年にはラミダス猿人（五八〇万年から

古代エジプトの農耕。麦の穂を牛にふませている壁画（テーベ、メンナの墓）

四四〇万年前）が発見され、二一世紀に入ってからは六〇〇万年前の猿人の骨が発見されている。人類の先祖探しは今もなお続行中なのだ。しかしながら、食文化の源を探るにあたっては、これでは少しばかり遠すぎるようだ。もう少し現代に近づいてみよう。二五〇万年前に現れるホモ・ハリビスは脳が大きくなり、道具を使う人間らしい特徴を備えてくる。彼らは原始的な食器すなわち礫器《れっき》を用いて肉食をしていたようだ。そして一八〇万年前に現れたホモ・エレクトスすなわち原始人になると、脳の大きさは猿人の倍ほどにもなり、さまざまな環境の変化にも対応できる体力を備えて、アジア方面にまで分布図を広げていく。彼らは後世の人から、それぞれの特徴や発見場所からピテカントロプス・エレクタス（直立猿人）と呼ばれたり、シナントロプス・ペキネンシス（北京原人）、あるいはジャワ原人などと名付けられた。

　ところでこの原人の特徴は火を手に入れたところにある。たとえば、北京原人の周口店洞窟遺跡には炉を使った痕跡や焼けた動物の骨なども見つかっている。加えて石を両面から加工して斧を作るなど、道具の進歩と併せて、調理技術も手に入れたのだ。

　続いて一二万年前頃からネアンデルタール人と呼ばれる旧人が分布を広げていく。彼らは現代人と同じほど大きな脳を持ち、死者を埋葬するなど、なかなか高い精神性を備えていたことがうかがわれる。

そして氷河期の終末期にあたる六万年前から五万年前になると、アフリカに私たちに最も近い祖先とされる現生人類、ホモ・サピエンスのクロマニオン人が現れてくる。彼らは旧人に対し新人とも呼ばれている。その彼らはほどなくアフリカを出てユーラシア大陸に広がり、ネアンデルタール人と入れ替わっていった。ただ四万年から三万年前ぐらいまでは、旧人と新人とが共存していたことが分かっている。なおこの新人だが、彼らは石刃《せきじん》技法という技術を会得し、ナイフ状のものや錐《きり》状の小型石器を作り出す。そしてそれらを使って槍や銛《もり》、あるいは釣り針といった小道具類を作り出していく。また彼らはフランスのラスコーの洞窟壁画等に見られるように、すばらしい芸術性や宗教性といった精神文化を備えてもいた。

遥けき時代の食生活

二五〇万年前から二万年前までの間を旧石器時代、二万年前から一万年ほど前を中石器時代、一万年前から五〇〇〇年前ぐらいの間を新石器時代と呼んでいるが、こうした有史以前の時代、人類はどのようなものを食していたのだろうか。そっとのぞいてみることにしよう。

旧石器時代の彼らは、天敵たる大きな動物を避けて身を守り、野山に行動しては野生の果実や木の実を採って食べている。ナナカマドやドングリ、菱の実の類のようだ。またある者は川辺や海辺におりて魚をとったり、貝を探している。さらに別の者はトカゲやイモリ、ハリネズミ、カエルなどの小動物を捕まえている。どうやら我々ヒト科は初めから雑食動物だったようだ。このような生活を「自然物採集経済」という。

火の使用

既述したように原人と呼ばれた人々は、その生活の痕跡からすでに火の使用を会得していたことが分かっている。いったいいつ頃から使っていたのだろう。時を急ぐあまり私たちは見過ごしてしまったようだ。おそらくある時、勇気ある者が出て、天より来る火、すなわち落雷による山火事などの火、あるいは地より起こりたる火、すなわち火山の噴火または石油や天然ガス、石炭などの自然発火による火を手に入れることに成功したのだろう。この勇気こそが人類を飛躍的に発展させたのである。それまで恐れおののいていたこの神秘なる火というものを自在にあやつることにより、危険極まりない他の動物たちから身を守れることを知り、また採ってきた魚介類や諸動物の肉を焼くなり焙るなりして食すことを覚えた。原始的にして最も基本的な調理の始まりである。

道具の使用

もう少し時を下ってみよう。人類はやはり考える動物である。他の生きものを捕らえるためにいろいろな道具を考え出した。山や原野においては木の枝を使って槍を作ったり、蔓を使って弓という飛び道具を作り、自分たちよりも身体も力も強大な、あるいは足の速い動物たちを追って狩をし、海や川においては、魚や動物の小骨等を利用して釣り針を作り出し、糧を求めた。かなり高度な「狩猟・漁労経済」に入ってきたのだ。

このように人為的に獲物を捕獲することができるようになると、これまでのように山野を徘徊しなくてもすむようになり、次第に人々の生活は一定の地域を中心としたものに落ち着きを見せ始める。ひとつのテリトリーをもっての定住生活に入ってきたのだ。このふたつの経済、すなわち自然物採集経済及び狩猟・漁労経済は、旧石器から中石器時代に属する。

これらの時代を経て、新石器時代に入ってくると、生活もだいぶ進歩が見られてくる。そして食糧生産革命と呼ばれる「農耕牧畜経済」が起こってくる。ちなみに人類最初の農耕牧畜は九〇〇〇年程前（紀元前七〇〇〇年）にイランのザクロス山地から地中海に至る一帯に始まったといわれている。何となれば、この地帯には野生の豆や麦が自生し、数多くの山羊や羊等の野生動物が生息しており、そうした条件を満たしていたことによろう。また最古の農耕集落といわれる死海の北側のイェリコやイランのジャルモといった地には、食物の調理や保存のための土器や日干し煉瓦で作った定住跡が見られる。

　ともあれ人間は、天然、自然の物を採集することから、穀物の種を撒いて栽培することを覚え、またそれまでは追いまわして狩猟の対象とするだけであった動物を、少なくとも性格のおとなしいものに限っては飼育し、その乳を採るなどの生活に入っていったのだ。こうした農耕や牧畜の発達が、パン作りやお菓子作りの源となってくるわけである。

天の恵み・麦

　後々の食生活において重要な役割を演じる小麦についてみてみよう。アビシニアを原産とするその原種は、染色体が七対しかなく、実は穂先に一粒しか付けないものであった。それがある時何かの偶然で別の稲科の植物と自然交配し、一四対の染色体を持つものができた。以前のものに比べて穂はかなり大きく、実も複数付けるようになった。後に、それがまた何かの拍子に品種改良されて倍の二八対の染色体を持つものになる。が、まだその実は硬く、食料には不向きで、せいぜい動物の飼料か、他のものと合わせて練られる原料としてしか用いられなかったことと思われる。ところがまたまた自然が恵みを与えてくれる。ある時再び別種の稲科と自然交配がなされ、元の一四対から二一対の染色体を持つものが生まれたのだ。これは驚くほど実が柔らかく、調理もしやすいものであった。まさに神様が人間のためにしてくれた遺伝子組み換えとしか思えないことである。人々はそれらを集め、口にしているうちに、こぼれ落ちたものが地面から芽を出すことを知る。このことが人の営みに大きな変化を与えるようになってくる。すなわち種を撒くことによって栽培し収穫することを覚え、今日的な定住生活に入っていったのだ。文明社会への第一歩である。ともあれこうして出現した新種の小麦は、その後使用範囲を飛躍的に広げていく。なおこの頃は、その他にも麦の種類として、大麦やライ麦が現れている。

甘味の原点

人類が意図的に初めて利用した甘味は果実であり蜂蜜であった。完熟した果実の甘さは何ものにも替えがたく、それに接した人々の喜びはいかばかりであったか。また、危険を冒してまで手に入れた蜂蜜の甘さのとりこにもなった。そこでこの楽しみをさらに増大させるべく、知恵を働かせた。すなわち刹那的に楽しむだけではなく、採集した果実を蜜漬けにすることによって、より永くその

ハチ蜜採集。旧石器時代前期、前六〇〇〇年頃
（スペインのクエバ・デ・アラーニャ）

美味を保たせることを知るようになったのだ。お菓子というものを今日的な概念で捉えると、生菓子や焼き菓子の「パティスリー（pâtisserie）」と、糖菓と訳される「コンフィズリー（confiserie）」、そして氷菓すなわち「グラスリー（glacerie）」に分けることができる。この果実の蜜漬けの手法は、まさにこのコンフィズリーの分野につながるものである。

なお、この蜂蜜に関しては、紀元前六〇〇〇年頃の壁画にすでに蜂が描かれていたり、また五〇〇〇年以上前の古代エジプト王が蜜蜂の印を使用していたことからも、それはたいそう貴重なものであったことが分かる。

乳の利用

後世のお菓子作りの主要原材料となる乳製品についてみてみよう。初めは山羊や羊、そして牛、馬、ところによってはラクダなどの飼育を手がけるようになり、その乳を利用することを思いつく。ただ、初めの頃は、まだ飲むことだけを目的としていたが、そのうちに一部では凝乳《ぎょうにゅう》の状態で利用するようになっていく。これは後に発酵させてチーズへと発展していくことになる。またこうした乳の利用を含めて、人々の知恵はとどまることを知らず、食物の加工は大いなる広がりを見せていく。すなわち種々の果実や植物に水や乳を加え火にかけておも湯状やかゆ状にしたり、さらには穀物やナッツ類等を粉にして、少量の水や乳を加えて捏ね、これを焼いて食すことを覚えていく。これらはこの先のパティスリーにつながっていくものである。

塩分について

人が生きていく上で欠かすことのできない塩分については、初めは物を焼いた灰や、野生の動物の肉に含まれているナトリウムから摂取していたが、おも湯やかゆ、あるいは平焼きのパン状のものを摂るようになった頃、すなわち加工食の時代には岩塩や塩水湖、塩水沼から採った塩を加えていた。そのためには遠く離れた海辺や奥地の山谷にまで行かねばならない場合もあり、当時としては、塩は大変貴重なものであったことがうかがわれる。甘味とともに大切なこの塩分について考査してみると、なかなか興味深いことに気付く。我々の身体には、その一三分の一を占める血液が流れており、その中には塩分（ナトリウム）が含まれている。これは人体の細胞外の陽イオンの九〇％を占めており、ペーハー（ph）は七・三五から七・四五となっている。なお、これは海水のペーハーとほぼ同程度の値を示している。なぜ身体には塩分があり、またこれを必要とするのか。これは草創期をたどると、人類も他の生物と同様に海中より発生し、進化したものの末裔であることの所以であるといわれている。現在においても身体は当然この塩分を要求している。ゆえに通常摂っている食事にも、若干の塩分が含まれていると、それはまことに美味と感じる。甘味、塩分を含めて、人々は生きていく上で、また生活を楽しむ上でも、その後もいろいろな手段をもって必要な味覚を追い求めていく。ともあれ、時は移り、有史初期に入っていく。すべては麦に始まり、食文化の幕開けを待つ。

古代エジプト時代

食文化の幕開け

文明のあけぼの

エジプト時代とは紀元前三五〇〇年から紀元前五〇〇年までの三〇〇〇年間で、幾多の王朝が栄えた時代をいう。すなわち紀元前三五〇〇年頃から文化の芽生え始めたこの地では、次第に国らしいまとまりを得、王朝ができた後、古王国、中王国、新王国合わせて三〇代の王朝交代を記録している。

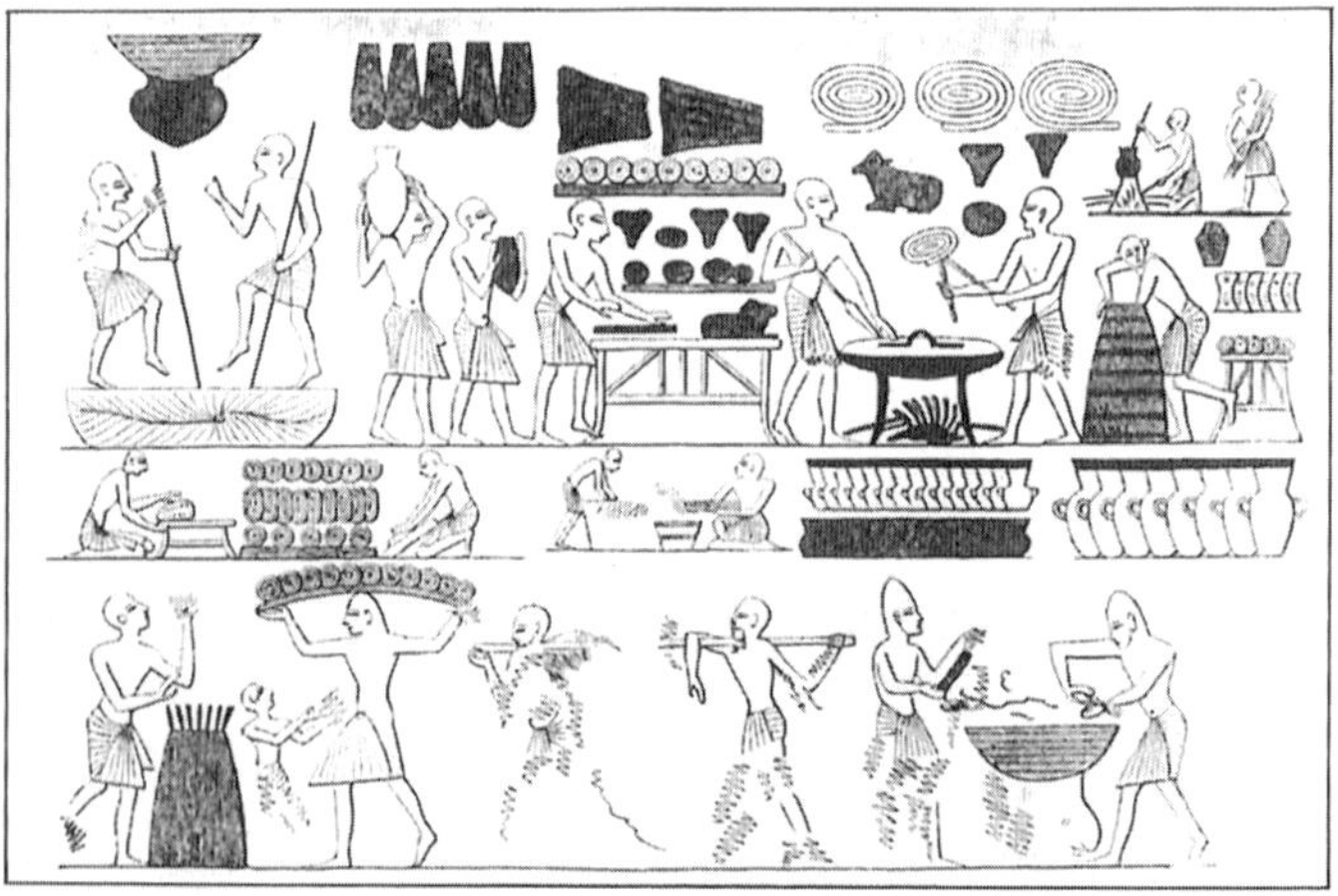

エジプト時代のパン作りの壁画。ファラオの霊安時における王宮のパン製作図。ラムセス3世の墓より発見（第20王朝、紀元前1175年）

このナイル河流域に栄えたエジプト文明やチグリス・ユーフラテス両河流域のメソポタミア文明、インダス・ガンジス両河流域のインド文明、黄河・揚子江両河流域の中国文明といったいわゆる四大文明は、人類繁栄の礎となった。そしてこれらの地はまた数々のお菓子の発祥の地でもある。

この時代になると、農耕は大いに発達し、人々は食べ物に適した穀類の栽培を進めていった。農耕の初期は自然の降雨に頼る乾地農法で、土地がやせたり荒れたりすると耕作地を変更するという方式のため、大規模な集落はできにくかった。そして後、農耕の発展をさらに推し進める耕作法が生まれた。灌漑法である。これにより生産力が飛躍的に増大し、各地に大規模な集落が出現していく。

パンの登場

私たち人類にとっての大変重要な事柄、それはパンの作り方の発見であろう。そのためにはさまざまな経緯が想像されるが、おおむね次のようなプロセスであろうと考えられている。

まず古王国時代（紀元前二八五〇～二〇五〇年）、人々は麦を石臼で挽き、粉末にしてお粥状のものを作って食することを覚えた。大変な進歩である。この、ひと手間かけてお粥状にするということが、重大な意味を持っているのだ。すなわち麦はそのままあるいは細かく挽いたままではバラバラの状態だが、水を加えることにより形がまとまりやすくなるということを知ったわけである。このお粥がある時何かのはずみで、非常に濃い状態に作られたと思われる。そしてそれをまとめてこねるなどしてみたら、ひとつの形を保ち続けることが分かった。次いでこれを熱い石の上に置いたところ、水分が蒸発して焼け、いわゆる最も原始的なパンができあがった。人類が初めて人為的に作り出した食べ物である。

パンの進化とビールの誕生

人の成すことには誤りがつきものである。が、それは時としてすばらしい発見につながる。たとえば前述のごとく、お粥が誤って濃い状態に作られ、そこからパンが生まれたように。

さて、またある時、いつものお粥を再び濃いめに、しかも量も多めに作りすぎてしまった。大切な食料ゆえ捨てるわけにはいかない。そこでかめなどに保管しておいた

パン作りをしている様子

古代エジプトの小麦パン（右、オーストリア、ウィーン美術館）。左は繊維で編んだ平皿にのった２枚の薄いパン。古代エジプト新王国時代、ナイル河畔の古都テーベより発掘。紀元前1250年（ロンドン大英博物館）。

ところ、ブツブツと怪しげな音をたてている。しかも見た目にも膨れ上がり、全体に大きく膨張しているのが分かる。気温の高いところに放置されれば当然起こりうる現象だが、これは人類が驚きをもって目にした発酵という現象である。初めのうちは腐ったとして捨てていたと思うが、何度も同じ現象にあっているうちに、これをいつもと同じように焼いてみようと、熱い石の上に置いてみた。焼き上がったものはそれまでのものよりずっと柔らかく味も悪くない。先のものはさておき、これこそが今様の概念でいうパンであり、その始祖というべきものであろう。さて、その後人々は通常の薄いお粥においても同じことを体験する。つまりいつものお粥を作り過ぎ、放置しておいたところ、やはりブツブツと奇妙な音を立て、表面に泡が立っていた。多分これも幾度となく腐ったとして捨てられていたことと思うが、そうしたある日、勇気ある者が現れて、こわごわ口にしたところ、少し舌をさしたが爽快さも感じ、そのうち少しボーっとしてきて、何ともいえず心地よい気持ちになってきた。これがビールの始まりである。同じ麦からできて、一方はパンに、他方はビールになっていったわけで、いうなればこのふたつは麦から生まれた兄弟というわけである。もっとも当時のそれは、今様の透明なスキッとしたものではなく、濁ってドロッとした、いわばドブロクのようなものであったと思われる。ちなみに同時代のピラミッド建設には多くの人手がかかったが、その賃金の支払いの代わりにこのビールが当てられていたとも伝えられている。このことからも、これが当時の人々にいかに好まれていたかが分かる。やはりアルコールは昔から人々の心を癒す働きがあったようだ。

パンの発展

その後のパンの発展だが、メソポタミア地方において実を結びさらに進化していく。この地はシュメール人やカルディア人たちが住み、バビロニア文明が花開いたところである。パン作りの技術は、地理的にもさほど遠くない一方の文明圏であるエジプトとも互いに影響を及ぼし合い、それぞれの地で大いに発達していくことになる。なお、初めの頃はさまざまな麦が混然と使われていたようだが、そのうちにビールはさておき、パン作りにあっては小麦の方が食べ心地がよいなどということが分かってきた。以来この使い分けは今日まで続き、パンに関しては他種も使うが、あくまでも小麦が主流として使われている。なお、現在の世界を見渡すと、当初のパンの姿を彷彿させるものがいくつかある。たとえば中東や中央アジアでは、イーストを用いないチャパティと呼ばれるパンを作っている。インドあたりのナンと呼ばれるものも、これらと同種といえるが、それらを見るに、おそらく当時とさして変わらぬであろう手法で、生地を捏ね延ばして作っている。そして中に小石を敷き詰めた奥行き深い石のかまどを使い、熱した石の上にこの生地を張り付けて焼く。人々はこれに羊の肉などをはさんで食す。これはシシキャバブの名で知られているものだが、こうしたものを目の当たりにするにつけ、まさにその頃作られていたであろうパンの原点を見る思いがする。ところで、ワイン（後述）については、一説によるとビールより先に楽しまれていたともいわれているが、その搾りかすなどをパン生地に加えると、単に放置するより早く発酵し、ふっくらとしたものが作れることを知るようになる。今日あるぶどうパンなどはその名残りといえるものであろう。

ところでエジプトやメソポタミア地方では、そうしたものがいつしかすっかり生活に馴染んでゆき、やがて専門のパン職人を生み出すことになる。そしてこのあたりより、蜂蜜や果実といった甘味と動物の乳などが、パン作りの知識や技術と融合してゆき、次第にお菓子らしきものを形作っていくことになる。

ファラオの墳墓は情報のカプセル

ファラオ（王）の眠る墓はすばらしいタイムカプセルでもある。発掘される数多くの王の遺品からはパンあるいはお菓子らしきものをこねる姿の人形なども発見されており、また当時、すでに手回し式の石臼が用いられ、さらにはふるいさえもが考案され、メッシュが選別されていたことなども分かる。なお、古代エジプトの首都・テーベにあったラムセス三世の宮殿の壁画にはパン作りの模様が描かれているが、紀元前一一七五年頃にはロール状に丸めたものや、とぐろを巻いたヘビといった特定の動物の形をしたパンが見られる。これは貧しい地域においては生きた動物を神に捧げる余裕がなかったゆえの代用とも思われる。そしてこれらを作るに当たっては、手によって形作られるほか、すでに「型」を使用していた形跡が見られる。また焼成方法については、かまどで焼く他、脂肪を熱してフライ状にする調理も通常のこととして行われていたようだ。たとえばラムセス三世の墓の壁画には「ウテン・ト（uten-t）」と呼ばれる揚げ菓子が認められるが、これは渦巻き状をしており、おそらく生地に油脂を塗って巻き、揚げたものと考えられる。これなどは生地と油脂とが層状を呈することから、広い意味ではフイユタージュ（パイ生地）の原形とも捉えることができよう。なお、パンかお菓子かはさておき、こうした小麦粉を使用したものは、来世もしくは生まれ変わりを信じていた彼等の信仰とも密接な関わりを持っている。すなわち死後も食べ物に不自由をきたさぬようにとの願いから作られたものでもあったのだ。また作られるものについては、先に述べた渦巻き形の他に丸や三角、四角など、さまざまな形や大きさがあり、それらをさらに美味しくするために、ゴマや蓮の実、コリアンダーなどが使われてもいた。

甘味源は財産

人々が蜂蜜や完熟した果実に甘味を求めていたことは既に述べたが、とくにこの時代に大切にされた甘味源としては、ナツメヤシの実がある。北アフリカや中近東のあたりに自生し、今日に及んでも、これらの地に住む人々にとっては欠かすことのできないほど重要なものとなっている。この実は英語ではデーツ（date）、フランス語ではダット（datte）と呼ばれるもので、干し柿に似た食感と味わいを持っている。記録をたどると、今から四〇〇〇年ほど昔より、この甘き木は財産目録にも載るほどに大切にされてきた。かつてエジプトにシヌヘという貴族がいた。彼は王家の争いからナイルを越えてパレスチナに渡った。そこで妻を迎え、子供を持ち、財も築くが年齢を重ねるに従い望郷の念抑え難く、ついに意を決して故郷に帰ることにした。当時のファラオであるセソストリス一世のもとに戻ることが決まった時、自分の息子に「わが種族、わがすべてのものは彼のみに属す。わが民、わが家畜、わが果実、わが甘き木も……」といったと伝えられている。この甘き木はすなわちナツメヤシのことで、財産の一部として明確に数えられており、いかに大事なものであったかが分かる。時代を大きく下って一〇世紀半ば、イスラム教徒はデーツを海路ペルシャ湾、アラビア海、インド洋を経て、広東に伝え、陸路では西安、重慶へと伝えている。現在日本でも、例えば首都圏では横浜の中華街辺りに行けば、いつでも口にすることができる。ちなみにこれは、今日でもフランス菓子のプティフールの一種であるフリュイ・デギゼ（fruit déguisé：糖衣したフルーツ）には必ず使われる素材として生きている。

マジパンの祖先

現在、スイーツの世界に、アーモンドと砂糖を練ったマジパンという素材がある。粘土状のペーストゆえ、これで薔薇の花や動物等を形作って、デコレーションケーキの上に飾られたりするものである。このルーツをたどると、遠く古代エジプト時代にまで遡るようだ。つまりマジパンという言葉が生まれる揺か以前から、アーモンドを練って作った食品の記録が存在していたのだ。ストラボン（Strabon：紀元前六五〜紀元後二四年）という地理学者によると、メソポタミア北部にいたメディア人たちは、フルーツを干し、粉にしてお菓子を作ったり、つぶして練ったアーモンドでパンを作っていたという。事実今でもアラブの各地ではこうした形態のパンが残っている。マジパンはマスパン（massepain）ともいうが、〃パンの固まり〃という意味を持っている。遠く探ると、語源もこんなところに行き当たる。なおこのペーストは、食べることのほかに、一種の塗り薬として用いられてもいたとか。古い時代には栄養価の高そうなものに、そうした使い方がなされていた事実はさほど珍しいことでもなかったようだ。

ウェディングケーキをたどってみれば

紀元前四〇〇〇年後半、古代シュメール人が北方よりメソポタミアに進出してきた頃のこと。彼らは高い丘に神を祀る慣わしがあったが、進出してきたそこは広大な平地である。そこで考えた末、人工的な塔を建てることを思いついた。当時はまだ階段というものを知らなかったようで、螺旋状に上る工夫がなされた。限りなき天への接近は神への道でもあった。この思想が尖塔状のウェディングケーキに引き継がれ、象徴されているといわれている。もう少し掘り下げてみると、この婚菓はイスラエル建国の祖といわれるモーゼがカナーン（ヨルダン河と地中海に挟まれた地域、パレスチナ）と同じように、「乳と蜜が流れる地」と称したエジプトのナイルの三角州から採れる蜂蜜と関係していたともいう。後にキリスト教の伝道とともにヨーロッパに広まり、これで作ったハニーケーキは貴重なものとなった。そしてこれとぶどうとが相見《あいまみ》え、プラムなどとともにブランデーに漬けられて、プラムケーキが作られる。次いでこれを土台として、周りが飾られてウェディングケーキになっていくわけだが、これは多くの場合、薔薇や唐草の文様が施される。薔薇は花言葉「愛」の如く、人を祝福する意味を持つが、特に純白の花は純潔の象徴である聖母マリアのシンボルとして親しまれている。絞られるクリームの唐草の文様は、ギリシャで生まれたといわれ、遠くシルクロードを経て日本にまで伝わってきた。こののびのびと交互に広がる巻き枝は、限りなき未来への発展、人類の繁栄を表しているといわれている。また話を蜂蜜に戻すと、蜂の巣から蜜蠟が採れるが、これで作ったろうそくは、他のどれにも増して明るく灯る特上品であった。このろうそくの神秘的な明かりと揺らめくはかなさは、人々に礼拝の心をもたらし、ミサをはじめ、後には結婚式や祝い事に際して欠かせないものへと発展していく。日本でも結婚式を華燭の典ともいい表している。

古代ギリシャ時代

お菓子の独り立ち

海洋文明・地中海世界の誕生

紀元前二〇〇〇年より、エーゲ海一帯に世界最古の海洋文明が誕生した。これをエーゲ文明というが、オリエント文明を媒介し、ギリシャ文明の成立に大きな影響を与える。このエーゲ文明は、はじめクレタ島を中心に栄えたが、紀元前一六〇〇年以降はギリシャのミケーネに中心を移す。よって後者をミケーネ文明と呼んでいる。これがギリシャの人々に引き継がれ、紀元前一〇〇〇年頃までにエーゲ海を中心に成

ギリシャの人々の生活模様

立したのがギリシャ世界である。

古代社会というのは、いわば農業を中心とした専制君主のもとでの奴隷社会であったが、ここギリシャ世界はポリスと呼ばれる都市国家が成立し、市民社会が大きく成長した。進んだ文明の地には進んだ食文化が生まれる。紀元前九〇〇〜八〇〇年頃になると、エーゲ海におけるこの文明はあらゆる分野で花開いていく。エジプトやメソポタミア地方より伝わったパン焼きの技術は、この地でも徐々に主食としてのパン作りと嗜好品としてのお菓子作りに分離していく。なお、製パン法については、ある程度形あるものにまとまったのはエジプト時代であることは既述したが、一説によるとエジプト文明が頂点に達するはるか以前に、ギリシャに足がかりを持っていたとも伝えられている。

神々の世界

ギリシャという地は数々の神話の世界でもある。エジプトには、人間の力を超越した命の源ともいうべきナイル河があり、人々の生活を支配していたが、ここギリシャにはそうした具体的な影響力を持つものがない。そこで彼らは自然の恵みを神話の世界へと置き換えていったのだ。その結果さまざまな分野に神々が誕生し、人間社会と同様の、そしてさらにそれを超越した形で、具体的な営みをすることを想定していった。

さて、こうした多くの神々の中で、食に関わるところでは、大地と穀物の神たるデメテール（Demeter）という女神がいる。人々は耕作するにあたって、まず土地の開墾を行うが、これは大地たる女神の体を切り裂くことになる。これを見た他の神々の怒りをそらすためには、耕作という行為を神聖なものとする必要があった。そこで次のような話が生まれた。耕作の季節になると女神デメテールは種蒔きの神イオシオンに想いを寄せる。そこで彼女は耕された地に身体を横たえる。いわば大地となった彼女に、耕作者たるイオシオンは種を蒔く。人々はイオシオンの代行者となるわけである。これはまさに人間の営みになぞらえての豊饒を祈念したもので、すべての生命、実りの根源を表している。ところが、この行為に多情なる天の神ゼウスは怒り、雷を放ち雨を降らせる。

豊饒の女神デメテール

これは人間が自然に手を加えたことに対する畏れの心の表れともいえよう。こうして収穫された小麦をもとにエジプトやメソポタミアから伝わった製パン技術はこの地に腰を落ち着け、さらに発展していく。神話に従うなら、デメテールがその子トリプトレーモスを人間のもとに遣わし、パンの作り方を教えさせたという。そして人々はできたパンを感謝の念とともにデメテールの神殿に捧げる。豊かな麦の穂を表すブロンドの髪の女神デメテールは、今も天にあって穀物の収穫を優しく見守ってくれる守護神として、人々の心を捉えている。

ギリシャ人の食文化

この時代、燕麦やライ麦もあったが主役は小麦で、これに豚の脂などの獣脂、がちょうなどの卵、オリーブ油などを加えたさまざまなパンやお菓子が作られるようになった。その中にマゼス（mazes）というパンとお菓子の中間のようなものがあった。これは水を加えて練った小麦粉を発酵させずに灰にくべて焼いたもので、一般市民の主食のひとつでもあった。その他では小麦粉やそば粉に蜂蜜などを入れたエンクリス（encris）という一種の揚げ菓子が作られたり、焼きたてのディスピリュス（dispyrus）という平たいお菓子をワインに浸して食していたという。また、トリヨン（triyon または thriyon）と呼ばれるものもあったが、これは今日のチーズケーキやプラム・プディングの原形ともいわれている。

そのトリヨンについてみてみると、エジプト生まれのギリシャの修辞家ポリュデウケス（ポリュックス）の著した『オノマスティコン』という百科事典の中で、「トリヨンはラード、ミルク、小麦の胚芽の粉、卵、新しいチーズ、仔牛の脳みそなどを一緒によく捏ねる。これをイチジクの葉で包む。にわとりのスープか仔牛、羊肉のスープでよくゆでる。ゆだったらイチジクの葉をとって、煮立っている蜂蜜を入れる」と伝えている。かなり手のこんだものだったようで、当時の美味しそうなものをふんだんに入れていることがよく分かる。ここで「新しいチーズ」と断っていることに注目したい。その頃のチーズは草で編んだ籠に入れて水分を取り除いた、相当カチカチの状態にさせたものが普通だった。ところがこれにあっては、そこまでいかない、あえてちょっと柔らかめのものを使っている。そしてそこに蜂蜜を入れて甘く美味しく……。これぞまさしく今日いうところのチーズケーキの先駆けではあるまいか。しかも見たところプディング風。何ともおしゃれなデザートを楽しんでいたことがうかがわれる。

さらにはゴーフルのように二枚の鉄板に種《タネ》を挟んで焼く煎餅やオボリオス（obolios）というウーブリ（巻き煎餅）の原型的なお菓子も好まれていた。一説によると、紀元前二〇〇年頃にはその種類も多岐にわたり、七二種類の焼き菓子が作られていたという。例をあげるならフォトイス（photois）やグロムス（glomus）という円錐形をした小さな焼き菓子がよく食されていたという。ちなみにこれは油で揚げたクラップフェン（Krapfen：シューの原形）の祖形ともいわれている。またエピダイトロン（epidaitron）という小型のデザート菓子、セサミーティス（sesamitis）という、その名が示すとおり多量のゴマを使ってピスタチオを加えたものが好まれていた。さらにアルトロガノン（artroganon）という焼き菓子は、酸化発酵させたパンの一種で、非常に風味が高く親しまれたもののひとつであった。その他、小麦やゴマを蜂蜜等いろいろなものと一緒にして突き砕いて作った生菓子で、今日のプファンクーヘン（ハニーケーキの一種）に比べることのできるコプテ（kopte）またはコプタリオン（koptarion）というお菓子や、手鍋で焙り焼きしたアポテガノイ（apoteganoy）、深い鍋を使って作るテガニテス（teganites）というゴマ入りチーズケーキなどが好まれた。また作り方を示すような名前のお菓子の例としてはアポピリアス（apopyrias）という焼き菓子があり、これは〝炭で焼いたもの〟と訳すことができる。このほか生産地を表すものとしては、サモス島のサモスクーヘン等がある。またギリシャ周辺のクレタ、ロドス、エギナ、テラ、テッサリアンなどの多くの島々は、それぞれ特産のお菓子を持っており、それらを交易の品としていた。

バースデーケーキや婚礼菓子も

お菓子はギリシャ人の生活に深く結びついていった。すでに誕生日にはそれを祝うための、いわゆるバースデーケーキが作られたり、結婚式にはゴマと蜂蜜からできた婚礼菓子は欠かせないものとなっていった。伝えられるところによると、結婚したふたりには、周りの人々から、鍋の中で砕いた風味のよいエントリプタ（entripta）またはエントリプトン（entripton）

という蜂蜜入りのケーキがプレゼントされたという。そして婚礼の席ではひとりの子供が、客席の間を「僕が邪悪を払い、より良いことを見つけます」といいながら、メリペクタ（melipecta）という蜂蜜入りの揚げ菓子を配って歩いたという。なおこのメリペクタもシュー菓子の原形とされるクラップフェンの祖形といわれている。こうした蜂蜜とゴマ入りのお菓子はエジプトにもあったが、これは何よりも新婚生活を営む上での体力の消耗を補うためのものであったとされている。なお、ゴマはさておき、今日においても蜂蜜を使った焼き菓子や揚げ菓子などは、ギリシャを中心とした近隣の地に多く見受けられる。トルコを始めとしたアラブ・イスラム文化圏でも好まれているバクラヴァ（baklava）やギリシャでガラクトブレコと呼ばれるものなどはその一例といえよう。顧みるにこの時代は、生ものや焼いたもの、揚げたものも含めて一〇〇種類近いお菓子が現れている。主食たるパンとは趣を異にした嗜好品としてのお菓子のジャンルの独り立ちといっていい。

ワインについて

古代エジプト時代にパンが作られる過程でビールが生まれたことについて述べたが、実は人類が最初に知ったアルコール飲料は、ワインの方が先だったのではないかといわれている。おそらくある時、完熟したぶどうが岩の割れ目かくぼみにでも落ちたのだろう。ぶどうはもともと酒精分が多いため程なく発酵する。それを見つけた猿が口にし、ほろ酔い気分になったか、はしゃぎ出した。それを見た人間が猿を追い払い、同じように口にしてそのすばらしさを知った……。これを猿酒法というが、こうしてワインの作り方を覚えた人間は、その後ずっとその恩恵に浴し今に至っている。何でも人間が先というわけではないようだ。

さて、これはエジプト等他の地域でも楽しまれたことと思うが、当地ギリシャもぶどうを多く産するため、ワイン作りも盛んになり、いつしかそれは彼らの生活にはなくてはならないものになっていった。もちろん自らの生活を映す天界にもしかとぶどう酒の神ディオニソスを戴き、今に至っている。

果実の利用

まだお菓子がその地位をはっきりと確立し得ない頃までは、好ましい甘味を持つぶどうやイチジクといった果実がその役割を務めていた。ぶどうについてはワインやパン作りのほか、干しぶどうとしても利用されていた。何となれば、のどの渇きを防ぐことができるため、長い旅には必携品でもあったのだ。また干しぶどうは他のフルーツ以上に、独特の甘味と酒精分を含んでいるため、いち早くお菓子の中に取り入れられていった。今日あるフルーツケーキも、元をたどるとここに行き着くようだ。さらに口にするものへの利用のみならず、蔓の切り口から出る汁が、皮膚病の薬に用いられたり、あるいはその蔓を焼いて、痔の薬としても使われていたという。なお前述したごとく、ギリシャ神話には多くの神々が登場するが、その中に既述したぶどう酒の神・ディオニソスもいる。このことからも当時からいかにこの果実が親しまれ楽しまれてきたかを知ることができる。またイチジクに関しては、これも生食用のほか、乾燥させてもいたが、医学の祖と呼ばれる紀元前五〜四世紀の古代ギリシャの医師ヒポクラテスは、このイチジクの汁で動物の乳を凝固させ、チーズを作っていたという。そしてこれも食用の他に、その実を固めて膏薬を作り、皮膚病の薬として用いられていた。その他では、西アジアを原産とするプラムも多く食されており、ギリシャ、ローマを経て広く伝えられていった。プラムはその後の長い年月の旅の末、一六〇〇年頃イギリスに伝えられ、ブランデーとまみえて、今日の同国の銘菓のひとつであるプラムケーキに引き継がれていく。

チーズ、バター、ヨーグルトについて

遠い時代、遊牧民は山羊や羊の胃を水筒代わりにして水を入れ、旅をしていた。そんなある日、誰かがもっとおいしいものをと考え、それらの乳を入れ、いざ飲もうとしたら固まっていた。長い間揺られれば、当然水分と乳脂は分離したり発酵したり凝固もする。いわれる

ところのチーズはおそらくこのような過程をもってできたものであろう。ただそれがいつの時代であるかは定かではないが、ギリシャ時代にはかなり普及の兆しを見せていた。この地の牧童たちは羊や山羊の乳を切ったばかりのイチジクの枝でかき混ぜたり、あざみの花や種子を入れて凝固させていたという。前述したごとく古代ギリシャの医師ヒポクラテスも同様、イチジクの汁で動物の乳を凝固させ、チーズを作っていた。そしてそのうち、チーズ作りを職業とする人たちが現れ、動物の胃液等を使って乳を固め、チーズ作りに励むようになっていった。なお当時の人々はこれを草で編んだかごなどに入れて吊るし、水分を切った後、揉んでまとめ、発酵させて固めていた。そしてかなりカチカチの状態にし、非常食として、削って口にしていたようだ。察するにギリシャの人々はまだ柔らかいチーズを口にする習慣はほとんどなかったものと思われる。

バターについては、これも紀元前二世紀頃、ギリシャ人によってすでに作られていたようだ。ヨーグルトにあっては、バルカン半島に住んでいた南スラブ人、現在のブルガリア人の祖先が意図的に作っていたと思われる。彼等はギリシャ時代にあたる紀元前四〜三世紀頃にはすでにこうした発酵乳を好んで飲んでいたという。そしてこの習慣は次第にコーカサス地方や中近東へと伝わっていったようだ。しかしながら歴史が古い割には、更なる広がりを持つにはかなりの時を要した。何となれば、ヨーグルトが世界の各地で日常的に口にされるようになったのは、やっと二〇世紀になってからのことである。それはこうした発酵食品が馴染まれるまでに必要な時の長さだったのだろうか。同じ発酵食品でもチーズがあれほど古くから親しまれていたにもかかわらず。

ところで、古代ギリシャ人の実際の生活だが、一般の人々はまだ大方が大麦粥をすすったり、せいぜいマゼスを食べるぐらいであったが、上流階級ともなるとかなり贅沢な様子が垣間見られる。夜ごと日ごと宴が催され、放蕩の日々が続く。奴隷たちを従え、踊り子をはべらせ、寝台に体を横たえながら山海の幸を楽しんでいた。もちろん踊り子や娼婦たちも彼女等にとっては当たり前の仕事を全うしながら、主人や客の接待に尽くしていたという。このグルメと快楽の風潮は、そのままローマ時代へと引き継がれていくことになる。

貴族の宴の様子

古代ローマ時代

権力と官能の世界

伝説によると、トロイ戦争の勇士エネアスの子ロミルスが紀元前七五三年に建国して、最初の王になったと伝えられ、その年をローマ紀元の元年としているが、実際の建国はもう少し後の紀元前七世紀とされている。一般にいわれるローマ時代とは、この建国期から東西に分裂(三九五年)もしくは西ローマ帝国滅亡(四七六年)までの間をいう。その間ローマは全地中海の統一を完了し、東西に分裂するまで、長くその広大な版図と繁栄を誇った。

古代ローマ時代(BC64 年)の宴の様子

官能の世界

　ギリシャよりさまざまな影響を受けつつ、ローマの文明も花開いていった。この時代に入るとパンとお菓子ははっきり分離し、別々の道を歩むようになる。これは政治や各種の行事に執心する一方で、開放的且つ官能的な生き方を求めたローマ人の性格に負うところが大きかったといえる。生活様式が趣向に富み、余裕が生まれれば、自然と嗜好品に対する需要も高まってくる。パンやお菓子についても種類は大幅に増え、形も豊かになっていった。当時の生活様式を知る手立てとして、ベスビアス火山の噴火で埋もれたポンペイの遺跡があるが、ここからはギリシャ後期同様丸型で正しく八等分の切れ目を入れた、美しい均整の取れたパンも発掘されている。ただ食べるだけでなく、楽しむようになっていたのだ。また精製した小麦粉を使ったり、パン種を用いたり、その生地にぶどうの搾りかすを入れたり、できた生地にケシ粒をまぶして焼いたり、また食べる時は、蜜を加えた動物の乳に浸して食べたりもしていたという。つまりただ食べ

ポンペイの遺跡より発見されたパン菓子屋及びパン焼き釜の絵画

るだけではなく、余裕をもった摂取の仕方に変わってきているのだ。そしてパンやお菓子作りが男の仕事として確立するに至り内容も充実し、紀元前一七一年にはその職業が法的に承認されるまでになった。

この時代のお菓子としては、巻き煎餅・ウーブリ（oublie）、燕麦と山羊のチーズに蜜を加えて焼くプラチェンタ（placenta：二〇〇〇年ほど前の残された配合によると、数ポンドの小麦粉と蜂蜜に一四ポンドの羊乳のチーズを使って作る菓子とある）、トゥールト（tourte）というタルトの原形、揚げ菓子・ベニェ（beignet）、クルート（croute）という干菓子、フランの原形的なクリーム菓子などがあげられる。その他、アディパタ（adipata）というソフトタイプのビスキュイ、貝殻形をした焼き菓子、キュンメルやウイキョウの実で作ったお菓子を始め、蜂蜜や小麦粉、チーズで作ったサビルム（savilum）などが好まれたという。これらの中でもアルトクレアス（artocreas）という皿状のお菓子は誠に美味であったと伝えられている。またお供え物用の特殊なお菓子を扱うフィクトレス（fictores）と呼ばれるお菓子屋が大変繁盛したという。フィクト（ficto）とは〝いけにえにするものの形を作る人〟という意味である。なお、種々のお菓子は多くの場合権力者や裕福な人々のために作られ、また祝祭日や特別な儀式のためなどに使われていたが、そのうちにこれらの一部は次第に商品化され、一般庶民の間にも広まっていった。

デコレーションの技法と菓子型

ローマの人々は何事につけ神事を重んじていた。よって神々に対しては実に気前よくありとあらゆるお菓子を捧げ、その神殿は常に創意を凝らしたお菓子で溢れていたという。こうした背景もあってか、お菓子を飾るテクニックは大いに発達した。もちろん今様のデコレーションとは比すべくもないが、これまでのものからすると格段の進歩を見せていた。たとえばスクリブリタ（scrivlita）という皿状のお菓子は思い思いの絵などを描いて飾られたという。スクリブリタとは〝描く〟という意味のスクリヴェーレ（scrivere）という語からきている。またエンキトゥム（encytum）というお菓子にはいろいろな色調のグラッセ（被覆）もなされていたとか。なお、需要が高まるにつれ、パン屋もお菓子屋も店舗数が増え、三一二年にはローマ市内には併せて二五四軒にもなった。

お菓子作りの型について触れると、これまでにも飾りのあるものはあったが、ローマの支配下にあった土地からの発掘品からは、かなり手の込んだ焼き型類も出土している。そしてそこには神話の世界や皇帝のプロフィール、演劇などをテーマにした紋様が見られる。さらに、ローマ中期から後期になると、今日頻繁に使われるような組み合わせ型が現れてくる。お菓子作りもずいぶんと進歩していたことがうかがわれる。ローマ時代の後半、爛熟極まる頃には、ギリシャより受け継いだ宴の様式もますますエスカレートし、飾り菓子やあるものを象《かたど》った工芸菓子的なものが食卓を賑わすようになっていった。特に皇帝ネロの時代にはその頂点に達したといわれている。

ドラジェの先祖

当時好まれていたもののひとつにドルチア（dorcia）という、ヌガーの前身のようなものがある。ドルチアとは甘味の意味を持っている。発音や綴り等からみて今日いうところのドラジェ（dragée）の祖ともいうべきものであろう。紀元前一七七年、ローマの名家として知られるファビウス（Fabius）家では、自分の家に子供が生まれた時や家族が結婚した時、あるいは何かめでたいことがあった時に、喜びの印として市民にアーモンドを蜂蜜等で糖衣した、いわゆるドラジェを配ったといわれている。こうした流れを引き継いでか、今日でもこのお菓子は、ヨーロッパでは誕生日や結婚式、婚約式、あるいは洗礼式、聖体拝領といったおめでた事に欠かすことのできないものとなっている。なお、今日において慣例的には、男児の場合はブルー、女児の場合にはピンクのドラジェが配られるが、こと結婚式にあっては、色はさておき中のアーモンドは生のものでなければならない。何となれば、そこから生命が芽吹くということによる。よって火を通した方が香ばしくもなろうが、この場合は生でなければならないのだ。

パネットーネの登場

パネットーネ（panettone）とは、お菓子とパンの中間のようなもので、イタリアのスペシャリティのひとつである。ご当地イタリアの生活に欠かせないものとなっている。ふだんでもよく口にされるが、祝い事や集まりの席上、あるいは休日などの食卓には必ず出されるもので、特にクリスマスの時などには欠かす家庭はほとんどない。その祖形が現れたのは、ローマ時代の後半の三世紀頃といわれているが、今日のような形に完成されたのはルネッサンス期と伝えられている。*The international Confectioner*（『現代洋菓子全書』）や *Larousse gastronomique*（『ラルース料理百科事典』）といった大書によると、ルネッサンス期にミラノを支配したルドヴィコ・イル・モロ（一四五二〜一五〇八）の時代に、ミラノのデッレ・グラッツィアにあった製菓所のウゲット（Ugetto）という人が初めて焼いたものといわれ、これがパネ・ディ・トーネ（pane di Tone）と名付けられたという。これは「トーネのパン」という意味で、トーネとは英語圏でいうトニーで、その製菓所の主人の名前であったとされている。また、このパネットーネは別名「ミラノのドーム形の菓子」とも呼ばれており、このことからもこれがミラノに始まりを持つものであることが想像される。ところで今日ぶどうパンというものがあるが、あれは生地を膨らませるにあたって、ぶどうの酵母を利用したことの名残りといえる。こうしてみるとこのパネットーネも、数あるパン菓子の中でもその流れを汲む由緒正しきもののひとつといえようか。

他の食べ物について

例えばチーズ。ギリシャ時代からの製法を受け継ぎ、ラティウムの地の羊飼い等の手を経て、種類も徐々に豊かになっていった。食生活のレベルが全体的に上がり、変化に富んできたことが分かる。続いてそら豆。食用の他にこんな使われ方もしていた。かつてのギリシャ人同様、ローマ人も投票の手立てとして使っていた他、毎年一二月一六〜一八日に行われるサルトゥヌス祭と呼ばれる収穫祭ではそら豆によるくじ引きが行われ、当たった人がその祝宴の王様になったという。この習わしは後のエピファニー（一月六日の祝日・主顕節、公現節）へと引き継がれていく。エピファニーとは、キリストの降誕が世に知らしめられたことを記念する祝日で、一二月二五日に現れた巨大な赤い星を追った東方からの三人の博士が、一二日目にベツレヘムの馬小屋で降誕した主の御子にまみえたという。後年、そのことを祝うお菓子の中に、そら豆を意味するフェーヴ（fève）と称する陶製のお人形を忍ばせ、切り分けた時にそれに当った人が、その場の王様もしくは女王様になり、周囲からの祝福を受けるという催事となった。

砂糖との出会い

マケドニアのアレクサンドロス大王は紀元前三二七年、インドに送った遠征隊の司令官から「インドでは蜂の力を借りずに葦の茎から蜜を採っている」との驚きの報告を受けている。砂糖黍《さとうきび》との出会いである。そしてそれ以降これは「インドの塩」、「葦の蜜」などと呼ばれて広く世を席捲していくことになる。なお、英語でsuger《シュガー》、フランス語でsucre《シュクル》、ドイツ語でZucker《ツッカー》の語源が、東インドで砂糖を意味するsheker、あるいはサンスクリット語のsarkaraであることも、砂糖の基点がここにあることを示している。こうした素材がローマ世界に入るにつれお菓子作りの幅も広がり、紀元前四世紀には製菓技術組合と思われるパスティラリウムという組織さえ作られるようになった。これは当時好まれていたパスティラリオロム（丸く平たく焼いた菓子、ガレット）からきた呼び名であろう。察するにその頃にはすでにお菓子の消費人口もかなりのものになっていたことが推察される。

氷菓の始まり

氷菓も遡るとこの時代に始まりを持つ。紀元前四世紀頃、アレクサンドロス大王がパレスチナの南東のペトラに三〇の穴倉を作り、氷雪を詰めて食べ物や飲み物を冷やしていたといい、これが発展して今日の氷菓へと繋がっていく。また紀元直前のローマの英雄カエサルや直後の皇帝ネロの「余は暑いぞ、冷たいものを持て！」の一言に足の速い若者はアルプスの高地まで氷雪を採りに走った。届けられたそれに彼等は乳や蜜、酒などを混ぜたり、あるいはその氷雪を使ってそれらを冷やしたりして一気に飲み干し、「うむ、ご苦労！」。この一言が氷菓の原点といわれている。ないものねだりをするが権力。王者権者のみに許されるこうしたわがままが、時として食文化向上の大きな力となる。他方中国やアラビアにおいても、同様に氷雪を使って氷菓らしきものを作っていたといわれ、周辺のインドやペルシャにそうしたものが伝わっていった。そのアラビアやペルシャはアラビアンナイト、すなわち千夜一夜物語の地として知られているが、そのお話の中にシャルバートなる冷たい飲み物が出てくる。これはアラビア語の「飲む」という意味のシャリバが変化した語で、英語のシャーベット（sherbet）、フランス語のソルベ（sorbet）という言葉の語源になっている。時代は少々下るが、一三世紀初頭において、病に倒れたジンギスカンの王子が、「舎里八」という薬を飲んで快復したことが伝えられている。これもまたシャルバートの漢

アレクサンダー大王が冬の間氷雪を詰めておいたというペトラの穴倉

字表記で、果汁に砂糖やバラ花水等を加えて氷雪で冷やしたものと推測される。なお、紀元後一五〇年頃のローマ帝国の最盛期にはかなり文化も進み、知識も深くなっていく。そして一部ではすでに氷雪に塩や硝石を入れると、温度が下がることさえ知っていたというが、これについては確証はない。こうしたことについて、はっきりしてくるのは、中世に入ってからのことになる。

ヌガーの伝播

東方の文明圏たる中国においては、記録的にはつまびらかではないが、ギリシャ・ローマ時代と同時期に、やはり粉菓子が現れていたようだ。また木の実を利用したヌガー状のものもできていたという。このナッツと甘味がまみえたお菓子は、長い時間をかけてシルクロードを経て、遠くヨーロッパまで到達していく。当然その逆コースもあったわけだが、その折々手が加えられ、今日の形に完成されていったのだろう。現在いくつかの種類のヌガー菓子があるが、共通点の甘味とナッツをたどって歴史を遡ると、中央アジア、中国の奥地辺りになるという説がある。たとえばアーモンドが甘味とまみえて西方に伝わり、北方からヨーロッパに入っていったのがヌガー・ブラン（nougat brun）またはヌガー・デュール（nougat dur）と呼ばれる褐色の堅いヌガー。南から来てフランスのモンテリマール地方より北に上がって伝えられたのがヌガー・モンテリマール（nougat Montélimar）と呼ばれる白くて柔らかいヌガー。伝えられる経路により、いろいろな手が加えられてきたため、出発を同じにしながらも、行き着く先ではかなり違った形になってしまったというのだ。見た目の異なるものが同じヌガーという名を名乗っているのは不思議に思えるが、そういわれて見ると理解もできよう。ただ冷静に考えてみれば、甘味とナッツ類は文明発祥の地のどこでもからむ可能性はあったわけで、一概に決めつけることに危険が伴うことも事実ではあるが。

キリスト教の成立

ローマ史において最も大きな歴史的意義を持つものは、後のヨーロッパの精神的なバックボーンとなるキリスト教の成立と発展であろう。苦しみの地エジプトを脱出したヘブライ人が乳と蜜のあふれる地〝カナーン〟を目指した折、食糧が尽きるや天からのパン・マナに救われたり、また出エジプト記第十三章のモーゼによる「七日間、あなたは種を入れないパンを食べなければならない……」との記述や、後にイエスが弟子たちを前にパンとぶどう酒をとり、これは自らの肉であり血であると説いていることなどを見るに、ヨーロッパ文明がそもそもよりパンと深い関わりを持って発展してきたことが分かる。そしてイエスが十字架に架けられた後、彼を慕う信仰とともにさまざまな行事が行われ、それに伴って多くのお菓子やパンがそれを支える役割を担っていく。例えば一二月二五日のクリスマスケーキ、一月六日の主顕節（エピファニー）のガレット・デ・ロワ、二月二日の聖燭祭のクレープ、二月一四日のバレンタインデーのチョコレート、二月から三月にかけてのカーニヴァル菓子、三月から四月にかけての復活祭のイースター・エッグ、四月一日のポワソン・ダブリールの魚形チョコレート菓子、五月一日のすずらん祭りのスイーツ、五月の母の日のアントルメ、一〇月三一日のハロウィーンのパンプキンパイやキャンディー等々。そして各ミサにはパンを裂く儀式が行われる。

この時代の総括

ローマ人といえども初めの頃は至極粗食だったようだが、権力を持つ富裕階層の生活はこの上なく向上し、ますますエスカレートしていった。国力の充実に従い名実共に世界一の都市となったローマには、世界の各地からあらゆる物が集まり、代価さえ払えば手に入らないものはないほど豊かな社会になっていった。ただし一般大衆については、その実変わらず麦のお粥を食す毎日であったという。

中世

来世に繋ぐ宗教とお菓子

お菓子大国の母体形成とギルドの確立

中世とは、ローマ帝国が東西分裂する三九五年、または西ローマ帝国が滅亡する四七六年からルネッサンス期に至る約一千年間を指す。〝中世〟というロマンに満ちた語の響きとは裏腹に、大変暗く、それはお菓子や料理などの食文化にとっても同様で、まさに暗黒の時代といわれている。繁栄を誇ったローマの滅亡は、それまで曲折を経ながらも比較的

中世は宗教の時代

順調であった文化の進展に大きなダメージを与え、停滞を余技なくされた。ただそうした中でも、ローマ時代に蓄えられた技術は各地に引き継がれ、次代へと確実に伝えられていく。すなわち「古き世から脱皮し、近代社会への足固めがなされていった時代」といえようか。

九世紀末になるとフランク王国が三分割され、今日のお菓子大国でもあるドイツ、フランス、イタリアの母体ができあがり、対岸にはイングランドも建国された。ヨーロッパ全体の形成期といえる。これらの地では、九世紀から始まる産業革命によって農産物は飛躍的に増産されるようになっていった。一方都市部では、商工業が発達し、ギルドと呼ばれる同業組合が確立されていく。お菓子やパンの業界にも同様な組織が作られていった。そしてギルド内では、自らの業種の技術を高めたり、技術者養成の教育が行われるまでになった。この制度はますます充実し、一三、四世紀には政治的な影響力を持つまでになったが、新しい工業が興ると、資本家や労働者と対立するようになり、一八世紀頃には機能を失っていった。ただ、今に至るもそのシステムは製菓・製パン業界にも随所に見ることができる。各国各地におけるお菓子やパンに関する職業訓練学校なども、その流れを確実に引いているもののひとつである。

イスラムの台頭とその影響

七世紀に成立したイスラム教を背景に勢力を伸ばしてきたアラビア人は、八世紀にはイベリア半島を征服し、ヨーロッパに対し大きな影響を与えた。その支配は一五世紀まで続き、西洋菓子の世界にもその足跡はしかと刻み込まれた。たとえばフランス南西部のランド地方のトゥールティエール（tourtière）、ケルシー地方のパスティス（pastis）、その他の地方ではクルースタード（croustade）と呼ばれるものがある。これは小麦粉に塩と卵を混ぜ、薄く延ばしてゆき、油を塗ったり、バラ花水やラムで香りを付けて折りたたみ、焼き上げるお菓子である。これは明らかに現在モロッコで食べられているパスティーリャ（pastilla）につながりを持つものだ。またパスティスでりんごを包む作り方は、ドイツ語圏や東欧諸国で好まれているシュツルーデル（Strudel）に引き継がれていく。さらにイスラムの世界にあるトルコでは、バクラヴァ（bakrava）というお菓子が作られているが、これも当時の流れを汲むもののひとつである。薄く延ばした小麦粉生地に、溶かしたバターや油、ナッツ類の刻みやペーストなどを塗って重ね、焼き上げたもので、これらは後の製菓書に「スペイン風の生地」と呼ばれるものだが、このことは当時そこを治めていたイスラム世界から伝わったものであることを物語っている。そして〝薄く延ばした小麦粉生地に油を塗って折りたたむ〟という手法から見るに、これは後の世に完成される通称パイ生地と称されるフイユタージュ（feuilletage）

へのプロセスと捉えることもできる。

アントルメ（entremets）という語について

アントルメ（entremets）という言葉が現れてきたのもこの頃である。この語は今日では一般的に「デザート菓子」と解されているが、元をたどると全く別のことを意味していた言葉であったことが分かる。アントルメとは、そもそもアントル・レ・メ（entre les mets）、つまり「料理と料理の間」という言葉で、レ・メ（les mets）とは皿、すなわち「料理」を指す語なのだ。当時の食事の様式は、ローマ式の宴であり、華やかなものであったが、次第にエスカレートし、皿数もどんどん増えていった。当然それに費やされる時間もかかるようになり、料理と料理の間をいろいろなショーで盛り上げ、つなぐ趣向になっていった。この宴会の幕間がいわゆるアントルメと呼ばれるもので、踊りや軽業師の妙技、演芸等が楽しまれていたという。このようなショーを見ながらの食事は今日でもパリのリドやムーラン・ルージュその他のレストラン・シアターの形式に引き継がれている。そしてこれが時を経て、さらに充実し、時間が掛かるようになると、食事と食事の間というよりも、その終わりに持ってこられるようになり、ひいては最後に出されるデザートのお菓子を表す言葉に置き換わっていったのだ。

砂糖（甘い塩、インドの塩、葦の蜜）

お菓子作りの上で最も重要な素材である砂糖について、中世の時代に改めて探りを入れてみよう。インドを発祥とする砂糖きびからなる砂糖は、アレクサンドロス大王の時代にその存在が知られるところになったことはすでに記した。その後、だいぶ経った六世紀頃にはペルシャ、アラビアに伝わり、八世紀には地中海沿岸諸国に行き渡った。そして九〜一〇世紀には気候的にもインドに似た環境にあるエジプトでの生産が盛んになり、同国にとっても大きな財源となったようだ。

同じ頃、十字軍の兵士たちもトリポリでこの砂糖きびと出会いを持つ。彼らはこれを香辛料のひとつと捉えて「甘い塩」とか「インドの塩」「葦の蜜」などと呼んでいた。まだ彼らには後の砂糖の広範囲な用途などは予想もつかなかったようだが、これを機に砂糖は私たちの生活に大きく寄与するようになってくる。なお、一三世紀末中国を訪れたマルコ・ポーロは、そこに砂糖工場があり、かなり安い値で売られていたことを記しており、またジャムの前身である果実の砂糖煮も作られていたと伝えている。こうした砂糖の伝播は、後のルネッサンス期、いわゆる砂糖を使用し始める時代へと導いていくことになる。黄金の国ジパングとして、日本の存在が『東方見聞録』によって知られ始めるのもこの頃のことである。

ちなみにその原作者のマルコ・ポーロ（一二五四〜一三二四）だが、彼は一二七一年にヴェニスより東方に旅立ち、一二七四年頃中国に入って元朝に仕え、一七年間を過ごした後、一二九五年にヴェニスに帰ったという。その後、ヴェニスとジェノヴァの戦いに巻き込まれて捕虜になり、ジェノヴァの牢獄に入れられた。その入牢中にルスティケロという小説家に、自身がかつて東方で見聞したさまざまなことを筆記させた。これが世にいう『東方見聞録』正しくは『世界の叙述』という本である。なおその起稿は一二九八年で出版されたのは一三〇七年とされている。このことによって、世界の耳目は未知の地・東方へと向けられていくことになる。

十字軍の食文化への貢献

他方、七世紀に興ったイスラム世界は、その後のヨーロッパのお菓子を含む食文化にもさまざまな影響を与えた。この異文化とキリスト教との軋轢は中世最大の事件たる十字軍遠征を生んだ。セルジュク・トルコによる聖地イェルサレム占領を機に始まった戦いは、計八回の約二〇〇年（一〇九六〜一二七〇）に及んだが、宗教的には全くの徒労に終わった。しかしながらその北上や東征はそのまま東西の交易路となり、砂糖や香辛料、薬草といった東方の産物が西洋にもたらされ、その後のお菓子や調理技術の飛躍的な向上に大きく寄与することになる。なお、オレンジやレモン、アプリコットといったフルーツはヨーロッパにそのまま根付き、砂糖とあいまってコンフィズリーの分野を確立していく。またパリ郊外のアルパジオンのインゲン豆やアルジャントゥイユのアスパラガス、フランス・ブルターニュ地方の蕎麦なども、サラセンの文化と共に入って来たものである。ちなみに蕎麦はフランス語ではサラザン（sarrasin）と呼んでいる。

宗教の時代

この時代は争いが絶えず、疫病が流行り、飢餓に苦しみ、人々は来世に救いを求めた。結果、宗教が力を持ち、ガレット（galette）やゴーフル（gaufre）、ウーブリ（oublie）、オスティー（hostie：焼き菓子の一種）、ブレーツェル（Bretzel）の原形のニウリュール（nielule）またはニウール（nieule）といった宗教菓子が発達した。またこの当時、修道院や教会、封建領主たちは大型のオーブンを独占しており、その使用料として卵や牛乳、バター、チーズ、蜂蜜、薬草等を物納させていたが、これらを使って修道院や教会では、クッキー等のお菓子作りやリキュール作りが行われるようになった。

このあたりをもう少し詳しく見てみよう。中世の都市構造や家屋構造はまだそれほど整っていたわけではなく、かなり込み入った状態であった。それゆえ各家庭にそれぞれオーブンを備えるなど無理な話であった。裏を返せば、だからこそ割りと早くからパン作りやお菓子作りを専業とするシステムが生まれたともいえる。家庭でこうしたものを作るとなると、勢いスペースを取らない方法、すなわち油で揚げるとか煮るという加熱方法をとるしかなかった。さて、ふっくらとした柔らかいパンを焼くには、どうしても大きなオーブンが必要になる。荘園領主たちはそこに目をつけて独占し、農民たちにそれを持つことを許さなかった。そしてそれを使わせるにあたっては使用料を課し、蜂蜜やチーズ、卵といった各種農産物を納めさせていた。やがて荘園制度の衰退とともに、農民たちは共有のオーブンを持つようになるが、それでもその時々に応じて種々の制約を受けていた。たとえばイギリスでは、ようやく政策が落ち着きを見せてきたプランタジェネット朝（一一五四〜一三九九）において、一二六六年に時の王・ヘンリー三世が制定したアッサイズ法によって、パン屋が焼くパンは三種類のみと決められた。後、一六一四年、ジェームス一世の時に七種類に増えたが、まだ大型のパンはクリスマスを除いては禁止されていた。またスパイス入りのパンやケーキは、葬儀の時と復活祭の前の金曜日に限って製造が許可されたという。一方、もうその頃の宮廷や封建領主の食生活においては、柔らかいパンはもとよりのこと、すでにビスケットや砂糖菓子が登場しており、大いに楽しまれていたゆえ、いわばこれらは権力の象徴であったともいえる。

フランスにおいても、同じくオーブンは一部特権階級のものであり、長く独占が続いたが、フィリップ・オーギュスト王（一一八〇～一二二三）の時、初めてパン屋がオーブンを持つことを許されたという。このことから察すると、フランスにおいてオーブンを所有するパン製造の専業が本格的になったのは、やっとこの頃からのようだ。なお、パンの支払いには、バターやチーズ、蜂蜜、卵などが当てられ、パン屋はこれを使い美味なお菓子を作ることができた。今に至るもパン屋とお菓子屋がある部分相互乗り入れしているのは、こうした頃よりのことを引いているのだ。

その他、同時代に現れてくるお菓子としては、宗教から離れるが、後のピュイ・ダムール（puits d'amour）につながるダリオール（dariole）という、器ごと食べられるクリーム菓子やブランマンジェ（blanc-manger）の原形、マジパンの原形、レープクーヘン（Lebkuchen）、シュトレン（Stolen）、ゴーフル（gaufre）などが挙げられる。

マジパン諸説

その起源を訪ねるとエジプト時代にまで遡るというマジパンは、端的にいうと、アーモンドと砂糖を一緒に挽きつぶして作ったペースト状のもの。中世初期より中東から西洋に伝えられ、上層階級では大いに口にされていた。ただ砂糖そのものが高価であったため、最高級のぜいたく品であったことが偲ばれる。

日本では一般にマジパンと呼んでいるが、ドイツ語ではマルツィパン（Marzipan）、英語では同じスペルでマージパンともいっているが、正しくはマーシュパーヌ（Marchpane）、スイスのフランス語圏ではマスパン（Massepain）と呼んでいる。フランスでもマスパンで通らないこともないが、アーモンドで作ったペーストだとして、パート・ダマンド（pâte d'amande）と呼称している。

由来を調べるに、マジパンという言葉が生まれるはるか以前から存在していたことが分かるが、その成り立ちについては諸説ある。たとえば一五世紀、三〇年戦争中のドイツの街リューベックにおけるもの。すっかり敵軍に包囲され、町中の食べものが底をついてしまった。市民はまだどこかに食べものはないかとくまなく探したところ、ひとつの倉庫から多量の蜂蜜とアーモンドが見つかった。マルクスというパン屋が、これを元に食べものを作ることを思いついたが、人々はそのことをあまり期待しなかった。ところができたものがこよなく美味しく、それを食して街の人々は飢餓から救われたという。その後も人々はその味が忘れられなかったが、当時はアーモンドがかなり高価なものであり、容易には口にできず、一般に広まるようになったのは、一八世紀に入ってからとのこととか。話自体は事実かもしれないが、マジパンがこの時初めて作られたわけではない。たまたまこのパン屋がその知識を持ち合わせていたものと思われる。ただ、今に至るもマジパンはリューベックの名物になっており、多くの人々の支持を受けている。

さらに別説では、イタリアのベニスにその語の発祥があるという。ベニスの町の守護聖人・聖マルコ（サン・マルコ）の祝日には、アーモンドと蜂蜜で作ったマルチ・パーニ（Marci panis：マルコのパン）というパンを作る。これが転じてマルツィパン、マジパンになったというもの。いろいろある中で、一番シンプルなのは、マスパン（massepan）であろう。これは「パンのかたまり」という意味からの語であろうことは明白である。いずれにしても、当初のものは今日とは全く同じではなかったであろうが、時と共に次第に現在の形状へと完成されていったものと思われる。

レープクーヘン（Lebkuchen）

レープクーヘンとは、蜂蜜と香辛料をたっぷり使って作るクッキーの一種で、ドイツ、オーストリア、スイス等のゲルマン系の人々の間で今も広く親しまれている。人類と蜂蜜との出会いの古さは今さら述べるまでもなく、またそれを使ったこのお菓子も、ルーツは古代につながりを持つものだが、この名が付されるようになったのは一四、五世紀といわれている。なお蜂蜜が入っているところから、そのドイツ語を入れてホーニッヒクーヘン（Honigkuchen）とも呼ばれている。まだ砂糖の使われていなかった時代、人々は果実とともに蜂蜜に甘味を求めていたことは述べたが、こうした流れをそのままに小麦粉に蜂蜜を混ぜたこのお菓子は、長きに渡って少しずつ進化し、今日のドイツ語圏の銘菓として引き継がれてきたのだ。いわば原始的なお菓子が古い時代の面影を失わずに伝えられてきた典型といえるものである。宗教の時代といわれるこの中世、レープクーヘンは特に修道院などを中心に発達した。教会では、灯すためのろうそく作りが盛んに行われてきたが、蜂蜜から作るろうそくは極上品であった。よってこの蜜蠟作りも大いになされていたが、その結果の副産物として得られる蜂蜜を使ってのレープクーヘン作りも大いに進展をみた。すなわち、レープクーヘン作りは、菓子職人ならぬろうそく作りの職人たちの手によっても行われていたのだ。そしてこれは教会や修道院に来る巡礼者たちに参拝記念として売られたり、配られたりしたという。ちなみにこのお菓子は、今に至るも全体的には教会の模様や聖書の世界など、キリスト教にちなむデザインのものが多く、その他では家紋の刻印なども多く見られる。なお、今に至るもりんごや梨の木で作られたこれらの木型が多く残されているが、それは当時の決して豊かではなかったが、備えていた感性のすばらしさを私たちに知らせてくれている。呼び名については諸説あるが、次の説が有力と思われる。

昔、このお菓子は修道院の中ではリーブム（Libum）と呼ばれていた。これは「平らに焼いた」という意味のラテン語で、これが転じてレープクーヘンになったというものだ。またスパイスを多用しているところから、体に活力を与えるということで、レーベンスクーヘン（Lebenskuchen：生命の菓子）といわれていたのが、レープクーヘンに変わっていったという説もあり、こちらの方に分があるようにも思える。なお、中世から近世にかけて、砂糖も少しずつ手に入るようになり、その後配合も工夫され、手が加えられて今に至っている。ちなみにグリム童話で有名なヘンゼルとグレーテルのお話に出てくるお菓子でできた魔女の家・ヘクセンハオス（Hexenhaus）などもこの生地で作られるもので、大人子供を問わず、今もなお多くの人々に夢を与えている。

シュトレン（Stollen）

ドイツ語圏でレープクーヘンと並んで親しまれているお菓子にシュトレン（Stollen）がある。ずんぐりとした細長い形状で、「棒」とか「ステッキ」という意味を持つクリスマスに作られる焼き菓子である。記録をたどると一四世紀の初め、ドレスデンという街でこのお菓子の存在が確認されているが、多くの人々の口に接したのは一五世紀前半あたりからである。こうした歴史的な背景から、今日でもドレスデンの町の名物となっており、同地の地名をとってドレスデナー・シュトレン（Dresdener Stollen）、あるいはキリストにまつわるものとしてドレスデナー・クリストシュトレン（Dresdener Christstollen）とも呼んでいる。なおドレスデンの他にライプチヒのものも知られている。細長く作られたその形については、幼な子イエスを包んだおくるみの形とも、あるいは救世主イエス・キリストの降誕を知り、巨大な赤い星を追って東方からやって来た三人の博士が突いていた杖になぞらえたものともいわれている（それにしては形がずんぐりしすぎているが）。ただそれらは後から構成された話らしく、実際には初めの頃は丸い形だったようで、いつの頃からかオーブンの焼成効率を高めるために細長くなっていったとも伝えられている。また生地にはレーズンを始めいろいろなフルーツやナッツ類を混ぜ込んで作られるが、各地各店でそれぞれ工夫がなされている。たとえば油脂についてはバターのみを用いてブッターシュトレン（Butterstollen：ブッターとはバターのこと）としたり、アーモンドを多用しそのドイツ語を付してマンデルシュトレン（Mandelstollen）としたり、あるいはそのアーモンドをペースト状にしたマジパンを用いてマルツィパンシュトレン（Marzipanstollen）と銘打ったり、ナッツ主体のヌッスシュトレン（Nuss Stollen）、ケシの実入りのモーンシュトレン（Mohnstollen）と、数え上げたらきりがないほどである。

ゴーフル（gaufre）

パリでは街角のほんの一坪ほどの囲いの中で、ゴーフルが焼かれ売られている。ゴーフリエと呼ばれる鉄製の器具に種《タネ》を流してはさみ、焼き上げる。先年わが国で流行ったベルギーワッフルも同じ類である。ただパリのゴーフルの方が生地は柔らかくできている（注・同じベルギーでも首都ブリュッセル風はパリほどではないが、軽めで柔らかく、リエージュ風は生地の密度が高く堅めに作られている。ちなみに日本で流行ったのは、後者のリエージュ風の方であった）。

なお一般的には焼けたそれにジャムを塗ったり、粉砂糖を振りかけたり、バターを塗ったりするぐらいで、種類もそれほど多くはない。調べてみると一三世紀の終わり頃の詩などにも何度も出てくるほどで、その歴史もけっこう古いことが分かる。当時も今と同じように道端で売られていたようで、宗教的な祝祭日には、ゴーフル売りが入り口に陣取って、ゴーフル・ア・パルドン（gaufre à pardon：贖罪のゴーフル）と呼ばれたそれを焼き、人々はできたて焼きたてに舌鼓を打っていたという。ちなみにそれは、香辛料入りと蜂蜜入りのもので、聖なるものを表すデザインの型で焼かれていた。

お菓子屋の守護聖人

お菓子の世界では一三世紀頃、製菓人（pâtissiers）の同業組合が、サン・ミッシェル（Saint Michel）を自分たちの職業の守護聖人と定めた。彼は大天使ミカエルと呼ばれる天使の長で、常に悪を打ち破る勇者とされている。古今描かれている絵画などでは、天使の象徴たる翼を持ち、甲冑に身を固めた若い清らかな騎士の姿で剣を付け、槍を持って悪の象徴である醜い怪獣を踏み下している。そしてもう一方の手には善霊と悪霊とを計り分けるための天秤を持っており、その祝日は九月二九日となっている。ところでこの日は、実は当時農業に従事していた人たちが出来高を計りにかけられ、賃金の支払いを受ける日であったのだ。一方、お菓子なるものを原点に立ち返らせるなら、行き着くところは小麦と計量である。よってサン・ミッシェルは、計量を必須の作業とする農産物加工業たるお菓子屋の守護聖人とされるに至ったのである。ちなみに今日パリにある製菓人相互扶助協会も、これらの背景に基いて、その名称をラ・ソシエテ・デ・パティシエ〝ラ・サン・ミッシェル〟(La société des pâtissiers "La Saint Michel")としている。

パリの製菓人相互扶助協会〝サン・ミッシェル〟のマーク

なお、中世のフランスでは彼をお菓子屋以外にもさまざまな同業組合(ギルド)の守護聖人に選んでいる。たとえば、秤を使うところから、製菓人、製パン職人、食料品取扱人。描かれたその姿から騎士、剣術指導者、剣の研ぎ師、その他理由は分からないが、塗装職人、ガラス職人、鳥かご製造者などである。

参考までに、サン・ミッシェル以外にも以下の聖人が製菓人の守護聖人に選ばれている。サン・トベール（Saint Aubert：祝日は一二月一三日）、サン・トゥーリス（Saint Eurice：祝日は一一月二七日）、サン・トノーレ（Saint Honoré：祝日は五月一六日）、サン・ローラン（Saint Laurent：祝日は八月一〇日）、サン・ルイ（Saint Luis：祝日は八月二五日）、サン・マケール・ル・ジュヌ（Saint Macaire le Jeune：祝日は一月二日）、サン・フィリップ・ラポートル（Saint Philippe l'apotre：祝日は一一月一四日）。

パン屋の守護聖人

製パン職人（Boulangers）の守護聖人についても記しておこう。何人かいるが代表的な守護聖人としてはサン・トノーレ（Saint Honoré）で、その祝日は五月一六日とされている。彼はフランスのピカルディー地方ソンム県アミアンの司教であった。聖人伝説によれば、当時名家とされるポンティユ伯爵家に生まれ、幼い頃から断食をするなどして

パン屋の守護聖人サン・トノーレ

自らを律していたという。パン作りを職業としていた彼は、五五四年に死去したアミアンの司教ベアールから自分の跡を継ぐように指名されていたが、謙虚な彼は固辞していた。が、ある時神秘的な香油によって際立った神の光が天から送られ、彼は聖別されたという。この時たまたまパンを焼いていた彼の乳母は、それを目のあたりにし、あまりのことに驚き、パン焼きのヘラを足元に落としてしまった。するとそれはそのまま地中に入り込み、そして芽を吹き、たちまち育って、枝が伸び、みるみるうちに木の葉や花に覆われた。一四世紀のラテン語の文献にも同様のことが述べられている。まさしく奇跡であり、このことから、彼は製パン職人の守護聖人とされるに至った。また製パン業は製菓業にも通じることから、お菓子屋の守護聖人も兼ねている。その他、その奇跡によって今日、彼は花屋の守護聖人ともされている。

参考までに、サン・トノーレ以外にも以下の聖人が製パン業の守護聖人に選ばれている。サン・トベール（Saint Aubert：祝日は一二月一三日）、サン・テリザベス・ド・オングリ（Saint Elisabethe de Hongrie：祝日は一一月一七日）、サン・フィアークル（Saint Fiacre：祝日は八月三〇日）、サン・ラザール（Saint Lazare：祝日は一二月一七日）、サン・マケール・ル・ジュヌ（Saint Macaire le Jeune：祝日は一月二日）、サン・ミッシェル（Saint Michel：祝日は九月二九日）。

食の世界の呼称のテリトリー

後年、食の世界をリードすることになるフランスの料理界をのぞいてみよう。現在我々は料理人をキュイジニエ（cuisinier）と総称しているが、わずか前まではそれぞれの部門別にいろいろな呼び方をしていた。中世後期、料理人はクー（queux）という古語で呼ばれており、その助手はエドゥール（aideur）、ソースを作る人たちはソーシエ（saucier）、パンを焼く人はアスルール（hasleur）と呼んでいた。また今日製菓人はパティシエ（pâtissier）と呼んでいるが、当時この言葉はパテ料理を作る人たちを表しており、製菓人はウーブリエ（oublier）と称していた。すなわちウーブリ（oublie）というお菓子を作る人という意味なのだ。このことはウーブリ（巻き煎餅）が、その頃のお菓子の代表的な存在であったことを示している。ついでながら、パティシエという語がなぜパテ料理を作る人を指していたかについて述べてみる。一五世紀にドイツ語圏でパステーテ（Pastete：複数形ではパステーテン（Pasteten））という言葉が出てくる。これは食べら

手押し車に積んだオーブンで、パステーテンやブレーツェルの焼きたてを売る人たち（15世紀頃の絵）

れる素材で作られた器に、肉や卵を詰めたもので、まさに今日のパテ（pâté）であり、ヴォローヴァン（vol-au-vent：フイユタージュで作った器にフィリングを詰めたもの）に当たる。そしてこれは、中世から近世にかけて最も好まれた食べもののひとつであった。このパステーテがパティスリー（pâtisserie）につながり、それを作る人がパティシエ（pâtissier）となり、パテ屋からお菓子屋に、パテ料理人から製菓人へと呼称が移っていったのだ。そしてこのパステーテは、当時ブレーツェルなどとともに手押し車で売り歩かれていた。この車にはオーブンが積まれ、焼きたてを供していた。ちょうど日本の石焼き芋屋を彷彿させるものがある。中世という時代、ヨーロッパは戦争が絶えず、不作が続き、幾度となく飢餓に見舞われた。特に九世紀から一〇世紀がひどく、人が人を食したり、また伝染病が蔓延したりで、人口は半減してしまったほどである。ゆえに全般的に見た場合、料理やお菓子に関してはさしたる進歩は見られなかった。全体の中では、いわば幼年期といったところで、その成長は次代、近世以降にゆだねられることとなる。

近世

ルネッサンス期のスイーツ文化

王朝文化とお菓子の発展

近世とは、一四世紀から一七、八世紀までの、いわゆるルネッサンスから始まる時代で、バロックとロココを含むとの解釈もある。暗かった中世を乗り越え、ヨーロッパは自由尊重の時代を迎える。経済的にも恵まれてきた社会では、文芸復興と呼ばれるほどに多くの学問が興り、

アブラハム・ド・ボス（Abraham de Bosse：1600～1676）による銅版画の「菓子職人」。当時の職人の力強さが伝わってくる

科学技術も著しく進歩した。ちなみにルネッサンスとはフランス語で「再び生まれる」ことを意味する。さて、食文化もその波に乗り、一気に成長の兆しを見せ始め、近代につなぐしっかりとした土台を築き上げる。

近世初期のお菓子としては、さまざまなタルトやいろいろなクリームを使ったフラン（flan）、フイユタージュ（feuilletage）の元ともいうべきガトー・フイユテ（gâteau feuilleté）、ゆで菓子の一種のエショーデ（échaudé）、マカロン（macaron）、マジパン（パート・ダマンド（pâte d'amande））などが挙げられ、また洗礼用のお菓子としてボンボン（bonbon）やドラジェ（dragée）が広まっていった。

大航海時代とスペインの覇権

またこの時代は宗教改革の時代でもあり、絶対主義と重商主義の時代でもある。こうした状況下における覇権争いや地理上の発見は、お菓子にも飛躍的な進歩をもたらすことになる。絶対主義国家における貿易の拡大や植民地獲得争いは多くの地理上の発見をもたらし、並行して新しい材料や各種の香辛料の入手のきっかけとなった。一五世紀にはまずスペインが力をつけてくる。同世紀末のイベリア半島では、カスティーリャとアラゴンが合併してスペイン王国が誕生したが、同国の女王イサベル一世の支援のもとにコロンブスが新大陸を発見し、次いで同国はメキシコやペルーを征服していく。そしてこれ以降、砂糖きびの栽培はキューバなどの西インド諸島、南米へと広がり、これらの地は世界最大の砂糖生産地になっていく。ちなみに甜《てん》菜から砂糖が作られるようになるのは一九世紀になってからである。なお卵については、かつて鶏は年に一〇個ほどしか産まなかったといい、たくさん産むようになったのは、一六世紀にさしかかる頃のことである。お菓子文化が急速な発展をみたのは、鶏による卵の多産化も大きな要因として外すことはできない。

スポンジケーキの誕生

力を持ったところには食を含めた諸文化も発達する。一五世紀末、この全盛期のスペインに卵、砂糖、小麦粉、バターを合わせて焼いたふっくらとしたお菓子、ビスコッチョ(bizcocho)が生まれた。誰かがうっかり卵だけをかき混ぜたところボコボコに泡立ってしまい、そこに他の材料を混ぜ焼いてみたら、驚くほどに軽い食感が得られた。スポンジケーキはおそらく、こんなプロセスからの誕生であろう。このことによりお菓子文化は華麗に花開いていくことになる。後世より振り返った時、これはお菓子文化にとっての大きなターニングポイントとなる出来事であったといえよう。何となればこの柔らかく膨れたお菓子とともに、多くのトルテ類やいわれるところのデコレーションケーキ、バースデーケーキ、ウェディングケーキ等々へと大きく広くそして華やかにスイーツ文化の道が開けていったからである。このビスコッチョが隣国ポルトガルに伝わり、カスティーリャのお菓子としてカスティーリャ・ボーロ（castilla bolo）と呼ばれた。ボーロとはお菓子という意味である。ちなみに、現在のポルトガルではこれをパン・デ・ロー（pão de ló）と呼んでいる。そしてそれは一五四三年に種子島に上陸したポルトガル人によって、鉄砲などとともにわが国にも伝えられ、日本ではカステーラと呼ばれるようになった。日本の洋菓子の歴史はここより始まる。次いでながら、日本でのその後をみると、カスティーリャとボーロという言葉は切り離されて、大きく焼いたものをカステーラ、小さく落とし焼きのように焼かれたものをボーロと呼び、違ったものとして時を旅していくことになる。

フランソワ・ピエール・ド・ラ・ヴァレンヌ著『ル・パティスィエ・フランセ』（一六五五年）。パテ職人がパティシエに変わっていく様がみてとれる

ともあれこのお菓子の発明によって、ヨーロッパのお菓子事情はガラリと様子が一変する。なお、このカスティーリャ・ボーロの他には、金平糖（コンフェイトス）、アルヘイ糖（アル

フェロア)、ビスカウトと呼ばれたビスケット、カルメル、タマゴソウメン等々も、一連の南蛮菓子として日本で親しまれていく。

ビスキュイ(biscuit)事始め

前述のカステーラ(カステラ)を含めて、スポンジ状のお菓子を表す言葉にはジェノワーズ(génoise)とかビスキュイ(biscuit)などいろいろある。どう違うのか。卵を撹拌する時、卵白だけを別に泡立てて混ぜる作り方の生地がビスキュイで、全卵を泡立てるものがジェノワーズだとの説がある。確かにそう呼ぶ場合も多いが、共立てでビスキュイの名がついたり、別立てのジェノワーズもある。またバターが入るものがジェノワーズで入らないものがビスキュイとする区別の仕方もある。そしてバターが入るビスキュイに関してはあえてビスキュイ・オ・ブール(biscuit au beurre:バター入りビスキュイ)と断わっている。いわれてみるとどちらの分け方ももっともと思えるところがあるが、作り方や配合を比べても、大きな区別は実際のところあまりないといっていい。では成立ちについてみてみよう。ビスキュイだが、これはビスケット的なものが元になっているようだ。語源はラテン語のビスコトゥム・パネム(biscotum panem:二度焼きしたパン)にあるといわれている。ジョワンヴィル(Joinville:一二二四~一三一七)という人の著書ではこれをパンと呼んでいるが、当時の人々はベスキ（besquit）と呼んでいた。後、一六九〇年頃、この語はフランス語の中に入り、ビスキュイ（biscuit）と呼ばれるようになる。besが変化したbisとはラテン語の「二度」という意味、cuitはフランス語の「焼く」という動詞cuireの過去分詞で、形容詞的用法として使われ、これが合成されて一語になったものと思われる。かつて人々は小麦粉で焼いたパンを薄く切り、日持ちさせるために乾かしたり、軽く焼いて航海用として用いていたが、もちろん家庭でも似たような使われ方がされていた。つまり当時の人々はパンの中身を引きちぎって、この皮をブランデーに浸し、オーブンに入れて焼いていたという。すなわち二度焼きしていたのだ。こうした形でパンが二度焼きの手法を経て乾パンになり、そのうちパンの姿を経ないでその小麦粉に直接バター、砂糖が加えられて、今日いうところのビスケットに繋がっていったのであろう。これが当時文化の高いスペインで発展し、泡立ての技術が用いられてふっくらとしたスポンジケーキ、すなわちビスコッチョができあがっていったものと思われる。ちなみにbizcochoもbiscuitもともに「二度焼いたもの」という意味を持つ。風味をリッチにすべく卵を入れてみた。その卵は撹拌すると泡立ち、放置してもその泡はなかなか消えない。このことがお菓子の歴史を大きく変えることになったのだ。

ではジェノワーズのルーツは？　語源からみると、イタリアのジェノヴァにそのルーツがあり、そこからこの名が付されたように思える。ところがそのイタリアに行くと、この生地はパネ・ディスパーニャ（スペインのパン）と呼んでいる。おそらく前述の如くスペインのカスティーリャ地方で作られ、地中海を渡ってイタリアに伝わり、そこから、後に多くの文化がフランスに流れ込んだ時に、こうした技術や新情報もフランスに入っていったのであろう。それがたまたまイタリアのジェノヴァを経由したか、ジェノヴァの製菓人がフランスに持ち込んだと思われる。そこには当時力を持ってきたフランスのブルボン家とイタリアのメディチ家の繋がりがクローズアップされてくる。そしてこれを機にたちまちヨーロッパ各地へと広まっていったことは容易に想像の付くところである。

タルトとフラン

スポンジケーキが誕生するまでは、お菓子の主流はタルト状のお菓子であった。ではここでそのタルト状のものについて改めて見てみよう。タルト（tarte）とは、周知の如くフランス菓子を代表するもののひとつで、ビスケット状の生地やフイユタージュ（通称パイ生地）等で作られた皿形の器にさまざまなクリームやフルーツなどを詰めたお菓子で、その小さいものはタルトレット（tartelette）、もっと小さい一口サイズのものはタルトレット・フール（tartelette four）と呼ばれている。フランス語では名詞の後ろにetteとかletteをつけると、「～の小さいもの」を意味する語になる。またタルトレット・フールのフール（four）とは窯、すなわちオーブンのことで、「オーブンで焼いた小さなタルトレット」という意味だが、焼かないものまで含めてこう呼んでいる。季節によってフィリング（具）が変わるこれらのお菓子は、フルーツ等の色合いにより、ことのほかカラフルに目に映るゆえに、お菓子屋の店頭を飾る花形商品でもある。この名はローマ時代のパイ菓子（皿状のお菓子）の一種、トゥールト（tourte）に由来し、さらに遡れば古代ギリシャ、エジプト時代にまで及ぶものである。いかに息の長い、そしてお菓子の原点に近いものであるかがお分かりいただけよう。

食べられる素材で皿状のものを作り、その中に美味しいと思われる中身を詰める。これは形を成さないものをまとめ上げる最も基本的な方法といえる。ところで、このフランス語のタルトは、ドイツ語ではトルテ（Torte）、英語ではタートゥ（tart）と呼び名が変わる。ところがたとえば人名のシャルルがチャールズやカールと変わるように、単に発音上の変化だけなら問題はないのだが、タルトについては、たとえ語源は同じであっても、対象物の内容まで異なってくる。すなわちゲルマン系でいうトルテとは、皿状のお菓子ではなく、スポンジ系のものを指す（後述）。一方英語のタートゥはもっと大雑把で、材質はともあれ、皿状あるいは平型の丸いお菓子は、いわゆるパイ（pie）を含めてすべてタートゥと総称される。ただ、厳密にいうと、パイとタートゥとはやはり少々ニュアンスを異にしている。つまりタートゥとは申したように平たい丸いお菓子の総称。一方パイとは、上面に生地やクリーム等でふたをして、中が見えないようにしたものを指す呼称なのだ。すなわち中が丸見えるならタートゥ、見えなければパイでもタートゥでも……というわけである。とはいうものの当のアメリカ人もその実はっきりとは捉えていないところがある。そんなファジーなところがいかにもこの国らしい。

ではここで、同種のお菓子に対するもうひとつの呼び名であるフラン（flan）についてみてみよう。これもフランス語だが、タルトと比較すると、よりクリーム的な詰め物の類を指してこう区別されている。これは元々お粥をベースにミルクなどが加えられていった過程を考えると納得できよう。基本的にはこうしたことで分けて捉えているが、現実にはクリーム状の種《タネ》を詰めてタルトの名で呼ばれているものも少なくない。語源を調べてみると、フランの名称は刻印するための円盤状の鋳型flanに由来しているという。こう考えるとタルトとフランのニュアンスの違いが何となく分かってこよう。つまり、一方は円いものはもちろん四角でも長方形でも皿状であればタルトと呼ぶが、フランはそうしたことはなく、あくまでも円く、しかもクリーム状のフィリング（具）のものに限って「フラン〜」と呼ばれ、それ以外は決してこの名は使わない。さてそこで、同じ円い皿状のお菓子の呼び名だが、これはあくまで慣例に従って呼ばれているようだ。たとえばいちごのタルトの場合、あくまでもタルト・オ・フレーズ（tarte aux fraises）であって、「フラン〜」ということは決してない。たとえ中にクリームを使っていてもいちごが主役のタルトだからである。ここで興味深い記述がある。フランス王アンリ四世の妹のバール公爵夫人に仕えていたというフランソワ・ピエール・ド・ラ・ヴァレンヌ（François Pierre de la Varenne）という人の書いた『ル・パティシエ・フランセ』（Le Pastissier François：一六五五年刊：フランスの製菓人）という本を紐解くと、タルト・オ・フロマージュ・ウ・フラン（tarte au fromage ou flan）というお菓子が出てくる。訳すと「チーズのタルトまたはフラン」となる。クリーム状のフィリングに円い形。こうした場合、どちらで呼んでもいいということなのか。昔から迷っていたものもあったようだ。なお、こうしたものを再現するにあたって、戸惑うことは、分量の表記である。たとえば「握りこぶしふたつ分の柔らかいチーズ」とか、「卵一個分の大きさの小麦粉」、あるいは「クルミ二個分の大きさの硬いチーズ」等々……。当時は目方よりもかさ（大きさ）で表示していたようだ。ついでながら、もうひとつの同種のクラフティ（clafouti）についても見てみよう。これも円い皿状の、いわゆるタルト型のお菓子である。語源については定かではないが、フランスのリムーザン地方およびオーヴェルニュ地方の銘菓である。ともにさくらんぼの産地として名高く、ビスケット生地の器に卵入りの溶液を流し込み、さくらんぼを入れて焼き上げる。またさくらんぼの代わりにブルーベリーやカシス、フランボワーズなどを入れたさまざまなクラフティが、同地のみならず各地で楽しまれている。そこでこれとタルトとの違いだが、これも実ははっきりとしていない。ただ、あちらではさくらんぼのクラフティをタルト・ドーヴェルニュ（オーヴェルニュ地方のタルト）とも呼んでいるのだ。本来はクラフティの名で呼んではいるが、実体はタルトだと理解はしているようだ。よってクラフティとは、あくまでもタルトの一種で、一地方の銘菓の固有名詞であると理解していいだろう。

タルトとトルテの分岐点

タルト（tarte）とトルテ（torte）、語源は同じだが、現在では全く異なったものを指している。タルトは既述した如くビスケット状の生地で器を作り、中に詰め物をするお菓子である。一方、トルテはスポンジ状の生地にクリームやジャムをサンドし、全体もクリームで覆ったりして仕上げるものをいう。この二つの流れはいつ頃できたのか。さまざまな手がかりから推測すると、スポンジケーキ発祥の一五世紀後半から一六世紀にかけてのようだ。スポンジケーキが生まれる前は、ビスケット状のいわゆるタルトが中心で、中にクリームやジャム、あるいはフルーツとかナッツといったものが詰められていたわけで、今でもそのフィリングによって、たとえばイチゴならタルト・オ・フレーズ、クルミならタルト・オ・ノワなどと名付けられたり呼ばれたりする。ところでその分岐点まで遡るとタルト・リンゼル（tarte Linzer）、あるいはリンツァー・トルテ（Linzertorte）というお菓子が浮かんでくる。これはオーストリアのリンツ地方の銘菓として長く親しまれてきたものである。シナモンの味と香りを効かせた厚めのビスケット生地にラズベリージャムを敷き込み、その上にまた同じ生地を網目状にかぶせて焼いた、まさに今日のタルトとトルテの特徴を併せ持っているお菓子である。今日では概ね色の濃い生地になっているが、昔はシナモンを入れない普通の白いビスケット生地の方が多かったという。そしていつしか伝わってきた柔らかい生地に置き換えられていった。それがトルテの始まりといわれている。ゆえに今でもトルテと呼ばれるお菓子群は、そのほとんどがジャムやクリームなどをサンドした形で供されている。これこそがタルトと分かれた時点での名残りであり、そのルーツを確実に引いているのだ。このトルテが、いろいろな形とヴァリエーションをもって発展するのは、さらに時代を下って一九世紀まで待たねばならない。一方タルトはそのままの形で伝えられ、あまねく親しまれていく。

チョコレートの始まり

現代のお菓子作りにあって欠かせないもののひとつにチョコレートがある。単体でも立派なお菓子だが、製菓副材料としても重要なファクターとなっている。スポンジケーキに入れればチョコレートケーキ、クッキーに入れればチョコレートクッキーに、アイスクリームならチョコアイス……。そんなチョコレートの始まりを近世の時代に遡って探りを入れてみよう。時は一五一九年、エルナン・コルテス将軍率いるスペイン軍は、南米アステカの王モクテスマと戦って勝利を収めた。このことによりカカオの存在が知られ、チョコレートの歴史が始まるのだが、実はこれには悲しくも壮絶な物語がある。

チョコレート誕生の舞台は古代メキシコで、そこにはアステカ人が住んでいた。彼らの信じていた神のひとりにケツァルコアトルがいた。この神は羽毛を持った蛇の姿をしており、空気の神として崇められていた。そして人々に星の探し方やそれに基づく暦の作り方などを教えるとともに、植物から糸をつむいで布を織り、羽毛から着るものを作って飾ることも教えたという。すなわち地上の人間に数々の教養や文化を与える神であり、また平和の神様だったのだ。また彼らの間では、現代では考えられないような残酷な人身御供が頻繁に行われていたが、彼はそれにも反対する立場にいた。そして何より大切なことは、ケツァルコアトルは、それまで神々だけにしか許されなかった貴重な食べものであるカカオの実ととうもろこしを人々に授けてくれたことである。なお、この神は住民とは異なる白い肌をしており、髭を蓄えていたと伝えられている。ところがある時、ライバル関係にある、闇の世界を司るとともに戦さの神でもあるテスカトリポカという神の策略にあい、毒を飲まされてしまう。

ところでこの国は、すべて二極の対立によって調和が保たれているとの思想に基づいて、何ごともなされていた。たとえば天と地、昼と夜、現世と来世、戦争と平和。この微妙なバランスの上にこの世界があると信じていた。こうしたことを頭に置かないと、アステカの奇異とも思える思想や文化を理解することができない。

話を戻そう。この毒を飲んだ者は、遠く離れた王国へと旅立たなければならない運命にある。彼は失意のうちに海辺までたどり着き、「我は今旅立つが、必ずや立ち去ったと同じこの場所に戻ってくるであろう」といい残して波の彼方へと消えていった。人々はこの敬愛すべき神との別れを大変に嘆き悲しんだが、それでもいつか再び自分達のもとへと帰ってくる日があることを信じつつ、元の生活に戻っていった。

ところがある日、この約束は悲しい形で実現されることになる。エルナン・コルテス将軍率いるスペインの船がこの地を訪れたのだ。彼らはヨーロッパ人ゆえ白い肌を持っている。また馬を見たことのないアステカの人々には、それに乗って飛び回る様が、羽毛を持った姿に映った。人々はかつて去っていったケツァルコアトルが約束通り戻ってきたものと思った。ただ歓びの反面不安な気持ちで人々はこの白い顔をした来訪者を迎える。何となれば、これに先立って、侵略者が現れこの国が滅亡する旨の予言があり、しかもコルテスたちの到来は、時をそれと全く同じにしていたのだ。恐れていた通り、当のコルテスの野心は彼らの土地であり、黄金であり財宝だったのだ。幾度もの強引な折衝の末、ついに入城を果たした彼らに、アステカの宮殿では歓迎の宴が催され、精一杯のもてなしが行われた。が、実のところモクテスマは悩み、怖れ、個人的にはすでに初めから戦意喪失の状態にあったという。

コルテスたちはここで初めて〝苦い水〟を意味するショコラトルなる飲み物を知ることになる。その飲み物とは、カカオ豆をすりつぶした粉末に胡椒やとうもろこしの粉を混ぜ、バニラで香りを付けた苦味のあるドロッとしたものであった。このショコラトルが後にいうチョコレートの語源になったといわれている。なお、語源については、容器に入れたこれを、羽のついた棒で混ぜる時のショコショコという音からショコラとなり、チョコレートになったとの説もある。ところでこのカカオ豆は、こうして口にされることのほか、貨幣の役割も果たしていた。たとえばこの豆のかけら十片でうさぎが一羽、四粒でカボチャが一個、あるいは百粒もあれば上等の奴隷が買えたともいわれている。またその高い価値から、金や琥珀と同様、貢ぎ物にもされたという。

このように、人々にとってはカカオの豆はたいそう高価なものであったようで、後にこの貴重なカカオに対し、スウェーデンの植物学者のカール・フォン・リンネは、テオブローマ・カカオ（theobroma cacao：神々の食べ物・カカオ）という美しい名前を与えている。私事で恐縮ながら、筆者も何度かガーナ等のカカオプランテーションを訪れたことがあるが、何とも不思議な植物である。普通果実は枝からぶら下がって成るものと思っているが、これにあっては、木の幹に直接ラグビーボール状の実が成るのだ。このあたりからして並のものとは雰囲気が違う。神々の食べ物といわれる所以を感じる。なお、今日では概ねチョコレートは食べ物として多くの人を引きつけているが、初めはこうした形で、飲み物として登場してきたのである。

ところでこのコルテスたちより先にこのショコラトルに接していた人がいた。コロンブスである。彼は幻の国インドを目指して何回も航海をしているが、その四回目の、一五〇二年七月三〇日にニカラグアに着いている。そこでカカオ豆が貨幣の代わりを果たしたり、飲み物にもなっていることを知ったが、その貴重さも分からぬままに通り過ぎていった。そして持ち帰ったのが煙草であった。この時、彼が煙草などに目もくれずに、ほんの少しでもカカオに注意を向けていたなら、新大陸発見の副産物としてもうひとつの大きな名誉が与えられたのだが……。なお、コルテスとて同様で、初めのうちはこうした飲み物に対しては興味などほとんどなく、彼の目的は全く別のところにあった。スペインにとっては栄光の、アステカにとっては悲劇の瞬間がすでに始まっていた。一方、アステカ

ショコラトルを作るアステカ人

の王モクテスマは、このショコラトルを好んでいた。彼は黄金の水差しに黄金の細工を施したべっこうのスプーンを添えて出されるこれを、日に五〇杯以上も飲んでいたという。そして飲み干した水差しを度毎に湖に投げ入れていたため、陽の光や月の光を受けた湖の底は、常に黄金でまばゆいばかりに輝いていたという。

このように貴重であったがゆえに、やはり愛飲したのは王者賢者で、一般の人々はせいぜいその粉末をわずかに飲み物に混ぜていた程度に過ぎなかった。

この未知の国とモクテスマの財宝は、コルテスの野心を引き出すには充分すぎる材料であった。天文学を極めるほどに高い知的レベルにある彼らも、征服欲と物欲、名誉欲に駆られた鉄製の武器を持つ侵略者たちにはかなう術がない。壮絶を極めた戦いの末、ついにアステカ軍はコルテスたちの軍門に下ってしまう。この時モクテスマの宮殿には、カカオ豆が山のように積まれた倉庫が幾十となくあったというが、スペイン軍にはまだショコラトルの味も貴重さも分からなかった。

メキシコを支配したスペイン人たちは、時が経

アステカの王・モクテスマ

つにつれ、原住民からショコラトルの調理法を習い、次第に愛飲するようになっていった。またヨーロッパに持ち帰り、一五二六年にコルテスはスペイン国王カルロス一世にこれを献上する。

こうしてケツァルコアトルの贈り物、神々の食べ物、カカオからなるショコラトルは、深い霧の中より姿を現し、広く人々の知るところとなるのである。

同じ頃、少し遅れて台頭してきた海運国のオランダやイギリスでは、まだカカオの貴重さが分からず、拿捕したスペイン船に積まれていたカカオビーンズを、シープス・ダング（羊の糞）と呼んで海の中に投げ捨てていたという。何とももったいない話だが、未だ世に認められないチョコレートの魅力の享受は当面スペイン一国にとどまり、栽培から調理にいたるまで、その後約一世紀にわたってこの国の独占するところとなった。なお、その間次第に手がかけられたチョコレートは、より口に合う飲み物として完成されていくことになる。

チョコレートの広がり

チョコレートの普及には、教会の修道女たちも大きな役割を果たす。砂糖、牛乳、シナモン、ヴァニラ等の調合は、メキシコのクァナカの尼僧院で行われたが、その技術は長い間秘密にされ、カカオ豆の粉末とともに多大な利益をもたらした。また修道士たちもこれを大層好み、この魅惑的な滋養に対し、一時禁止令が出るほどであった。さりながら一五六九年、時の教皇ピオス五世がこのようなまずいものは習慣になるはずがない、との粋な裁定を下した。また断食期間にあっての摂取の可否については、一六六二年、ブランカッチオ枢機卿が、チョコレートは断食を破ることにはならない、との判断を示した。液体は断食を破らない。チョコレートは液体である。故にチョコレートは摂って差し支えなし、との三段論法であった。大岡裁きといえようか。こうしてチョコレートは晴れて天下に認められるところとなった。

スイスの建国とスイス菓子

視点がだいぶ海洋王国の方に向いてしまったが、ここでヨーロッパの内陸に今一度目を向けてみよう。近世初期にスイスが国として確立をみてくる。ドイツの大諸公、ハプスブルク家の支配を受けていたその地域は、南部や中部は山地や高原で森林に覆われていたが、北部は土地が開けて人が集まり、都市が発達し、住民は自由な気風を持っていた。そうしたスイスでは多数のカントンと呼ばれる州が分立していたが、一二九一年に中部の三州が同盟を結んで独立を企て、次いで北部の州の加盟を得て、この近世の一四九九年に、一三州を組織してハプスブルク家より独立を果たし、共和国を建設した。後年、伝統に縛られない自由で進歩的なお菓子作りで、スイスが世界に確たる存在感を示すようになるのも、こうした建国以来の気風によるものといっていいだろう。少し時代を遡るが、一三世紀の同地では、すでにいろいろなお菓子が出回っていたが、主にゲルマン系のものが多かったようだ。一二九三年にはドイツでレープツェルター（レープクーヘンを作る人々）のギルドがあったが、ここスイスでも同様にレープキュッヒャーという名称で、特にバーゼルにおいて同業組合が作られていた。こうした流れはその後も引き継がれて、大筋ではゲルマン系のお菓子が主流を占めていった。ただ、フランスやイタリアに接しているところでは、その影響を受けたものが楽しまれてもいる。なお、それでいながら改めて全体を見渡すに、周辺国のそれらとは一線を画した、ひとつのスイス菓子というものを作り上げている。このあたりが、基本的にスイスの持つ自由な気風というところであろうか。

ルイ王朝を彩る食卓の饗宴の手引き

さまざまな思惑をはらんだ各国の交流もお菓子の流れと形成に大きな役割を果たす。今日のフランスの母体となった西フランク王国は、カペー朝、ヴァロワ朝と続いてきたが、英仏百年戦争（一三三七〜一四五三年）ですっかり疲弊してしまう。この未曾有の危機を救ったのが、オルレアンの少女ジャンヌ・ダルクであった。彼女の勇姿に鼓舞されたフランス軍は、カレーを除く全領土からまたたく間にイギリス勢力を駆逐してしまった。あまりの勢いに教会が嫉妬し、彼女は魔女だとして火あぶりの刑に処されてしまう。後に名誉は回復されるが、それにしてもあまりにも残酷極まりない話である。ともあれこうして国内はようやく落ち着きを取り戻したかにみえたがさにあらず、一五六三年、今度は新教徒と旧教徒の間に宗教戦争が始まる。この混乱を治めたのがアンリ四世で、これよりブルボン朝が始まる。ここに料理やお菓子を含めた華麗なるフランス文化が花開くわけで、このブルボン家によるルイ王朝こそが、現代のお菓子の世界の中核をなしていったといっても過言ではない。そして国力の増大とともに、さまざまな周辺文化が堰を切ったようにフランスに流れ込んでいく。

この時代、各国の富豪や王室間では、多分に政略的とも思える婚儀が執り行われるが、それがまたお菓子をはじめとする調理文化の交流に拍車をかけていく。たとえばイタリアの名家メディチ家からはカトリーヌ（カトリーヌ・ド・メディシス）が、後のフランス王アンリ二世となるオルレアン公に嫁いでいるが、この時にナイフとフォークによる食事作法とともにマカロン、プティフール、シャーベット、ビスキュイ・ア・ラ・キュイエール（フィンガー・ビスケット）、ガトー・ド・ミランといった進んだお菓子がフランスに入り、ルネッサンスに花を添えた。その頃のフランスは武力的には強国となっていたが、文化的には大変遅れており、王様といえども、マイナイフは持っていたようだが、手掴みで食べていたほどであった。そこへ持って来てのナイフとフォークを用いた食事作法や美味の饗宴である。受けたカルチャーショックはいかばかりであったろうか。続いて同家よりマリー・ド・メディシスがアンリ四世に嫁いだ折には、それにも増して多くの進んだパティスリーや糖菓、氷菓がフランスに入る。チョコレートについては、一六一五年、スペインのアンヌ・ドートリッシュがフランス王ルイ一三世に嫁いだ時、初めてピレネー山脈を越えたといわれている。そして一六六〇年、同じくスペインのマリー・テレーズがルイ一四世に嫁いだ際には、チョコレートを調理する専門の侍女たちも同行。これを機に、フランス王室や上流階級にチョコレートは急速に受け入れられていった。

氷菓の進展

一六世紀初め、ベネチアに近いパドバのマルク・アントニウス・ジマラという教授が、水に硝石を入れると、それが溶ける際の吸熱作用で水の温度が著しく下がることを発見した。このことを利用してワインや果汁を心地良いほどに冷やすことができるようになった。続いて同世紀前半頃、フィレンツェのベルナルド・ブアンタレンテという人により、氷に硝石を加えてさらに低く冷却する技術が開発された。こうして人類は初めて人工的にそして本格的に食べ物を凍らせることに成功した。これがフィレンツェのメディチ家のカトリーヌ姫によってフランスにもたらされたわけである。そのフランスでは、ルイ一四世や一五世の頃、すなわち一七世紀後半から一八世紀にかけて、宮廷では氷菓専門の調理人を抱え、クリームを添えたり種々の味付けがなされていった。対岸のイギリスに伝わったのは、一六二四年にフランス王ルイ一三世の妹のアンリエッタ・マリアがイギリス王チャールズ一世に嫁いだ時とされている。なおこの頃のものはカチカチの状態かもしくは半ば溶けかかったもので、まだ攪拌凍結という方法を知らなかった。これを解決したのは一六六〇年頃で、イタリア人のクートゥによってだといわれている。また凍結保存の方法が開発されるに及び、一七五〇年前後にはプトソンという人によって一年中販売されるようになり、急速に一般化されていく。なお、そうした氷菓の類を広めた立役者の一人として、シシリー出身のフランチェスコ・プロコピオ・コルテルリが挙げられる。彼は一六八六年にパリの中心部にフランス風に呼んだ自分の名を店名としたカフェ・プロコプを開業。甘いお菓子類をはじめ、得意としたシャーベットやチョコレート（当時はまだドリンクであった）を次々と供し、評判を高めていった。同店はコメディー・フランセーズの役者や文化人の集うところともなり、その効果もあって、氷菓は一般市民の間にも定着していった。なお、彼が当初手がけていたのは、今でいうムース・グラッセ（mousse glacée）やパルフェ・グラッセ（parfait glacé）という、いわゆる静置凍結したもので、その後攪拌凍結の手法が取り入れられていったという。

マカロン、リキュール等、修道院が果たす食文化への貢献

お菓子とは人に喜びを与えるもの。神に仕える身にとっては、この素材はまさにうってつけといえる。これをもってそうしたところの施設の維持や運営等の費用に当てられれば、これほど平和なことはない。かつてメキシコのクァナカの尼僧院では、チョコレートやカカオビーンズの調合が行われて、一躍その名が知られるところとなり、またフランスの各地で作られるマカロンも人々の口の端に上るようになってくる。ちなみにマカロンについては、イタリアが発祥の地とされているが、その原形は蜂蜜とアーモンドと卵白で、これらの材料の出会いからみると、最も古典的なお菓子の部類に数えられよう。これは述べたように、一五三三年、メディチ家のカトリーヌ姫の輿入れとともにフランスにもたらされたが、それを機にフランス各地で作られるようになり、アレンジメントの広がりとともにそれぞれの地で銘菓として評価を得ていくことになる。たとえば一七世紀にはロレーヌ地方ナンシーの修道院のマカロンが密かに人々の評価を得ていく。そして時代はさらに近世から近代に入って一八世紀、フランス革命の頃、ナンシーの信心深い家庭に難を逃れた修道女は、かくまってくれた家にせめてもの恩返しにとそのマカロンを作った。やがてその美味しさが広く知れ渡り、人々はそれをスール・マカロン（sœur macaron：シスターのマカロン）と呼ぶようになった。そのうちに各地の修道院でも手がけられるようになり、ムランの聖母訪問会修道院製、ある

いはコルメリの修道院製といったものが高い評価を得ていく。

またリキュールも同様で、寄進された薬草等をもって、一五一〇年頃、ベネディクト派の修道院でベネディクティン（Bénédictine）が作られ、一七六二年にはシャルトル会の修道院でシャルトルーズ（Chartreuse）が作られた。ちなみに前者は二七種の香草をもって、後者は一三〇種もの香草や薬草から抽出した香味をもって作られている。複雑にして深い味わいのこうしたリキュールは、人々の心を捉えて離さず、今日に至るまでそれぞれの大きな財源となっている。

淑女の指、ビスキュイ・ア・ラ・キュイエール（biscuit à la cuière）

一五三三年、アンリ二世になるオルレアン公に嫁いできたカトリーヌ姫とともに、パリに移ってきたフィレンツェの製菓人たちは多くのプティフールをフランスにもたらしたが、これもそのひとつ。英語ではフィンガー・ビスケットまたはレディース・フィンガーなどと呼ばれる細長く作った軽い焼き菓子である。キュイエールとはフランス語でスプーンを意味する。この時代にはまだ絞り袋がなく、種《タネ》はスプーンですくってテンパンや紙の上に載せて焼いていたのだ。よってこの名前もそこに由来して、「匙で作るビスキュイ」と呼ばれていたというわけである。その後この生地は、そのまま供されるほか、各種のアントルメの周りに張り付けて飾ったりと、多用にして便利な使われ方がなされていく。

おしゃれな一口菓子・プティフール（petit four）

プティフールはあまたあるフランス菓子の中でも、特にかわいらしさを代表するもののひとつだが、今やフランスのみならず、ヨーロッパのそうしたものの代表にもなっている。プティとは小さい、フールは窯。すなわち「窯（オーブン）で焼いた小さなもの」の意味だが、窯で焼かないものまで含めて、小さな一口菓子を指すようになった。なお、これはパーティーなどでご婦人が召し上がる際に大きなものでは食べにくいということで作られた、いわば口紅を落とさないための発想だともいわれている。また人には本来、少しずつでもいいからいろいろなものが食べたいとの欲求もあり、そうしたことをも、このお菓子はしかと満たしているようだ。後年、天才製菓人と謳われたアントナン・カレームはこれについて次のように述べている。「このお菓子は、もともと大型のアントルメ用の生地を焼いた後、急速に温度の下がった窯に入れて焼いたことによる……」そして「乾いた焼き菓子と糖液で被覆したものの二種類のほか、果物やマジパンなどを糖衣したものが含まれる」と定義している。また、一八二三年にフォンダン（結晶化させた糖液）が初めて作られ、こうしたプティフールの艶出しに変化がつき、ますますヴァリエーションが豊かになっていった。

クレープ（crêpe）考

クレープが作られるようになったのも一六世紀頃といわれ、二月二日の聖燭際と呼ばれる聖母マリアお清めの日に焼いて供されたことが発端とされ、次第に一般家庭にも入っていった。語源的には中世のイギリスのクレスプ（cresp）またはクリスプ（crisp）から転じたとされるもので、フランスでは別にパヌケ（pannequet）とも呼んでいる。これはパンケーキに通じる言葉である。クレープは当初、パンの代わりとしてあるいはおやつとして供されていた。その多様性はそのまま今日まで伝えられ、添えるフィリング次第ではオードブルからメインディッシュ、デザートに至るまで広く活用できる性質を備えている。また仕立て方次第では温菓にも冷菓にもすることができる。なお、温菓のひとつとして知られているクレープ・シュゼット（crêpe Suzette）について次のような話が伝わっている。

いきなり近代に入って恐縮だが、一九世紀のこと。イギリスの皇太子（後のエドワード七世）付きの若きシェフ、アンリ・シャルパンティエが、ご主人がさる令嬢と一八九六年一月にモンテカルロで会食の折、オレンジとレモンの果汁、果皮とともに、砂糖、バター、リキュールを加えた独特のソースを考案した。そして食べる直前に食堂の灯りを落し、振りかけたリキュールを燃え上がらせた。このロマンチックな演出に皇太子はいたく喜び、同席していたシュゼット嬢の名をとって、このアントルメにクレープ・シュゼットの名を与えたという。また別書によると、パリのコメディー・フランセーズで、シュゼットという名の女優さんがクレープを食べる役を演じることになった。しかし来る日も来る日も工夫のないものを食べねばならないことで憂鬱になっていた。そのことを聞いたファンのひとりの料理人が、彼女のために特別製のクレープを作って、毎日舞台に届けたという。無事大役を終えた彼女は、お礼にその料理人の作ったクレープに、自分の名をプレゼントした、とある。何れが真実か分からないが、いわれ、逸話、エピソードはいくつあっても楽しいものである。

クリーム及び生地類について

クレーム・ダマンド（crème d'amandes）が作られたのもこの頃である。一五〇六年、フランスのオルレアネ地方ロワレ県ピティビエの町のプロヴァンシエール（Provencière）というお菓子屋が、初めて粉末にしたアーモンドを使って香ばしいクリームを作った。普通クリームというとそのまま食べるものを思い浮かべるが、これに限っては焼いて食べるクリームである。続いてこれをさらに美味しくしようと、食道楽として知られるイタリア人のフランジパーニ（Frangipani）という人が、これとカスタードクリームを合わせたようなフランジパーヌ（frangipane）と呼ばれるクリームを考案。こうしたものにより、お菓子はますます味わい深いものになっていく。

ところでお菓子作り、特に生菓子作りにクリームは欠かせないが、そのうちのひとつである生クリームの登場は一七世紀に入ってからのことである。一説によると、これはフランスのヴァテル（Vatel）という人の発明によるといわれ、泡立てたものはクレーム・シャンティーイ（crème chantilly）と呼ばれている。シャンティーイとはパリに程近い郊外の地名で、高くそびえる尖塔の美しさを誇る古城で知られた地である。またここは昔からフランスの食糧庫といわれるほど牧畜が盛んで、質のよい乳牛が集まるところから、その名が付けられたといわれている。クレーム・パティシエール（crème pâtissière：カスタードクリーム）については、一六五五年にフランソワ・ピエール・ド・ラ・ヴァレンヌ（François Pierre de la Varrenne）という人の書いた『ル・パティシエ・フランセ（*Le Pastissier François*）』なる本にその名が登場する。ただ、その配合中には糖分が全く含まれていない。ミスプリントではなく、もとより甘味がないものだとしたら、お菓子よりも、はじめは料理を目的としたものではなかったのか。昔パティシエという語が、今日の製菓人ではなく、パテ料理人を指していた事実からみても、こうしたことはうなずけよう。しかしながら製作手順についてみると、多少の違いはあるものの、現在のカスタードクリームそのものなので、やはりその原形ということなのだろう。ただ堅さについてはカスタードクリームには程遠く、ちょうど堅いシュー種《ダネ》の状態を呈している。これが時を重ね、この種《タネ》にも砂糖が加えられ、牛乳が増え、全卵が卵黄だけに置き換わって今日のものになっていったと思われる。

フイユタージュ（通称パイ生地）

次にお菓子を作る上での生地についてみてみよう。通称パイ生地といわれるフイユタージュだが、生地の原形の古さについては、エジプト時代にまで遡ることはすでに述べたが、生地そのものに油を混ぜて焼く製法はすでに古代ギリシャ人も知っていたという。またシャルル五世（在位一三六四～一三八〇）の時代に、カオールという町では、フイユタージュ・ア・ルイユ（feuilletage à l'huile）が作られ、この町の特産物にされていたともいう。さらにアミアンの司教であったロベールという人は、一三一一年に書いた書の中で、すでにフイユタージュを使ったお菓子があることを記している。なお、フランスの『ラルース料理百科事典』では、これらを現在の形にしたのは、一七世紀の有名な画家クロード・ジュレ（Claude Gulée）であったという説と、いや、コンデ家の製課長であったフイエ（Feuillet）という人によって考案されたものとの説を紹介している。クロード・ジュレについては、一般的にル・ロランの名で知られているが、彼は若い頃ひと時菓子屋の見習いをしていたことがあり、昔とったきねづかでお菓子を作っていた折、生地にバターを入れ忘れてしまった。そこで慌てて後からバターを足し込み、生地を折っていったといい、焼いてみたらあのような何層もの姿になった。話としては大変面白く、いかにも起りそうな、そして気転の利く人ならひょっとしてやりそうな修正法である。他方フイエ説については、彼の素性が本職の製菓人であり、その名がフイユタージュとよく似ているところから、彼が作り、その名をもじって付けられたのではないかとの説である。フイユタージュを別名パート・フイユテ（pâte feuilletée）ともいうところから察すると、あながち否定しきれないところもある。世界的にも権威を認められているラルースでさえ判別しかねていることゆえ、早急に結論を出すことは避けたいと思うが、筆者が思うに、クロード・ジュレ説に妙な信憑性を感じもする。筆者自身もこうした類のミスはしかねないゆえに。

シュー生地について

シュー生地は焼く前はモッタリとした、いわゆるルウ状の重い状態である。そして熱を加えると膨れ上がるところから、いろいろ察すると、ベニェ・スフレ（beignet souflé）という揚げ菓子が遠い祖先に当たるようだ。オーブンのなかった時代、形を成しにくいこうした生地に熱を加える一番手っ取り早い方法は、熱湯もしくは熱した油の中に入れることであった。かくいうシューも同じ道をたどったに違いない。一五八一年ドイツのマルクス・ルンポルト（Marx Rumpolt）という人の書いた本（『アイン・ノイ・コッホブーフ』（*Ein new Kochbuch*）：

一五八一年刊）に、クラップフェン（Krapfen）という揚げ菓子が出てくる。その名を付けられたこれは、揚げ菓子ゆえ一種のドーナッツの祖先に当たるともいわれている。そこでこの生地だが、ちょうどシューを思わせる柔らかい状態のもののようで、底に穴の開いた壷の中にそれを入れ、沸騰した油の中にその生地を落として揚げると記されている。まだオーブンが未熟で、しかも絞り袋のなかった時代の作り方がよく表されている。彼はクラップフェンも含めたその種のものをシュトラウベン（Strauben）とかシュプリュッツェル（Sprutzel）と呼んでいるが、いずれにしてもこんな形からシュー生地が発展していったものと思われる。なお、それ以前を探る手がかりとしては、カトリーヌ・メディシス付きのポプラン（Popelin）という製菓長が、「オーブンで乾燥させた生地」すなわちパータ・シュー（pâte à choux：シュー生地）の作り方を会得していたという書もある。もしそうであるなら、現代のシューに非常に近い形態といえる。ちなみにメディチ家のカトリーヌ姫がフランス王となるオルレアン公に嫁いだのが一五三三年ゆえ、少なくとも一六世紀半ばにはシューの原形があったということになる。なお、度々登場させて恐縮だが、フランソワ・ピエール・ド・ラ・ヴァレンヌ（François Pierre de la Varrenne）の書いた『ル・パティシエ・フランセ』（*Le Pastissier François*）という本（一六五五年刊）の中に、ププラン（poupelin）という名のお菓子の作り方が記されている。そしてその仲間のひとつとして、はっきりとシュー（choux）の名がそこに記されている。

いる。現在のところでは、シューなる語の初見である。ところでこのププランなる菓名だが、これについてはおそらくは先のカトリーヌ姫付きの製菓人ポプランからきたもので、彼に対する表敬の念からの命名ではないかと思われる。以上の諸々から話を整理すると、ともかくも一七世紀には、ほぼ今日の形態、すなわちルウ状の生地を油で揚げるだけではなく、オーブンに入れて焼成する方法がとられていたことが分かる。

次にルウ状のものが、如何なる手順を経て、今日のような焼いて空洞にする形態になっていったかを探ってみよう。

このあたりになると想像でしかないのだが、おそらくオーヴンによる焼成技術がいくらか発展してきたある時、誰かがそうしたルウ状の生地を余らせるなどして、ちょっと考えた。そのまま捨てるにはもったいないと、テンパン上に適当な大きさにスプーンか何かで置いて焼いてみた。すると妙な形に膨れて固まった。割ってみたら中は空っぽ。ならばとクリームなどを詰めてみた。おそらくはそんなところではないかと思われる。

ではそのルーツとは？　独断をお許しいただけるなら、カスタードクリームの初期のものが怪しい。前述の本『ル・パティシエ・フランセ』の中に、クーム・パティシエールすなわちカスタードクリームについての記述がある。しかしながら前述した如く、その材料には砂糖が含まれていない。もし記載漏れでないなら、それは我々が頭に描くところのカスタードクリームとは異なり、お菓子というよりは料理的なものを目的としていたものだったのではないか。実際に再現してみると、でき上がりはクリームというよりも、思ったとおりルウといった方がいい状態のもので、まるでシューそっくりになる。今日のシューはベースの生地を煮揚げてから卵を加えるが、こちらは卵を加えた後に煮上げるため、実際にそのまま焼いても膨れることはない。が、卵を加える順を変えると明らかにそれらしくなる。したがってかの昔、どこかの調理人なりその見習い生が、ひょっとして卵を入れる順を間違え、捨てるのも何だしと焼いてみたところ……。夢の広がる話である。

ついでながらもうひとつの推理。俗にホワイトソースと呼ばれるベシャメルソースも大いに臭う。あれはバターと小麦粉で作ったルウを牛乳で延ばしたもので、卵は入れないのだが、それは後から変化したものかもしれない。試しに一七世紀流のクレーム・パティシエールに牛乳を加え、塩、胡椒で味付けすると、ソース・ベシャメルらしきものに変化してしまう。すなわちソース・ベシャメルに誰かが意図的にか間違ってか卵を混ぜ込み、焼いてみたらふっくらと焼き上がって、今様のシューが誕生した……。

ちなみにこのソースは、一七世紀半ばにルイ・ド・ベシャメイユ侯爵の手によってなされた（後述）といわれており、年代的にも一六五五年刊の『ル・パティシエ・フランセ』とピタリと一致する点が大変気に掛かる。クレーム・パティシエール、ソース・ベシャメル、何れが今日的なシュー菓子のルーツか。ともあれ本格的なシュー菓子の登場はそれ以降の話で、以来延々時を継ぎヴァリエーションも豊かになって、世界の各地に根を下ろしていった。

その他の近世のお菓子事情

近世と呼ばれるこの時代、この他に次のようなものが生まれ、あるいはこの時代に生まれずとも引き継がれてきたものが確立を見て、食生活の中に入っていった。例をあげるなら、イースト菌の働きを利用したブリオッシュ（brioche）、ヌガー（nougat）、ドラジェ（dragée）、各種のシュー（choux）菓子、プララン公爵に由来するプラリーヌ（praline）、ベシャメイユ侯爵に由来するソース・ベシャメル（sauce Béchamel）、等々である。またフイユタージュやクリームの類が出回ってくると、それらで組み立てられるパリ地方のガレット・デ・ロワ（galette des Rois）なども今日的な形に完成されてくる。このような数多くのパティスリー（pâtisserie：練り粉菓子）、コンフィズリー（confiserie：糖菓）、グラスリー（glacerie：氷菓）、各種のアントルメ（entremets）、加えて多くの副材料類が発達し、王侯貴族を中心とした美食術と訳されるガストロノミー（gastronomie）が確立されていった。それは贅の限りを尽くした成果でもある。なお、氷菓が正式なアントルメとして定着したのもこの頃である。

一方、海の世界に目を転じると、スペインの前にイギリスが立ちはだかり、英西戦争が勃発する。大量のビスケットを積み、食糧に不安のないイギリス軍は大艦隊のスペイン軍を翻弄してこれを破り、代わって七つの海を制覇していく。その折、船上の余り物を集めて蒸し焼きにしたものがプディング（pudding〈後述〉）のルーツといわれている。

ブリオッシュ（brioche）

イースト菌の発酵作用を利用して作った、パンとお菓子の中間のようなブリオッシュというものがある。述べてきたように、ヨーロッパでは早くからギルド制度という職業組合が発達し、社会を構築していた。このブリオッシュも昔から揉め事の種になっていたようだ。発酵させたものゆえパンだと製パン業者がいえば、いや卵やバターをふんだんに使っているからお菓子だと製菓業者が主張する。どこで手を打ったのか、今では双方共が扱っているが、こうした例は他にいくらでもあるようだ。

呼び名や形からルーツを探ると、一七世紀に誕生したようで、初めの頃はバターではなくブリーチーズを使っていたという。またオッシュについては、古代ペルシャで親しまれていたオッチという大粒のイチジクの形に似ているところからきたようで、このふたつが合わさってブリオッシュになったとの説がある。またこれとは別に次のような話もある。ひとつはパリの有名なポン・ヌフという橋の上で美味しいパンを売っていた人がいて、彼の名がジャン・ブリオッシュだったという説。ふたつ目は、サン・ブリウ（Saint Brieuc）という町の人たちをブリオシアン（Briochiens）と呼ぶが、そこの製菓人たちに関係があるというもの。なお、もう少し時代が下がると、これについて次のようなエピソードが伝えられている。ルイ一六世妃のマリー・アントワネットが「市民はパンがないといって騒いでいます」との側近の声に「パンがなければお菓子を食べればよいではないか」と答えたということしやかな話が伝わっている。ところがそのお菓子とは実はブリオッシュのことであったとか。当時の日本ではブリオッシュがまだよく認識されていなかったため、訳者が困った末、ブリオッシュもお菓子のようなものだからと、こう訳してしまったらしいのだ。この訳からすると、いかにも贅沢三昧に暮らし、庶民の生活を思いやらないわがままな王妃像が浮かんでくるが、元の言葉を知ると、このマリー・アントワネット、ちょっとした会話にも機知を含ませる頭の良いかわいらしい人だったのではないかと思えてくる。

粋な命名・プラリーヌ（plaline）

時はルイ一三世からルイ一四世に移る時代。元帥ショワズール・プララン（Choiseul Praslin）公爵は戦場とともに、評判の高いご夫人たちとの間の武勇伝においてもその名を馳せていた。フロンドの乱（王に対する貴族の反乱）では王に忠誠を誓い、スペイン軍率いるテュレンヌを打ち破ったことでも名高い武将である。そんなある日、プララン公爵にもうひとつの成功が加わった。彼の司厨長のクレマン・ジョリュゾ（Clément Joluzot）が作った糖菓が宴席に出席していた人々を魅了してしまったのだ。貴婦人たちはプララン公爵のまわりに群がり、その名を尋ねた。彼はその時名前までは考えておらず、困った末、「命名は皆様にお任せしよう」というと、列席者の中から「プラリーヌ！」の声が上がった。プラリーヌとはプラランの女性形である。こうして付けられたこの名前が、その後世界中に広まっていくことになる。なお、この司厨長は後にオルレアネ地方ロワレ県にあるモンタルジ（Montargie）というところにプラリーヌの店 Maison de Praline を開き、これが後に国の御用達糖菓店となったという。

プララン公爵の頃のプラリーヌは、アーモンドにいろいろな香りや色をつけて砂糖をかけたものであった。後に砂糖をカラメル化させてアーモンドと絡め、細かく砕いたものがプラリネ（praline）と呼ばれるようになり、それをすりつぶしてペースト状にしたものも同じ名で表すようになった。そして今、それらの材料をセンターなどに使ったもの、使わないものまでも含めて、我々がいうところの一口チョコレート菓子はその名を戴き、プラリネと称して世のお菓子好きの人々の心を魅了している。

ソース・ベシャメル (sauce Béchamel)

ソース・ベシャメルは別にホワイト・ソースとも呼ばれるもので、近代料理にはなくてはならないものとなっている。このソース・ベシャメルがルイ・ド・ベシャメイユ (Louis de Béchameil) 侯爵という人に由来することはよく知られているところである。

彼もフロンドの乱に関わり、この乱で富を築いた銀行家で、ルイ一四世に給仕頭の地位を与えられている。この地位は今日考えられる給仕長とは全く異なり、当時最高の大貴族のみが就くことのできるステイタスで、大変名誉なものであった。

ところでこのソース、ベシャメイユ侯爵の発明ということになっているが、実際には彼が生まれる以前から存在していたようだ。ではなぜ？ おそらくは他の例同様、彼に仕えていた料理人が主人に敬意を表してこの名を付けたのだろうとされている。ただ、今日のような形のソースのもととなるべくしたのは、やはり彼のようである。彼の手掛ける以前のソースとは、生クリームを大量に加えたヴェルーテ (velouté) を煮詰めて作られていて、後世の偉大なる料理人といわれたアントナン・カレームの調理法も今とはだいぶ異なっている。調理法というのは、その時代時代によっていろいろと変わっていくものである。

戦さを分けたビスケット

対岸のイギリスに目を転じてみよう。ヘンリー八世による新教（アングリカン・チャーチ）とその後に復活した旧教（ローマ・カトリック）との間で揺れ動いたが、一五五八年にエリザベス一世が即位すると再び新教の道を歩み始めた。女王の積極的な支援の下にスペインの制海権に挑み、植民地獲得競争に加わるなどして海上に進出していく。

この頃のスペインは、同国に太陽の没するところはないといわれたほどに権勢を極めていた。当時最大の旧教国スペインの王フェリーペ二世は、敬虔なカトリック信者であるスコットランド女王のメアリー・スチュアートを立ててエリザベス一世に対抗させた。すなわち敵の敵は味方というわけである。しかしエリザベス一世はメアリーを処刑し、その禍根を断つ。この一件によりスペインとイギリスは真っ向から対峙することになり、英西戦争の火蓋は切って落とされた。一五八八年、スペイン王フェリーペ二世は「無敵艦隊」と訳されるインヴィンシブル・アルマーダ（Invincible Almada）と号する史上空前の大艦隊を編成して、一気にイギリスを壊滅させるべく英仏海峡に向かわせた。この時の陣容は実に艦隊一二七隻、砲門二、〇〇〇、人員に至っては船員八、〇〇〇人、乗船した陸軍一九、〇〇〇人、さらにはネーデルランド（オランダ）から三、〇〇〇人を加えようというものであった。これでは誰の目から見ても勝敗は明らか。さしものイギリスももはやこれまでかと思われた。しかしながら読み通りには事が運ばないのが戦いである。智将として名高いハワード卿を総司令官として、名将ホーキンスとドレーク将軍を配したイギリス軍の勇敢かつ巧妙な戦いにあえなくスペインの艦隊は撃破され、残存艦隊も北海で嵐のため海の藻屑と消えてしまった。たとえばそのイギリスの戦法。取り囲まれるやスルリと身をかわし、逆にカレー湾に敵軍を誘い込んでは夜襲をかける。外洋に出てのグラブリーヌ沖では、動きの俊敏ならざる大群を相手に小回り利かせて大打撃を与え、たまらず相手が引き返すと見るやすかさず追い討ちをかけるという、まことに見事な戦いぶりであったとか。ちなみにドレーク将軍とは、一五〇八年マゼランに次いで世界で二番目の世界周航に成功し、莫大な財宝を持ち帰って、女王からナイトの位を授けられた傑物である。

ところで当時も今も、船に積む食糧には限りがある。大艦隊を組んだスペイン軍も例外ではなく、限られた食糧で短期決戦に挑んだのだ。思えばこれだけの大人数の食事を海上でまかなうとなると大変である。これを読んだドレーク将軍らは、長期戦に持ち込み敵を翻弄しまくったのだ。当時のイギリス艦隊には、保存食としてのビスケットが大量に積み込まれており、兵士たちは士気を落とすことなく存分に戦いを挑み、迎え撃つことができたといわれている。もっともこのビスケットとは、今日のように完成されたものではなく、きわめて水分の少ない、日持ちのする、いわゆる乾パンのようなものであったという。しかしながら量産できて保存も利き、場所も取らないとなると、味の点はともかくも兵糧としては最適である。後々発展してこの国なりにいろいろと優れた焼き菓子を生み出すことになるのだが、こうしたところにも〝ビスケットはイギリス〟の歴史の一端を見る思いがする。ともあれこの時点においては、まさに天下を分けたビスケットであった。

マドロスの知恵・プディング（pudding）

船に積む食糧には限りがある。天下分け目の英西戦争では、そのことゆえに無敵を誇ったスペインが敗れた。そして代わって七つの海を制覇したイギリスが、今度は同じことで悩んでいくことになる。食料は豊富であればそれに越したことはないが、狭い船内ではそうもいかない。よって航海中は手持ちのもので凌ぎ、切り盛りしていかねばならない。ある時考えた末、余ったパン屑や小麦粉、肉の小片、脂身、卵、ナッツ類等々の有り合わせを、「えーい、ままよ」と適当に味付けしひとまとめにして、ナプキンで包んで蒸し焼きにしてみた。しばらくしてほどいてみると、何とか形を保った食べ物らしきものになっていた。彼らはこれにチーズなどを振りかけて口にしていたらしいが、やってみるとまんざらでもなかったようだ。ともあれプディング作りは、マドロスの知恵によりこんな形から始まったという。

こうした蒸し焼きの手法による調理は、その後船を降りて陸に上がり、徐々に一般家庭のキッチンにも潜りこんでいった。そしてバリエーションも豊かになり、いろいろなものを用いた種々の形に変化していった。たとえば同国のクリスマスでは、さまざまな香辛料や各種のフルーツ、ナッツ等をたっぷり加えたプラムプディングで祝われる。これはかつてイギリスが七つの海を制覇していた時代の名残りを示すもので、世界の各地から集められたたくさんの美味なるものというわけである。なお、この時はわざわざ牛の腎臓の周りに付いているケンネ脂を入れて作る。入れない方が美味しいとも思うのだが、これを入れないと彼らにとってのクリスマスケーキにはならない。何となればそれこそが余り物さえ使って手に入れた栄光の時代の象徴であり、彼らにとっての文化の源なのだ。そしてそれをもって、一年で最も大切な日を祝うのである。その他にパンだけで作るパンプディング、お米で作るライスプディング、溶液のみのカスタードプディング等々に広がっていった。

ちなみにフランスではこれをどう呼んでいるか。発祥の地に敬意を表してか、外来語として扱い、英語をそのまま借用してプディングとしたり、スペルをフランス語式に pouding と変え、それをフランス語読みにしてプダンと称している。また数ある中でも特にカスタード・プディングについては、カラメルソース付きのクリーム菓子ということで、クレーム・カラメルといったり、さらに加えて、作った後に裏返しにして皿に乗せるため、その意味をもって、この種のものをガトー・ランヴェルセ（gâteau renversé：裏返しのお菓子）とも呼んでいる。

近代

一九世紀の甘味世界・現代への礎

アメリカ建国と欧州甘味事情

近代とは一八世紀以降、二〇世紀までの期間で、近代市民社会が開かれていく過程をいう。

一七八九年に起ったフランス革命、あるいはイギリスに端を発した産業革命により、ヨーロッパ全体が大きく揺れ動いた。イギリスの専制主義に反対してあくまでも信仰

19世紀のお菓子。彩り豊かなパティスリーやコンフィズリー

を守らんと国を出て新大陸に向かった清教徒はオランダに滞在した際にオリークックという同国の揚げ菓子を習得し、それがドーナッツの元になったといわれている。また新大陸に渡って西を目指していた人がフライパンひとつで作っていたパンケーキも、先のドーナッツとともに今日までアメリカで広く親しまれている。その彼等は後に本国と戦い独立を勝ち取るが、その二〇〇年後に科学技術はもとより、お菓子作りの原材料をはじめ、世界の農産物を支配するまでに成長するとは、誰にも予測のつかないことであった。

ドーナッツについて

ドーナッツを言語的にみると、ドー（dough：生地）とナッツ（nuts：木の実・くるみ）の合成語と思われ、まさしくオランダの揚げ菓子を示しているようだ。そして後にクルミを中央に置かなくなり、リング形に変わっていったと考えるのが自然かと思われる。オランダ生まれにしてアメリカ育ちのこれは、今では丸やねじりん棒など形はさまざまだが、中央に穴の空いてるリング形が最も一般的とされている。このスタイルはアメリカに始まったといわれているが、揚げ時間が短くてすみ、しかも揚げむらが少ないというメリットがある。いかにもこの国らしい合理的な発想といえよう。またこれについては次のような話も伝わっている。

一八四七年にニューイングランドの輸送船の船長ハンソン・クロケット・グレゴリーが、

航海中に嵐に遭遇し、何とかこの危機を乗り切ろうと、思わず手にしていたドーナッツを舵輪の棒の先に突き刺して操縦した。ドーナッツの中心部を犠牲にした甲斐あってか、無事難を逃れることができたとか。以来そのことを記念して、このお菓子はあらかじめ中央に穴を空けて作られるようになった由。そして一九四七年には、リング形ドーナッツ誕生一〇〇周年の記念式典まで行われ、この話はますますもっともらしくなっていった。真偽の程はさておき、アメリカ人はこういう話が大好きのようだ。

パンケーキについて

新大陸に渡った人々は必要最小限度の家財道具を乗せたホロ馬車で西へ西へと旅をしていた。おそらくたいていの料理も手鍋ひとつで行われていたことと思われる。そんな折に作られたもののひとつが、かくいうパンケーキであったようだ。すなわちパンケーキのパンは、ブレッドではなく、フライパンのことである。オーブンではないのでふっくらとはいかないが、さしたる楽しみのなかった中、これによって与えられた喜びはいかばかりであったろうか。なお、フライパンすらなかった時代はどうであったか。おそらく熱した石の上に種々の種《タネ》を置いたり流したりしていたことと思われる。そしてそのうち鉄板やフライパンに置き換えられていったのだろう。ちなみにこの鉄板の呼び名についてイギリスのウェールズ地方ではベイクドストーンと呼び、スコットランドの北部ではガードルと呼び、南部ではグリドルと呼んでいる。ところでもうひとつの呼び名のホットケーキについては、日本で生まれたようだ。パンケーキというと、ブレッドのパンと間違えられるとのことで付けられたとか。

その頃フランスでは

一方、革命直前のフランスでは国家の疲弊とは裏腹に、宮廷文化は爛熟の極みに達し、料理からデザートまでのガストロノミー（美食術）はますます進展した。元ポーランド王の娘で、ルイ一五世に嫁いだマリー・レグザンスカ（マリー・レシュチンスカ）は、愛妾ポンパドールとの葛藤からヴォローヴァン（vol-au-vent）やその小型のブシェ・ア・ラ・レーヌ（bouchée à la Reine）といった名品を生み出した。またオーストリアのハプスブルク家よりルイ一六世に嫁いだマリー・アントワネットは、自国で好んでいたクロワッサン（croissant）やクグロフ（kouglof）をフランスでも求め、それを機にフランスでもこれらが広まっ

マリー・アントワネット

ていく。なおマリー・レグザンスカの父のスタニスワフ・レシチニスキー（フランスでの呼び方はスタニスラス・レクチンスキーになる）は、ババ（baba）やマドレーヌ（madeleine）の考案に関わったり、自らが好んだメレンゲをマリー・アントワネットに手ほどきした。教わった彼女は息の詰まる宮廷から抜け出し、ヴェルサイユ宮殿の一角にあるプティ・トリアノンの田舎家にこもり、農婦姿で牛の乳搾りやメレンゲ作りをして気を晴らしていたという。

ババ（baba）とサヴァラン（savarin）

ババというお菓子は、パンと同様にイースト菌の働きを利用して作るもので、その形がワインなどの瓶のふたをするコルク栓に似ているため、そのフランス語のブションを取ってババ・ブション（baba bouchon）とも称されている。いわれについては諸説あるが、元ポーランド王にしてナンシーの領主であるスタニスワフ・レシチニスキー付きのシェフ、シュヴリオ（Chevriot）の作というのが有力である。彼は一六〇九年からフランスのランベールという町で作られていたクグロフ（kouglof）という発酵菓子を作っていた折、新しい供し方として上からラム酒を降りかけて燃え上がらせる方法を思いついた。これはロレーヌ地方の宮廷で大変もてはやされ。そこではいつもマラガ産のワインがソースとして添えられていたという。彼の主人のスタニスワフ王はアラビアンナイトの『千夜一夜物語』の愛読者で、自分のお気に入りのこのアントルメに、その物語の主人公のアリ・ババの名を与えた。その後、ストレールという製菓人が、ポーランドの宮廷が移されているリュネヴィルというところで、これが作られているのを見て憶えた。そしてパリのモントルイユ通りに店を開き、同じ名のお菓子を作ってこの店の名物にした。やがてアリ・ババは縮めてただババと呼ばれるようになり、大層人気を集めたという。ストレールはババを前もって作っておき、売るときに刷毛でシロップを塗って供していたが、そのうちに塗らずにそのままシロップに浸す方法をとるようになる。いわゆる今日の形である。

希代の美食家ブリヤ・サヴァラン

ところで、同種のものにサヴァラン（savarin）というお菓子がある。これについては、一九世紀中頃のジュリアン（Jullian）という人が同じく製菓人の三兄弟（アルテュール（Arthur）、オーギュスト（Auguste）、ナルシス（Narcisse））とともに考案したと伝えられている。彼らは一八四〇年頃ボルドーでフリブールと呼ばれていたババの生地にレーズンを加えず、リング形に作ってみた。そして浸すシロップに改良を加えて、ブリヤ・サヴァランと名付けた（彼については後述）。食通として知られた彼に敬意を表して命名されたこのお菓子は、後にただ短くサヴァランと呼ばれるようになる。つまりサヴァランとは、レーズン入りのクグロフのアレンジだったババの、そのまたアレンジだったわけである。進化を遂げつつ、それぞれも皆生き残っているというのもまた面白いところである。

マドレーヌ（madeleine）

ピエール・ラカン（Pierre Lacam：一八三六〜一九〇二）という人の書いた『パティスリー覚え書き（*Memorial de Pâtisserie*）』によると、これはアヴィス（Avice）という偉大なる製菓人によって作り出されたとされている。彼はその頃、政治家として名高いタレイラン公（一七五三〜一八三八）の家で働いていた。彼はカトル・カール（quatre quart：フランス風パウンドケーキ）用の生地を用いて、ゼリーの寄せ型で小さなお菓子を作ることを思いついた。このことは一躍ブシェール（Boucher）やアントナン・カレーム（Antonin Carême）といった、当時の著名人の称讃を得るところとなった。そして彼はそのお菓子にマドレーヌ（madeleine）という名を与えたという。しかし別説では、これよりはるか以前にフランスで作られていたという。初めの頃マドレーヌの作り方は長い間秘密にされていたが、ある時ロレーヌ地方ムーズ県のコメルシーという町のお菓子屋に非常に高い値段で売られた。買った彼らはこの美味なお菓子を自分たちの町の名物にしたといわれている。そして一七〇三年頃ヴェルサイユで、次いでパリで流行したという。またアレクサンドル・デュマの『大料理事典』では、発明者はコメルシーの町で料理人をしていたマドレーヌ・ポーミエ（Madeleine Paumier）という人で、彼はこれをクロッシュ・ドール・オテルに住んでいたドゥブージ・ブレイ（Debouzie Bray）家に伝え、同家が美味なお菓子として売り出しに専念するようになったという。どの説も起ったのはコメルシーとしており、事実今もなお、マドレーヌはコメルシーの銘菓としてその名が知られている。

姫君の炎・ヴォローヴァン（Vol-au-vent）とブシェ（Bouchée）

ポンパドゥール婦人はその美貌と才覚により、ルイ一五世から特に寵愛を受けていた。正妻であるマリー・レグザンスカはこの愛妾に対して激しい嫉妬の炎を燃やす。この確執を知る実父のスタニスワフ・レシチニスキーは、娘に対しできる限りの支援をする。彼は自分付きの料理人に命じて、フイユタージュ（パイ生地）の器に山海の美味入りのソース・ベシャメルを詰めたヴォローヴァン（vol-au-vent）という料理を作らせ、娘に伝えた。これは「風に舞う」という意味である。オーブンに入れるとフイユタージュの生地がヒラヒラと浮き上がるところからの表現で、いかにも生地の軽さを感じさせる名称といえる。マリーはそれをもって王の心を引きとめようとするが、やはり無駄な努力に終わってしまう。たった一人の楽しからざる食事をとる彼女は、自分ひとりではあまりに大きすぎると、料理人に命じて小さなひとり用のものを作らせる。こうしてでき上がった小さなヴォローヴァン、それがブシェ・ア・ラ・レーヌ（bouchée à la Reine）である。ブシェとは「一口」の意味で、すなわち「女王様の一口の召しあがりもの」ということである。今日ブシェはこうした料理のほかに、各種のクリームやフルーツ等を詰めたお菓子としても多用されている。

多国籍菓子・クグロフ（kouglof）

そもそもはオーストリアやポーランドに古くから伝わるもので、文化の伝播とともに各地に伝えられていった。よって呼び名も綴りもさまざまで、たとえばグーゲルフップフ（Gugelhupfh）、クーゲルホッフ（Kugelhoff）、クーゲルホップフ（Kugelhopf）、フランス語圏ではクグロフ（kouglof または kougloff）となっている。フランス語には元来Kで始まる語はなく、このことからもゲルマン系あるいは東ヨーロッパ系のお菓子であることが分かる。ちなみに日本では英仏にならってクグロフと呼んでいる。なお、ドイツ語圏ではこの他にナップフクーヘン（Napfkuchen）、ロドンクーヘン（Rodonkuchen）等とも呼ばれている。いかにこのお菓子が広く各地に根を下ろし、親しまれてきたかがお分かりいただけよう。このクグロフ、オーストリアのハプスブルク家の皇女マリー・アントワネットが大層好み、ルイ一六世に嫁いだことがきっかけでフランスでも大いに流行したというが、それとは別に、最初はロレーヌやアルザスを経て入ってきたともいわれている。事実今でもこれは、同地の銘菓として人々に親しまれている。

クロワッサン（croissant）の軌跡

そもそもを遡ると、中近東に始まりを持つともいわれている。エジプトを基点として、パレスチナ、シリア、チグリス・ユーフラテス地域、つまりメソポタミアからペルシャ湾にいたるまでの広大な地域が三日月形をしている。これは俗に「肥沃な半月形（fertile crecent）」と呼ばれているが、クロワッサンの形もたどるとここに由来する、とのダイナミックな説もある。ただもう少し現実的な話として、次のようなことが伝えられている。一六三六年、オーストリアのウィーンの町がトルコ軍によって包囲されてしまった。パン屋は朝が早い。ある早朝、いつものようにパン屋の職人が倉庫へパン種を取りにいこうと外に出ると、総攻撃開始の準備が整い、進入直前である旨を壁越しに聞いてしまった。驚いた彼は急いで自軍にこのことを知らせ、態勢を整えて迎え撃ち、無事トルコ軍を撃退することができたという。その手柄により、彼は表彰され、ウィーンのパン屋がサーベルを下げて歩く特権と、オーストリア王室のハプスブルク家の紋章をパン屋のシンボルマークとして使用するなどの権利が与えられた。そのお返しとして、ウィーンのパン屋はトルコ軍の半月旗にちなんで、三日月と星を象ったパンを作って皇帝に献上し、町でもこれを売り出したところ、多いに人気を博したといわれている。その後、マリー・アントワネットのルイ一六世への輿入れを機にフランス国内でも広まっていった。

ムラング（meringue）の発見

卵白を攪拌すると白く泡立ってくる。これに砂糖を加えた素材はいろいろなお菓子に使われるが、これをフランス語ではムラング（meringue）、英語では同じ綴りでメリング、ドイツ語ではベゼーマッセ（Baisermasse）あるいはシャオムマッセ（Schaummasse）、日本語では通常メレンゲといっている。メレンゲだけを好みの形に絞って、乾燥焼きにしてもかわいらしいお菓子になるが、半製品として他のお菓子の一部に使ったり、クリームとして用いたり、また多くの気泡を含んだ軽い持ち味からムース系の生地にも用いられる。日本料理や和菓子でも淡雪と名付けて使われたりもしている。このメレンゲが初めて作られたのは一七二〇年頃だといわれている。『ラルース料理百科事典』では、発明者はスイス人のガスパリーニ（Gasparini）で、彼はメリニゲン（Mehrinyghen）というところに住んでいたといい、語源もここにあるという。しかしながらこのメリニゲンという場所が不明で、現在のドイツのザックス・コブール・ゴータ公園（Sax-Cobourg Gotta）にあったという人もいれば、いやスイスだという人もいる。他に諸説あるが、フランスで初めてこれが作られたのはナンシーで、その地の領主のスタニスワフ・レシチニスキーに出されたものとされている。そしてこれを考案したのも王自身か彼付きの料理人とも……。その娘でルイ一五世に嫁いだマリー・レグザンスカやルイ一六世妃のマリー・アントワネットも大好物であったと伝えられている。特にスタニスワフ王はマリー・アントワネットを大層かわいがっており、彼女にこの作り方を教えたところ、ことのほか喜び、ひとりトリアノンの宮殿にこもり、その中のプティ・トリアノンの農家を模した別棟の中で、夢中になって作っては楽しんでいたという。

辛口の食味評論家

美食の国といわれるようになったフランスには、当時それを育てるお目付け役が何人かいた。その一人がグリモ・ド・ラ・レイニエール（Grimod de la Raynière：一七五八〜一八三八）。彼はパリ生まれで、本業は弁護士だが、そちらの方はあまり熱心ではなかったという。革命後の成金たちに作法を守らせるために、一八〇八年に『主人役必携』を出版。また一八一二年には『食通年鑑』を上梓し、世の食通たちの啓蒙をはかった。また食味鑑定委員会を設立し、さまざまな料理やお菓子を査定した。しかしこの委員会は商業目的に利用されている旨の抗議を受けて、中断せざるを得なくなった。なお、フランス革命に際して、旧体制下の卓越した料理人や製菓人が四散することに心を砕いたり、モンペリエという田舎町で作られるブランマンジェ（blanc-manger）の技法が失われることを何より嘆いたという彼の話は、美食の国のエピソードとして今に伝えられている。

もうひとりはブリア・サヴァラン（Brillat Savarin：一七五五～一八二六）。フランスのブルゴーニュ地方アン県ベレー生まれの弁護士。ベレー市長や最高裁判所の判事を務め、『経済学論と諸計画』『司法論』『最高法院論』等を出版している。が、何よりも彼の名を高めたのは、最後に出された『味覚の生理学』である。日本では『美味礼賛』の訳で知られている名著だが、これにより、偉大な美食家として語り継がれるところとなった。こうした辛口や博識の美食家たちによって、フランスの美味はますます磨き上げられていった。武力的にはさておき、文化的には後進国であったフランスに、イタリアのメディチ家やスペイン王室、オーストリアのハプスブルク家といった周辺各国や各名家からの輿入れが相次いだ。そして、度ごとにそれぞれの姫君が国許より最新の食を含む諸文化を持ってきたため、文化的にも超一等国になっていったが、それを側面から支えつつ、さらに豊かに実らせていったのが、かくいう食味評論家たちであったのだ。

バウムクーヘンの完成プロセス

ドイツやルクセンブルクなどの地域で好まれているバウムクーヘンにも触れておく。焼成法としては、グルグル回して火であぶり焼くという、大変古典的な調理法である。一五世紀半ば頃になると、シュピースクーヘン（Spieskuchen）なるものが出てくる。これはまだ種《タネ》を掛けて焼くものではなく、ひも状の生地を棒に巻きつけて焼いたもののようである。一六世紀になると、生地を平らに延ばして棒に巻きつけるものが現れるが、未だ今日の形にはなっていない。そして一七世紀末になって、流れる状態のいわゆるルウ状の種を心棒のまわりに架けて焼くものが現れてきた。シュピースクラップフェン（Spieskrapfen）とかプリューゲル（Prügel）と呼ばれるものである。そして一八世紀に入ってのスポンジケーキの広がり

バウムクーヘンの原形（ロッテンヘファー著『コッホブーフ』1851年刊より）

Ein new Kochbuch/
Das ist Ein grundtliche beschreibung
wie man recht vnd wol/ nicht allein von vierfüssigen/ heymischen vnd wilden Thieren/ sondern auch von mancherley Vögel vnd Federwildpret/ darzu von allem grünen vnd dürren Fischwerck/ allerley Speiß/ als gesotten/ gebraten/ gebacken/ ...
Auch ist darinnen zu vernemmen/ wie man herrliche grosse Bancketen/ sampt gemeinen Gastereyen/ ordentlich anrichten vnd bestellen soll.
Allen Menschen/ hohes vnd nidriges Standts/ Weibs vnd Manns Personen/ zu nut ...
Durch
M. Marxen Rumpolt/ Churf. Meintzischen Mundtkoch.
Mit Röm. Keyserlicher Maiestat special Priuilegio.
1 5 8 1.
Sampt einem gründtlichen Bericht/ wie man alle Wein vor allen zufällen bewaren/ die bresthafften widerbringen/ Kräuter vnd andere Wein/ Bier/ ...
Gedruckt zu Franckfort am Mayn/ In verlegung M. Marx Rumpolts/ Churf. Meintz. Mundtkochs/ vnd Sigmundt Feyerabendts.

マルクス・ルンポルト著「アイン・ノイ・コッホブーフ」（一五八一年）の扉ページ。バウムクーヘンやシューの粗形が記されている。

を受けて、流れるようなゆるい種をかけるようになり、ようやく今日の形に完成された。なお、この原形たる延ばした生地を巻く形のものは、ルーマニアやチェコに今も残っており、クルトシュ・カラーチと呼ばれるそれらから当時の様子を偲ぶことができる。

天才製菓人アントナン・カレーム

どの世界にも神様的な人がいる。美食の分野においては、偉大なる料理人にして天才製菓人と謳われたアントナン・カレーム（Antonin Carême：正式にはマリー・アントワーヌ・カレーム（Marie Antoine Carême）、一七八四〜一八三三）であろう。伝えられるところによると、彼は場末のバック街（現在のボン・マルシェ・デパートの一角）にあった最貧の家の二四人の兄弟の一六番目として生まれ（一六番目の末っ子、または二五番目の末っ子等々の説もある。母はマリー・ジャンヌ・パスカル、父はジャン・ジルベール・カレーム、誕生の日時については、彼の娘の証言によると、六月八日頃）、タレ

偉大なる料理人にして天才製菓人アントナン・カレーム

イラン侯爵（シャルル・モーリス・ド・タレイラン・ペリゴール：一七五四〜一八三八）やロスチャイルド家に勤め、「王の料理人」、「料理人の王」と称されるまでに登りつめていく。フランス革命の直前に生まれ、ほどなく革命（一七八九年）を体験し、その後の第一共和制、ナポレオン第一帝政、王政復古、七月革命によるルイ・フィリップの即位と、まさにフランスの激動期を生きた。生まれるのがもう少し早かったら彼もまた革命の渦に巻き込まれ、もう少し遅かったら食卓の饗宴の手引きは霧の彼方に消え去っていたかも知れない。絶妙のタイミングで生まれた彼は、一〇歳の時、飲んだくれの父親と場末のめし屋で食事をした後に捨てられる。革命が成功したからといって世の中が急に平和になったわけではない。コンコルド広場においては毎日の如く旧体制派であった要人の処刑が行われ街は騒然とした状態である。そんな中での捨て子は日常茶飯事であったという。「なあ坊主、お前も大きくなったんだ。いつまでもこんな俺といてもしょうがないだろう。もう一人で食っていけよ。これからは運を掴んだ者勝ちの世の中だ。なあにお前くらいの才覚があればなんとかなるさ」などといって父親は夕闇の中に消えていった。突然みなしごになってしまったカレーム坊やはとぼとぼ歩き、ポツンと灯りのついた家を見つけた。そこがたまたま下級の料理屋で、その扉を叩いたのが、希代の料理人、偉大なる製菓人への第一歩だったというわけである。身を粉にして働いた彼は、一七歳の時ヴィヴィエンヌ街にあるスィルヴァン・バイイという人の営む、ちょっと気の利いた店に転職することができた。ここでも無我夢中で働いたが、そんな彼の才覚を見抜いた主人のバイイは、彼にムッシュー・ローズと呼ばれる店にお菓子作りの見習いに行かせたり、国会図書館で学ぶことを許した。こうして身につけた製菓技術やデッサン等さまざまな知識は後々みごとに実ることになる。主人のバイイは顔が広く、いささか政界にも通じていた。カレームの調理の腕と手際の良さがその店に出入りしていたタレイラン公爵の目に止まり、スカウトされることになる。ただ、彼のその後の人生を追ってみると、どこかにずっと奉職するという形をとらず、基本的にはフリーランサーを貫いている。たとえばその足跡をたどると、バイイの次にジェンドロン菓子店に移ったが、そこでは通常の仕事とは別にタレイランからの特注を受けたり、またタレイランのため第七行政区のオテル・ガリフェに仕事場を移したりしている。そしてその後、一八〇三〜四年の冬にはパリのド・ラ・ペ街のヴァンドーム広場に通じる道筋に自店を開業する。しかしながらそこは特注の飾り菓子を自由に作る場としての利用だったようで、真剣に店の経営に携わっていた様子は見られない。なおこの店は一八一五〜六年頃までは続けたようで、ひとときパリの名所のようになった。ちなみに店自体は一八六三年まで存続していた。その店を開いた後は、タレイランが入手したロワールのヴァランセ城に約一年間活躍の場を移すが、一八二三年からは、ロスチャイルド家に請われて、疲れた身体にムチ打ち、腕を振るった。しかしながらそ

アントナン・カレーム　ピエスモンテのデザイン

うした中でも軸足はいつもタレイランに置いていた。ところでそのタレイランだが、彼は、政界を泳ぎわたる武器のひとつとして料理を重んじていた。自分の館に客を招き、自ら料理をサービスするなどしてネットワークを広げたり、逆に政敵を陥れたり……。タレイランはこうして旧体制の時にも要職を務め、第一共和制時も政治のベストポジションを占め、ナポレオン第一帝政の折には外務大臣を務め、ナポレオンの失脚後は、フランスを代表してウィーン会議に出席し、各国を翻弄して、結果、すべてを元に戻すということで話をまとめ、敗戦国となっていたフランスは何一つ失うことなく事を収めてしまう。

　話を戻すと、そうした彼のもと、カレームはめきめき頭角をあらわしていく。ナポレオン戦争でフランスの敗戦後、連合国がパリに入城する際は、それを迎える総料理長に任命される。「敵軍の勇気を鼓舞する仕事などには就きたくない」と拒否するも、一度取り掛かるや腕を振るい、連合国の代表を務めるロシア皇帝の激賞を受ける。皇帝に招かれた彼はロシアを訪れるが、当の皇帝は外遊か何かで結果会えずじまいに終わるが、そのまま帰る彼ではない。この際ロシア式の食卓サービスをつぶさに目に収めんとする。ところがその宴席会場では、客は次の間に集まっているのに、テーブルにはまだ何もない。そのうちにそれぞれがテーブルに着き始めてしまう。着席し終ると給仕係りが一皿ずつ料理を運び、客の前に置いていく。彼は驚いてしまう。それまでのフランス式の食卓の饗宴とは、テーブルの上にさまざまな美味を、左右対称の形でしっかり盛り付けるという、豪華極まりないスタイルのものであった。ドーンと飾っての〝さあ、どうだ〟式も悪くはないが、温かいものは温かいうちに、冷たいものは冷たいうちにというロシア式サービスも素晴らしい。否、食べる人にとっては、こちらの方がいいに決まっている。帰国するや、すぐさまこれを取り入れ、フランス式サービスとしてしまう。

なお、彼はそうしたことを会得しただけでなく、さらに深くその先を考える。何もないテーブルはいかにも寂しいと、そこを飾るべくパスティヤージュ（pastillage：粉砂糖と卵白とゼラチンを混ぜたもの。英語ではガムペーストという）等食べられる素材をもってローマの廃墟や寺院、庭園を、さらには糸状の飴を使って噴水等を作り、お客の目を楽しませる。席に着いた客は一様にびっくりしてしまう。「えっ何これ、食べられるの？」「うそー」「あっホントだ、食べられる」などと大騒ぎになり会話が弾み、胃も刺激される。次に出てくる料理が美味しくなる。彼の計算はそうしたところにまで及んでいたようだ。それが発展して工芸菓子になっていく。今日ではそれが広がって砂糖細工、飴細工、チョコレート細工、ビスケット細工、マジパン細工、メレンゲ細工、パン細工、バター細工、氷細工等さまざまな分野に及んでいる。

その他、先のロシア皇帝との縁を持ってシャルロット・リュス（charlotte Russe：ロシア風シャルロット）なる銘菓を生んだり、ブランマンジェ（blanc-manger）をはじめとするさまざまなお菓子の開発や改良を進め、結果、お菓子や料理を芸術の域にまで高めた。そして彼は、それまでに伝えられた多くのお菓子や料理を見事に整理分類し、体系立てて今日に伝えてくれた。すなわち『ル・パティシエ・ロワイヤル・パリジアン（*Le pâtissier royal parisien*：パリの王室製菓人）』（一八一五年）、『ル・パティシエ・ピトレスク（*Le pâtissier pittoresque*：製菓図案集）』（一八一五年）、『メートル・ドテル・フランセ（*Le maître d'hotel français*：フランスの給仕長）』（一八二二年）、『ル・キュイジニエ・パリジアン（*Le cuisinier parisien*：パリの料理人）』（一八二八年）、『ラール・ド・ラ・キュイジーヌ・フランセーズ・オ・ディズヌヴィエーム・シエークル（*L'art de la cuisine française au 19e ciècre*：一九世紀のフランス芸術料理）』（一八三三〜三五）等である。なお最後のものについては全五巻だが、第三巻は娘、マダム・デュバルクの口述筆記、四、五巻は弟子のプリュムレが、カレームが亡くなった二年後の一八三五年に書き継いだものといわれている。なおこうした技術書の他にも、パリ市の美化のための改造計画として、『プロジェ・ダルシテクテュール・アレクサンドル・プルミエ（*Projets d'architecture Alexandre premier*：アレクサンドル一世に捧げる建築計画）』（一八二一年）や、その第二弾としての『プロジェ・ダルシテクテュール・プール・ランビリスマン・ド・パリ（*Projets d'Architecture pour l'embillissement de Paris*：パリ市の美化のための改造計画）』（一八二六年）を著している。

先に述べたように貧しさの中から這い上がってきたゆえか、彼の記述には必要以上に持ってまわったいい回しや、大げさとも思える表現が多く見られる。これらは自らの人生のコンプレックスからくる裏返しとも見られるが、残した業績の偉大さから見れば、さしたる問題ではなかろう。これらの資料を以って顧みるに、この時期までに、今日あるおおかたのお菓子や料理が完成されていることが分かる。

彼の著書を見て驚くことは山ほどあるが、お菓子に関してのメニュー構成もそのひとつである。たとえば前述のシャルロットをはじめ、ジュレ（gelée）、バヴァロワ（bavarois）、ブランマンジェ（blanc-manger）、プディング（pouding）、ムース（mousse）、スフレ（soufflé）といった、実に多彩なデザート類である。これこそがまさしく現代を風靡しているヌーヴェル・パティスリー（nouvelle pâtisserie：新しいお菓子（後述））の一群なのだ。カレームが対象としていたのは上流階級の人々ゆえ、当然自身で体を使うことは少なく、美味なものに対しても飽食気味であったものと見られる。こうした人々にとって、ここに列記したようなソフトにしてライト感覚のアントルメ類は、実に恰好のデザートであった。考えてみると現代の我々は時こそ違え、こと食に関しては昔日の王侯貴族の生活をしていることになるようだ。

カレームの著書等に見られる当時の菓子

シャルロット（charlotte）

大型のデザート菓子で、その形がリボンやレースをあしらったボネット調の婦人の飾り帽シャルロットに似ているところからこの名が付けられた。シャルロットには本来冷たくして供するものと温かくしたものの二種類あるが、今日ではシャルロット・リュス（charlotte Russe）と呼ばれる冷製の方が一般的となっている。温かい方はフルーツ主体でりんごを使ったシャルロット・ド・ポンム（charlotte de pomme）や杏を使ったシャルロット・ダブリコ（charlotte d'abricot）、桃を使ったシャルロット・ド・ペーシュ（charlotte de pêche）などがある。

これらはロシア風より先に作られたというが、ともにカレームの手によるとされている。

ロシア風の方は、ビスキュイ・ア・ラ・キュイエール（biscuit à la cuillère：フィンガー・ビスケット）で作った器にバヴァロワを流し入れ、冷やし固めたもので、カレームがロシア皇帝との縁で作ったためにロシア風と呼ばれるようになったとのこと。彼はナポレオン戦後にパリに入城してきたロシア皇帝の接待役を果たしたり、またその際に大いに気に入られて、後にロシアに招かれたりしている。その後一八一八年にエックス・ラ・シャペルの会議の際に再びロシア皇帝の料理長に指名されている。そうした折のどこかでこのお菓子がひらめいたか、あるいは手がけたものと見える。なお、彼は自らの著書『パリの王室製菓人』の中で「私がパリに店を開いていた時に思いついたもので、最初に作ったものは警察長官と外務大臣の家に届けた」とも述べている。

バヴァロワ（bavarois）

古くはフロマージュ・バヴァロワ（fromage bavarois）と呼ばれていた。フロマージュとはチーズのことだが、決してチーズ入りというわけではなく、固まった状態がチーズを思わせるところからそう呼ばれるようになった。カレームも著書『パリの製菓人』の中でこう呼んでいる。起源はその名が示す通り、ドイツのバヴィエール（bavière：バイエルン）地方にあるというがはっきりとは断定できていない。一説によると同地方の大富豪の家で腕を振るっていたフランス人の料理人によって作られ、命名されたものであろうとしている。

ジュレ（gellé）

ジュレとはゼリーのフランス語。カレーム時代のゼリーを固めるゼラチンに関しては、当時の質がわからないため、効力の正確な比較はできないが、量的には現在の基準量（水分全体量の二〜三％ほど）のほぼ一・五倍から二倍を用いている。前述のシャルロットやバヴァロワも同様である。よってそれらは今のものと比べると、一様にかなりブリンブリンの状態であったと思われる。ゼラチンの効力が弱かったか、または冷蔵設備がなかったため、このくらい入れなければならなかったのか。あるいは筆者が思うに、当時の人々はこのくらいの固さのものを好んでいたのではなかったか。

白い食べもの・ブランマンジェ（blanc-manger）

ブランマンジェとは、その名のとおり白いゼリー状またはバヴァロワ状をしたデザート菓子である。今日多くのお菓子屋で、牛乳や生クリームを用いてゼラチンで固めて作っているが、本来はもう少し手のかかる方法で作られる。先ずアーモンドを細かくしローラーで挽きつぶしていくと、白い液が絞り出される。これをアーモンドミルク（フランス語ではレ・ダマンド（lait d'amande））と呼ぶが、これを集めて作るのが正調古式のブランマンジェである。小さな粒のアーモンドからはほんの少ししか絞り出されないため、それを決め手とするほどの量を使ったお菓子などは、相当高価なものであったといえる。史実をたどると、一四世紀のヴェルツブルクの羊皮紙文書に"blamenser"の語が見られるところから、今様のデザートの元となるものの存在はかなり遡るようだ。

食味評論家グリモ・ド・ラ・レイニエール（右）とブラマンジェに関する記述（ヴェルツブルク『羊皮紙文書』）

フランスのグリモ・ド・ラ・レイニエール（Grimod de la Reinière）という美食家によると、この起源はランドック地方にあるといい、またモンペリエ（Montpellier）という町にいる、この上ないほど素朴な料理女たちがすばらしいブランマンジェを作る。そしてパリで作られるもので口に合うものはめったにないともいっている。さらにこれを作るのは大変難しく、旧体制（フランス革命前の体制）下でもほんの数人の料理人しか巧みに作ることができないといわれていたため、われわれは革命以来その秘訣が失われてしまわないか心配している、と述べている。国の体制、運命が定まり切れていない中で、美味の喪失を心配しているのだから、やはりこの国の人たちの美食に対する思い入れは尋常ではないようだ。カレームもその著書『パリの製菓人』の中で「このすばらしいアントルメは美食家たちから評価されているが、そのためには充分白く、口当たりもよくなければならない。めったに兼備することのないこのふたつの特徴により、他のクリームやゼリーより人々に好まれるであろう。これはアーモンドが滋養に富み、その苦味を和らげるに適した多くの油分と香りを含んでいるためである」と述べている。やはりアーモンドで作らなければ本物ではないようだ。

工芸菓子・ピエス・モンテ (pièce montée)

ピエス (pièce) とは英語のピースで〝小片〟、モンテ (montée) は〝積み上げた〟の意味である。ウェディングケーキ等に見られる如く、大型で背も高く積み上げられた飾り菓子や工芸菓子といわれるものすべてがピエス・モンテと呼ばれている。カレームは天才といわれるほどにカヴァーする仕事の範囲も広かったが、その中でも特にピエス・モンテの類には力を注いでいた。そこには彼の主張するように、はっきりと建築の美学が読み取れるし、また会食においては列席者の目を奪い、驚嘆の意を表させるには恰好の素材でもあった。パスティヤージュ (pastillage：ガムペースト)、ヌガー (nougat)、シュー (choux)、糸状のアメ (sucre filé）、岩状のアメ（sucre rocher）といった食べられるものを駆使し、微細を穿って作られた城や庭園、古代遺跡等多くのモデルは、当時彼の独壇場でもあった。

マロングラッセ（marron glacé）とモンブラン（mont-blanc）

筆者の手元にある資料では、その名の初見はカレームの手になる『パリの王室製菓人（*Le Pâtissier Royal Parisien*）』の第二巻（一八一五年）においてである。もっともそれ以前となると、資料らしきものがないというのが正直なところだが。顧みるに美食求道のフランス人にとってはその昔マロンはあまり裕福でない人々が口にするもので、食品としてはマイナーな存在であったと思われる。それをあえて取上げ、珠玉の宝石のごとくに仕立てたのがカレームであった。しかしながら昔からのイメージを打破するには少々時間を要したようで、馴染まれ出したのは二〇世紀に入ってからであった。ところでモンブランというお菓子があるが、これを作るにあたっては、マロン・ペースト（パート・ド・マロン（pâte de marron））が必要となる。この初見はギュスターヴ・ギャルラン（Gutave Garlin）の『近代製菓人（*Le Pâtissier Moderne*）』（一八八八年）においてである。マロングラッセはこれ以前に作られていたが、そうした時点ではまだマロンペーストの記述はない。そしてモンブランなるものが出てくるのは、さらにもっと後。これは何を意味するのか。思うにマロングラッセを手がける際、何日もかかって糖度を上げながら煮詰めていくため、でき上がるまでにけっこうな量の破損品がでる。これを捨てるには忍びないと、これをつぶしてペーストにした。そしてそれをスパゲッティ状に絞り出してドーム状に盛り付けてみた。なんとなく山のようだとその姿に気付き、ならばと上面に泡立てた生クリームを絞ったり、あるいは粉糖を振りかけ、雪に見立ててみた。〝おー、これはまるでモンブランだ〟としてこのお菓子ができ上がった……。つまり始めにマロングラッセありきで、モンブランはその二次使用品として作られたもの。おそらくはそんなところではなかったかと思われる。そしてその名が登場するのは、もう少し後のピエール・ラカン（Pierre Lacam）の書『氷菓の覚え書き（*Le Mémorial des Glaces*）』（一九一一年）においてである。なお同じ頃、イタリアでもモンテ・ビアンコなるデザート菓子が作られていたが、これもモンブランと同意の「白い山」の意味である。こうした状況から察するに、一九〇〇年代始め頃には広く愛されるお菓子の仲間入りを果たし始めたものと思われる。

一九世紀を彩るフイユタージュ（feuilletage）菓子

先に開発されたフイユタージュ（通称パイ生地）をもって、ミルフイユ（mille-feuille：千枚の葉の意味）やアリュメット（allumette：マッチの意味）、ショソン（chausson：スリッパの意味）、コンヴェルサシオン（conversation：会話の意味）といったものが作り出されていった。またフイユタージュの生地をねじりん棒にしたサクリスタン（sacristain）やハート型に焼いたパルミエ（palmier）、オランダの名を戴いたタルト・オランデーズ（tarte Hollandaise）、タタン姉妹の失敗から生まれたタルト・タタン（tarte Tatin）、オルレアネ地方ロワレ県ピティビエ市の銘菓ピティビエ（Pithivier）、器型に作ったピュイ・ダムール（puits d'amour：愛の井戸の意味）等々、あるいはおつまみ的なオールドゥーブルに至るまで、数多くのものが作られている。

千枚の葉・ミルフイユ（mille-feuille）

ミル（mille）とは「千」、フイユ（feuille）は「葉」、すなわち「千枚の葉」という意味。パイ生地（フイユタージュ）とカスタードクリームを段重ねにしたお菓子で、上面には粉砂糖を振りかけたり、フォンダンを塗ってチョコレートの矢かすり模様のデザインが施される。ルージェ（Rouget）というフランス人の製菓人の創作という。それが作られ提案された時はよほど衝撃的であったとみえ、美食評論家として名を馳せていたグリモ・ド・ラ・レイニエールは、「天才によって作られ、最も器用な手でこねられたに違いない」といっている。そして一八〇七年一月一三日、彼の手になる『食通年鑑』の発行元である食味鑑定委員会のもとに、ミルフイユは鑑定にかけられた。評決は「それをたとえるなら、幾重にも重ねられた葉のようだ」というものであった。まさしく千枚の葉である。今日ではいろいろなスタイルで、いろいろな名を持つミルフイユが作られているが、我々はこの一見単純な重ね菓子をたぶん永遠に楽しむことであろう。

余り物の有効利用・アリュメット（allumette）

フランス語でマッチを意味するお菓子で、フイユタージュ（通商パイ生地）の生地の上に、グラスロワイヤル（glace royale：卵白で練った粉砂糖）を塗って焼き上げ、カスタードクリームをサンドするもの。上面がマッチを点火する際にこする、ザラザラした面に似ている故にこうした名が付けられたともいわれているが確証は得られていない。一九世紀の中頃、フランスのイル・エ・ヴィレーヌ県ディナールという地に住んでいた、スイス出身の製菓人によって考案されたといわれている。菓子作りの沿革を書いたピエール・ラカンによると、「それを作ったのはプランタ（Planta）という人である。彼は余ったグラスロワイヤルを何に使うか考えた。そこでそれをもう一度練って柔らかくし、砂糖がオーブンから流れ出さないように、ひとつまみの小麦粉を混ぜてフイユタージュの上に塗り、オーブンで焼いた」とある。お菓子の発展要因にもさまざまあるが、これなどはさしずめ余り物の処理から生まれた銘菓といえよう。

スリッパの意味・ショソン（chausson）

ショソンとはスリッパとか運動靴の意味だが、元々は短靴や木靴の内側を包んだ皮革の種類を指す言葉だったようだ。さて、この名を戴いたお菓子だが、円い形のフイユタージュの生地に詰め物をして、二つ折りにし、焼き上げるもので、形としては半月形となるため、まるでスリッパや木靴のようだというところからの命名といわれている。今日のお菓子屋の商品構成の中では、ごく並みの扱いをされているが、以前はパン屋やお菓子屋で作られるもののうちでも、グレードの高い部類に属していた。いくつかのヴァリエーションがあるが、最もポピュラーなものとしては、りんご入りのショソン・オ・ポム（chausson au pomme）がある。その他では、プラムやアプリコットなどがあり、地方によっては思い思いのフルーツを詰め、町の名物に仕立てられてもいる。

会話なるお菓子・コンヴェルサシオン（conversation）

会話という意味の焼き菓子。タルトやタルトレット型にフイユタージュを敷き、中にクレーム・ダマンド（アーモンドクリーム）を絞り込む。それを薄く延ばしたフイユタージュで覆い、その上にグラスロワイヤルを塗り、細い紐状に切ったフイユタージュを×印に掛けて焼き上げる。たいそう手間のかかるお菓子で、今や古典の部類に入れられるものだが、フイユタージュやアーモンドのクリームを使用しているところからみて、近世をたたき台とした近代のものであろうとの察しがつく。ところで、何ゆえこの名が付けられたのか。フランスで生活したり、あちらの語学学校等に行かれた方はお分かりと思うが、たとえば先生が生徒同士にフランス語を用いて会話するよう促がす時、左右の人差し指でバッテンを作る動作をして示す。何かにつけ欧米の人たちはジェスチャーや表現方法が豊かだが、これもそのひとつで、つまり指によるバッテン印は、〝会話〟をする動作を表すしぐさなのだ。よってコンヴェルサシオンというお菓子の名前はこの上面のデザインに起因しているという。日本で同じ動作をする場合、普通はけんかか争い事をした時の表現であろう。指を刀になぞらえてのチャンバラあたりが源と思われるが、同じ動作でも、話し合いとけんかでは大違いである。

失敗が生んだ名品・タルト・タタン（tarte Tatin）

時は一八八八年、フランスのオルレアネ地方のラモット・ブーブロンという町に、ステファニー・タタン（Stéphanie Tatin）とカロリーヌ・タタン（Caroline Tatin）というおばあちゃま姉妹がいた。彼女等は旅籠屋を営んでおり、そこへ来る狩人たちに食事を出していた。ある時デザートにりんごを使ったタルト、いわゆるアップルパイを作った。が、さていよいよ焼き上がり、オーブンから出そうとした時に、どうしたはずみかひっくり返してしまった。

せっかく作ったのにと、がっかりしながら口に入れてみると、何とも香ばしいすてきな味になっていた。裏返しになって焼けてしまったその表面が、カラメル状になり、得もいわれぬ風味がかもし出されていたのだ。以来このお菓子は、底になるフイユタージュの生地を上からかぶせ、最初からひっくり返して焼くようになった。そしてタタン姉妹のタルトということで、タルト・タタン（tarte Tatin）、あるいはタルト・デ・ドモワゼル・タタン（tarte des Demoiselles Tatin）と呼ばれ、伝統的なお菓子のひとつとなり、今に受け継がれている。まさにフランス版〝災い転じて福となす〟といったところである。なお、出す時にひっくり返したのではなく、パイ生地を敷くのを忘れ、慌てて後から上にかぶせて焼いたとか、あるいはりんごを炒めていた時、焦げるような臭いがしてきたため、慌ててパイ生地をかぶせて、フライパンごとオーブンに入れて焼いた等々の諸説があることも付記しておく。

愛の泉・ピュイ・ダムール（puis d'amour）

〝puis〟は「井戸」、〝amour〟は「愛」で、直訳すると「愛の井戸」となるが、井戸というと愛のイメージが湧かず、語呂としてもあまりすっきりしない。そこで「愛の泉」と意訳してみた。ちなみにこのお菓子、フイユタージュで器状に作り焼き上げたブシェ（bouchée）の中に、カスタードクリームを詰め、表面に砂糖をまぶして、熱したコテで焼き上げたもの。こうすると表面の砂糖が溶けてカラメル化し、黄金色に光る。陽の光を受けてキラキラと輝く水面を表しているように見える、伝統的なお菓子である。一説によると一八世紀のパリのグランド・トリュアンドリュー通りに、人々が小銭を投げ込んでいたその名の井戸があり、それにちなむといわれている。ブシェというフイユタージュの器が作られたのは、ルイ一五世妃のマリー・レグザンスカによるものゆえ、一八世紀中頃のことである。このピュイ・ダムールはそうしたもののアレンジであることから、年代的にみて、この形になったのはおそらく一八世紀後半頃ではないかと思われる。

食通の垂涎の的・ピティヴィエ（Pithivier）

フランスのオルレアネ地方ピティヴィエ市の銘菓で、正しくはガトー・ド・ピティヴィエ（gâteau de Pithivier）という。フイユタージュの生地の上にクレーム・ダマンド（アーモンドクリーム）を載せ、その上からもう一枚のフイユタージュをかぶせ、風車状にナイフで筋を付けて焼く。かつてはひばりの肉が詰め物として使われ、食通の垂涎の的であったという。いわゆる今でいうミートパイである。一五〇六年、同市のプロヴァンスィエールというお菓子屋が、クレーム・ダマンドを開発し、後にこれがフイユタージュに包まれて現在の形になったという。今日パリ地方で、ガレット・デ・ロワとして親しまれているお菓子は、このガトー・ド・ピティヴィエのアレンジとして捉えられるものといえる。

同時代のいろいろなシュー（choux）菓子

一七世紀以降、明確にその姿を現してきたシュー生地は、この頃になるといろいろな使われ方がなされ、さまざまな菓名となって現れてくる。熱した油の中に種《タネ》を落として揚げるペ・ド・ノンヌ（pet de Nonne）という甘味デザートや、熱湯で種《タネ》を煮て作るニョッキ（gnocchi）という料理菓子は、オーブンのなかった時代の名残りとしてこの時代も楽しまれ、また今に続いてもいる。また焼く手法としては、われわれに最も馴染みの深いものとして、シュー・ア・ラ・クレーム（choux à la crème）がある。なおこの仲間として、さまざまなヴァリエーションが作られている。お馴染のエクレール（éclair）やその小型でカロリーヌ（caroline）という女性の名を持つもの、パリ市とブレスト市を結ぶ自転車競技にちなんで、自転車のリングになぞらえたパリ・ブレスト（Paris-Brest）、修道女を思わせる形のルリジューズ（religieuse）、愛玩用のはつかねずみを象ったスーリ（souris）、白鳥に見立てたシーニュ（cygne）、フイユタージュを細く切って十文字にかけ、セーヌに掛かる橋を表したポン・ヌフ（pont-neuf）、七世紀のアミアンの司教であった聖オノーレの名を付けたサン・トノーレ（Saint-Honoré）、さらにはシューにチーズを振りかけたラムカン（ramequin）、や砂糖を振りかけたパン・ド・ラ・メック（pain de la Mecque）等々、枚挙にいとまがない。

ちょっと訳しにくいペ・ド・ノンヌ（pet de Nonne）

お菓子に限らず油で揚げたものをベニェ（beignet）という。そして揚げて膨らむものをベニェ・スフレ（beignet soufflé）と呼んでいる。こうした一群の中にペ・ド・ノンヌというお菓子がある。これはシュー種《ダネ》を揚げ、中に好みのフルーツ等を混ぜたクリームを詰めたもので、上から軽く粉砂糖を振りかけたり、色鮮やかなフルーツソースを添えたりして供するすてきなデザートである。ところが直訳すると何と〝尼さんのおなら〟。いわれについては、ある修道院の台所で若い修道尼がついそれをしてしまい、あまりの恥ずかしさに思わず持っていたシュー種《ダネ》を油の中に落としてしまった。すると見る間に膨れ上がり、とてもおいしいお菓子に変身してしまったとか。あるいは修道尼が揚げ菓子を作っている時に、偉い神父様が通りかかり、緊張のあまり思わずそれをしてしまった。よってそれにちなんでとか……。食べものに対して、平気でこのような名を与えてしまうところなど、いかにも茶目っ気たっぷりなフランス人らしいところといえよう。さりながら、このような名前など、恥ずかしくて口には出せないという向きには、スーピール・ド・ノンヌ（soupir de Nonne）〝尼さんのため息〟という優しい名前もついているとか。歴史的に見ると、はっきりとした固体に対する加熱方法は、直火あるいは熱した石の上に置いて行っていた。しかし半流動的な、いわゆるルウ状のものについては、オーブンのなかった時代、熱湯や熱した油の中に落としていたと見られる。したがってこのペ・ド・ノンヌに代表されるベニェ・スフレなどは、今日の焼いて膨らませるシュー菓子の祖先的な存在といえよう。

イタリアから来たニョッキ（gnocchi）

フランスのお菓子屋の扱う料理菓子のひとつにニョッキがある。熱湯の中に絞り落として煮上げたシュー種《ダネ》をソース・ベシャメルと絡めてタルトレット型のフイユタージュの皿に盛り付け、周りを刻んだパセリで飾り、上からグリュイエールチーズを振りかけたものである。シュー種《ダネ》は、シュー・ア・ラ・クレームのように焼くものや、ペ・ド・ノンヌに見られる揚げる手法の他、煮上げる手法もあることが分かる。これなども、オーブンのなかった頃の、まとまりにくい種《タネ》に対する加熱凝固手法を確かに伝えているもののひとつである。ところでこの名前だが、明らかにイタリア料理として知られているジャガイモ料理の一種のニョッキ（gnocchi）からきたものであろう。なおこのゆでるという手法からは、マカロニやスパゲッティ、パスタといったものが見え、振りかけたチーズを溶かすといったでき上がりからはピッツアが見えてくる。またこのあたりにフランスとイタリア両国の王室間の繋がりもクローズアップされてくる。歴史的にも互いにさまざまな形で交流がなされ、影響を与え合って今日に至っていることが分かる。

稲妻の如きエクレール（éclaire）

名前の由来は？　通説としては、あの細長いシュー菓子の上にかけられたチョコレートやコーヒー味のフォンダンが光に当って稲妻のようにピカッと光るからだとされている。あるいは、焼き上がったその表面がひび割れし、その形状がいかにも稲妻のようだとも。ただ、それだけではあまりにも当たり前すぎて面白くない。そこでこんなことを考えた。思うにあのお菓子は何とも食べにくいもの。ともすると中の柔らかいクリームが脇からはみ出したり、後ろから出てきたり、そうなると手にはつくし、口元は汚れ始末に負えなくなる。つまりそうならないうちに電光石火、稲妻の如く食べなければならない。こうしてついた名前がエクレール？　そんなことをどこかで冗談めかして筆をすべらせたら、面白いと思われたかあちこちで使われ、いつの間にかそれが定説となって広まっていってしまった。慎んで申し上げるがあれは筆者が勝手に述べたたわごと。改めて子引き孫引きの恐ろしさを知った次第。

ヴェールを被った修道女・ルリジューズ（religieuse）

大きなシューの上に小さなシューを載せ、全体にチョコレートやコーヒー入りのフォンダンを掛けたお菓子で、一見だるまかお供え餅のようなこれは、ルリジューズと呼ばれている。意味は修道女で、その形がいかにもヴェールをかぶったその様子に似ているとしての命名という。一八五六年にパリのフラスカティ（chez Frascati）というお菓子屋で最初に作られた。当時はすばらしい人気を得たというが、その後落ち着き、近頃またパリの街角で見られるようになってきた。依然根強い人気を保ち続けていることが分かる。前述のペ・ド・ノンヌにしろこれにしろ、ヨーロッパではしばしば尼さんが登場する。キリスト教徒にとって修道女は申すまでもなく神聖な存在だが、それゆえにこそちょっかいを出してみたり、からかってみたり、また時にはお菓子になぞらえてむしゃぶりついてみる。そんなところに彼らの心情が顔を出しているように見受けられる。

競輪好きが生んだパリ・ブレスト（Paris-Brest）

丸い輪に絞って焼き、間にカフェかプラリネ味のクリームを詰めるシュー菓子。わが国では英仏語取り混ぜてリングシューなどと呼ばれているものだが、正式なフランス語の菓名ではパリ・ブレスト。フランスは自転車競技が大変盛んで、パリ市とブルターニュ地方のブレスト市を結ぶものが有名である。もうお分かりと思うが、実はこのお菓子はその自転車の車輪に似せて作られたもの。今日よく知られているトゥール・ド・フランスに先駆けて、一八九一年にその自転車競技の第一回が行われた。その時、そのレースのコースとなっていたパリのロングイユ通りにあったメゾン・ラフィットというお菓子屋のパティシエ、ルイ・デュラン（Louis Durand）が、このお菓子を思いついたという。それを機にパリ市といわず、ブレスト市といわず、これが作られるようになり、いつしかフランス菓子の定番のひとつに数えられるまでになった。

パリの新橋・ポン・ヌフ（pont-neuf）

パリ市を流れるセーヌ河には幾つもの橋が架かっているが、そのうちのひとつにポン・ヌフという橋がある。直訳すると「新しい橋」という意味だが、名前に反して最も古いものであるとか。なおこの橋はセーヌ河中央に浮かぶシテ島の先端を横切って右岸と左岸をつないでおり、形としてはちょうど十字を結ぶ格好になっている。ちなみにこのシテ島は、パリ市の原形といわれるところで、紀元前三世紀頃この島に一群の人々が住み着き、彼らはパリズィイ（Parisii）と呼ばれていた。その後次第に住む範囲が広がり、現在に至るが、パリという地名は遡るとここに由来する。さて前置きが長くなったが、この名を付したお菓子がある。フイユタージュを敷いたタルトレット型のケースの中にシューを絞り、その上に細切りにしたフイユタージュを十文字に貼り付け、表面を割らずに丸く焼き上げる。中にはクリームを詰め、上面はフランボワーズのジャムと粉糖で飾るかわいらしいシュー菓子である。この十文字の帯がシテ島を横切ってセーヌ河を跨いでいる橋に見えるところから、こう名付けられたといわれている。

聖人の名を戴いたサン・トノーレ（Saint-Honoré）

一八四六年、パリのサン・トノーレ通り（rue Saint-Honorée：現在有名店が軒を連ねているフォブール・サン・トノーレ（Faubourg Saint-Honoré）とは全く別で、古い通りの名称）にあったお菓子屋（開業は一八四〇年）で、オーナーシェフをしていたシブースト（Chiboust）が、スイスのフランから思いついた素敵なお菓子を作った。それは平たく円形に絞って焼いたシュー生地の上に、小さく丸めて焼いたブリオッシュを王冠状に並べて飾り、中に彼自身が考案した特殊な柔らかいクリームを絞ったものである。これが評判を呼び、サン・トノーレ通りのお菓子ゆえ、その菓名もサン・トノーレと呼ばれるようになったという。また中に詰めたという柔らかいクリームは、このお菓子に使われたということで、クレーム・サン・トノーレ（crème Saint-Honoré）と呼ばれ、またシブーストが作ったクリームとして、クレーム・シブースト（crème Chiboust）とも呼ばれている。なお、このお菓子については、シブーストの店で働いていたオーギュスト・ジュリアン（August Jullien）が、シブーストの考案したクリームをもって一八六三年に手がけたもの、との話も伝わっている。

一九世紀当時のスイーツ周辺事情

副材料について

当時のスイーツ作りにおける周辺のことについても触れておこう。先ずは製菓副材料としてのフォンダン（fondant）についてみてみる。これは糖液を攪拌し、衝撃を与えることによって砂糖が結晶し、全体が白濁したものである。一八二三年に作られたというが、これが後のお菓子作りに与えた影響は多大なものがある。すなわちお菓子の上に甘さをとどめるとともに、艶やかさとカラフルな装いを与えることができるようになったのだ。たとえばエクレールの上面のチョコレート味やコーヒー入りフォンダン、プティ・シューやプティ・ガトー、各種のアントルメの上面処理、ウェディングケーキのアイシング等々、枚挙にいとまがないほど、お菓子作りはこの恩恵を受けている。和菓子界においても同じ手法で作るすり蜜というものがあるが、これも同様で洋の東西考えることにあまり違いはないようだ。

続いてはタン・プール・タン（tant pour tant）について。今日、フランス菓子を手がけるにあたって、タン・プール・タンと呼ばれる副材料を用いる場合が少なくない。これは粉末アーモンドと砂糖が同量の混ぜもので、これをあらかじめ用意しておくと、作業をする場合いちいち計量することなく、何かと便利である。これを思いついたのは、一八四五年ボルドーの菓子職人によってであるといわれている。

クリーム類について

クレーム・ダマンド（crème d'amande：アーモンドクリーム）は、近世にあたる一五〇六年、フランス・ピティビエ市のプロヴァンシエール（Provincière）というパティシエによって作られているが、近代に入ってからは以下の如くである。クレーム・パティシエール（crème pâtissière：カスタード・クリーム）については、一七世紀半ばに、特定できていないがフランス人のパティシエによって作られたと思われる。フランジパーヌ（frangipane）も同じく一七世紀半ばにフランジパーニ（Frangipani）というイタリア人の美食家によって作られ、クレーム・シャンティーイ（crème chantilly：泡立てた生クリーム）は一六七一年にフランソワ・ヴァテル（François Vatel）というフランス人の料理人によって、クレーム・シブースト（crème Chiboust）は一九世紀前半にシブースト（Chiboust）というフランス人パティシエによって作られ、それぞれお菓子作りに盛んに使われていた。クレーム・オ・ブール（crème au beurre：バタークリーム）が登場したのは、やっと一八六五年で、キエ（Quillet）というフランス人のパティシエの発明によるという。いろいろあるクリーム類の中でも、バタークリームが最も後発というのも興味深い事実である。

器具類について

お菓子作りの技術の発達に、道具の介在と進歩は欠かせない。たとえば種《タネ》を泡立てるということが作業工程に入り、より多くの空気を含ませることができた結果、非常に口当たりのいいお菓子ができるようになった。極端にいえば、ホイッパーを編み出したこの時点より近代菓子の歴史が始まったといっても過言ではない。それまでは背高泡立草《せいたかあわだちそう》や柳あるいはねこ柳などのしなる細い木の枝を束ねて泡だて器（ホイッパー）にしていた。

また今日我々は絞るという作業を、何のためらい

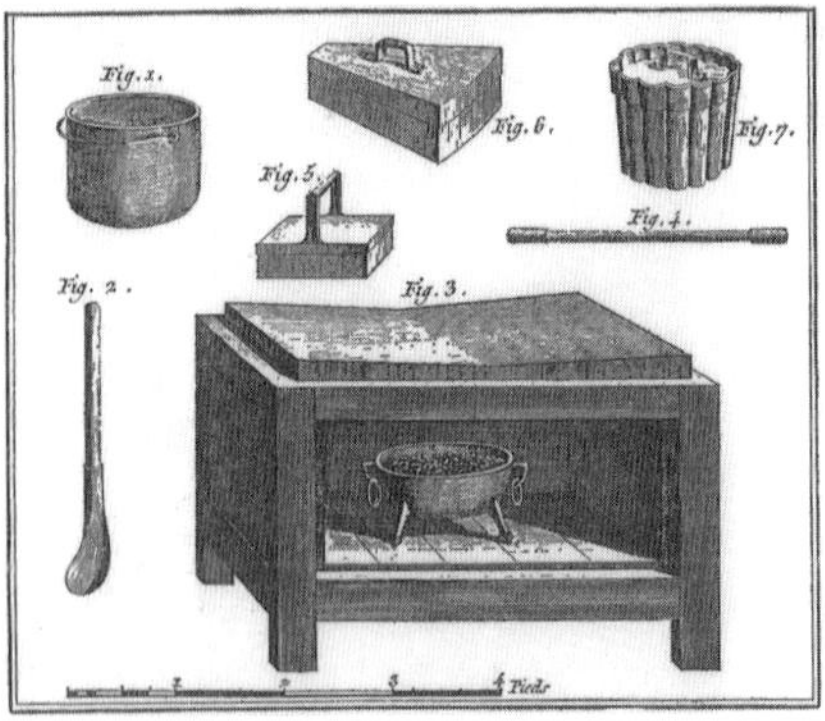

18 世紀のチョコレートをふくむコンフィズリー類製造の道具類

もなく絞り袋や口金を用いて行っているが、これを思いつくまでには、かなりの時を要した。たとえばビスキュイ・ア・ラ・キュイエール（キュイエールはスプーンの意味）の命名の由来に見られる如く、テンパンの上に細長く種《タネ》を絞ることはせずに、スプーンでそれをすくって置いていた。一七一〇年頃、このビスキュイやマカロンを作るために、受け口のある注射器のような道具が開発された。これを使うと淑女の指のように美しく作れると大いに喜ばれた。ただ作業性の点でもうひとつはかばかしくなく、使いこなすまでにかなりの時間を要したという。その後一八〇八年、フランスのボルドー地方のロルサ（Lorsa）という製菓人が、いろいろなシュー菓子を作るために円錐形の紙袋を開発。これにより今日のように種《タネ》なりクリームなりを絞り出せるようになり、だいぶ便利になってきた。ただ紙は破れやすく、特に先端の切り口と合わせ目の、のり付け部分が弱いため、まだ使いづらかったようだ。一説によると、これを改良した布製の絞り袋ができたのは一八二〇年で、天才製菓人といわれたアントナン・カレームの考案とされ、丈夫で破れにくくなるとともに、多くの

18世紀のチョコレートなどコンフィズリー類の製造工場

ヴァリエーションを持った絞り菓子や、華麗な飾り菓子が作られるようになっていったという。別書においても同じくカレームによるものとし、一八一一年、彼は仕えていたタレイラン公爵（ナポレオン一世の外務大臣を務めた人）に、もっと細長く美しくビスキュイ・ア・ラ・キュイエールを作るように命じられた。そこで彼は絞り袋を使うことを思いつき、その開発を行った、と伝えている。さらに別書では、一八四七年にオブリオ（Aubriot）という人が、思いついたものとしている。さて、絞り袋の考案者はロルサ、カレーム、オブリオの何れであろうか。完成度にもよるため、一概に決め付けるわけにもいかないが……。また口金は同じ頃、トロッティエ（Trottier）という人の製作によるともいわれている。いろいろな説に出会うが、それぞれを総合してみても、絞りの道具、絞りの技法、ともにそれほど古いものではなく、一九世紀に出発点を持ち、発達していったものであることが分かる。

トレトゥール（ケータリング）の確立

ここであらためて、お菓子大国といわれるフランスのお菓子屋の実体を見てみよう。ひとくちにお菓子屋といってもさまざまなタイプがある。たとえば大概のところでは生菓子や焼き菓子を中心としたパティスリー（pâtisserie）、糖菓と訳されるコンフィズリー（confiserie）、アイスクリームやシャーベット類のいわゆる氷菓類のグラスリー（glacerie）、及びパン屋の仕事とオーバーラップするヴィエノワズリー（viennoiserie）といった各部門を備えており、店によってはサロン・ド・テ（salon de thé）と称するいわゆるティールームを備えていて、そこでは自家製のお菓子やキシュなどの料理菓子を提供している。またそれらの店はそれぞれに特徴を持ち、これらすべての部門を扱っているお店もあれば、そのいずれかを主体として、他を付随させているところもある。あるいはコンフィズリーの中でも大きなファクターとなっているチョコレートの分野を突出させたお店もあり、近年はその専門店も増えてきている。さて、そうした中でも多くのお店がトレトゥール（traiteur）という部門を備えているところが、日本と異なる点といえようか。トレトゥールとはいわゆるケータリングで、仕出し料理とか出張料理と訳されているものである。お菓子屋がこうしたものを始めたのも一九世紀に入ってからといわれているが、今日ではこの部門はお菓子屋にとって、商いの上でも大変大きなウェートを占めるまでになっている。お店側としては、料理はもちろんのこと、甘味デザートをはじめとしてフルーツ、チーズ、ジュース、カクテル、ワイン、シャンパンの類に至るまですべて〝込み〟で取りそろえて納入する。ちなみにお菓子屋の作る料理だからといって、決して生半可なものではなく、オールドゥーブル、アントレからメインディッシュとしての肉料理や魚料理と、一流レストランもかくやのバリューと多彩なラインナップをそろえている。トレトゥールという語を探ってみると、レストラン経営者を意味するレストラトゥール（Restrateur）の前身に行き当たる。一八世紀以前、人々はこのトレトゥールに出かけて宴会を行っていた。まだレストランというものがなかった時代、料理を提供する形式はこんな形で始まっていった。またそこはホテルでもあり、宿泊者の食事もまかなってい た。そしてその延長として宴会を受けていたものと思われる。これが発展して食事部門が独立し、レストランが誕生する。一方、宴会目的の形式はお菓子屋に引き継がれていった。後、ギルドの制約により、同様の厨房を持つレストランは、来店客への料理は提供するが、ケータリングはしてはならず、お菓子屋はケータリングはするが、そこで料理を提供してはならないと定められた。今日結婚式やクリスマス、お誕生会の集いなどでは、この種の商いはお菓子屋の独壇場となっている。

ここに至るまでを、商いの形態のほかに、製造面からも見てみよう。一三世紀頃はキュイジニエ（cuisinier）というと、単なる民間の料理をする人のことを指しており、貴族や上流階級のお抱え料理人とは区別されていた。一五世紀になると、この職業としての料理人は、肉を焼くロティスール（rotisseur）と、ハムやソーセージを扱うシャルキュトリー・ソーシシエ（charcuterie saucissier）に分かれていく。今日シャルキュトリーと称する惣菜屋があるが、これはその頃からの流れを汲んで、職業として確立されてきたものなのだ。このシャルキュトリー・ソーシシエは、主に豚肉などを調理していたが、しばらくして一六世紀になると、鳥肉を扱う商人たちが出てくる。これをプーライエ（poulailler）という。こうして後、これらの料理人が先に述べた如く、宿泊施設等でも仕事をするようになったりし、後々その料理をもってレストランに発展し、同じところで受けていた宴会目的のそれが菓子屋の方へ、トレトゥールの形で引き継がれていったのである。

チョコレートのその後

チョコレートがヨーロッパに行き渡ったのは一七世紀以降である。フランスに王室チョコレート製造所が設けられたのは一七六〇年であったが、イギリスでは一六五二年にコーヒーハウスができ、一六五七年にはチョコレートを飲ませるお店が誕生した。こちらは前者に対してチョコレートハウスと呼ばれ、単なるカフェよりも上等な扱いを受けるようになっていった。続いてその形態がヨーロッパ全体に広まり、それぞれ文学や政治、ギャンブル好きの顧客を集め、流行の寄り合い所、いわゆるサロンとなり大いに栄えた。しかしこの時までのチョコレートとは、現在のような固形ではなくまだドリンクの状態であり、アステカ時代と変わらぬ摂られ方であった。これが固形の食べ物になるのはビクトリア王朝時代（一八三七～一九〇一）に入ってからのことである。

今日チョコレート大国のひとつとされるスイスで初めてチョコレートが作られたの

チョコレートを運ぶメイド

エレガントなドイツ人のカップルが、人気のある新しいチョコレート飲料でもてなしを受けている。18世紀初期の版画

は、一八一九年、フランソワ・ルイ・カイエ（François Louis Cailler）によってとされている。彼はイタリアの行商人の扱っていたチョコレートとの出会いをもって、この美味しさに感激し、自らジュネーブのレマン湖のほとりに工場を作り、製造を始めたという。なお、この分野の進化にあっては、同じくスイスのルドルフ・リント（Rudolf Lindt）も忘れてはならないひとりである。彼は一八二〇年代、チョコレート史上で偉大な功績を残している。つまりそれまでのチョコレートは、どうしても粒の粗さが残り、口溶けがもうひとつであったのだ。これをコンチングと呼ばれる長時間攪拌を行うことによってなめらかにし、かつ雑味を飛ばし、これまでないなめらかな口溶けのものを作り出すことに成功した。

さてこの後だが、オランダのヴァン・ホーテン（Van Houten）が、このドリンクをもっと飲みやすくすることができないかと考えた。そして一八二八年にカカオ豆を搾り機にかけてカカオバターを抽出することに成功。その搾りかすを粉砕したものがココアパウダーで、これを湯で溶くとあっさりとした飲み物、すなわちココアができる。またこの搾りかすに改めてカカオバターを適量加え、砂糖で味付けし、型に流して固めたものがイーティング・チョコレートである。一八四七年、英国のフライ・アンド・サン社がこの工程で製造し、「ショコラ・デリシウー・ア・マンジェ（chocolat delicieux à manger）」とフランス語の名を付けて売り出した。これが板チョコの始まりとされている。なお、これより少し早い一八四二年、同じく英国のキャドバリー社の定価表に「イーティング・チョコレート」の名が登場しており、こちらこそがその嚆矢ともいわれている。いずれが先かについては、完成度にもよるため判別しかねるが、いずれにせよ固形のものが作られたのは一九世紀半ばのことである。

さて、チョコレートがさらに進化するにあたっては、さまざまな材料や調整法との出会いが必要となってくる。たとえばスイスのジャン・トブラーは、そうしたものに蜂蜜を混入することに成功し、進化を促がした。続いてまたチョコレート史上における一大転機が訪れる。その頃既にアンリ・ネスレによってコンデンスミルクが開発されていたが、彼の友人のダニエル・ピーターという青年が、これとチョコレートを結びつけることを思いついた。彼はチョコレート界の先駆者にして名門のカイエ家の令嬢のファニー・カイエに熱い思いを寄せていたのだ。こうした情熱が新しいアイデアをひらめかせたのだろう。友人のネスレもその提案に強い関心を示し、さまざまなプロセスを経た後、一八七五年、ついに固形では初めてのミルクチョコレートが誕生した。愛がほろ苦さをマイルドなテイストに変えたのだ。

他方、アメリカにはオランダ人によってチョコレートが持ち込まれたといわれている。記録に残るところでは、ジョン・ハノンという人がイギリスからボストンにきて、ドクター・ベイカーとともに販売に着手したとある。これがきっかけとなってチョコレートが広がり始め、一九世紀半ばにはドミンゴ・ギラルデリがサンフランシスコにチョコレート工場を作り、大成功を収めている。続いてこれを追いかけるように、今日まで板チョコレートの代名詞のように親しまれてきたハーシーも姿を現してくる。創業者のミルトン・スネイブリー・ハーシーは、それまで営んできたキャラメル工場を手放し、一九〇〇年にペンシルベニア州デリー・チャーチに工場を作り、翌年より生産を開始。そしてまたたく間に急成長し、今日に至った。なお、イギリスのバーミンガムにはキャドバリーワールドなるチョコレートのアミューズメントセンターがあるが、ここアメリカにも同様のハーシーワールドが作られ、今や同国の国民食といわれるまでになったチョコレート文化を日々多くの来訪者に伝えている。

チョコレートの進化

さてそのチョコレートだが、本来の飲みものとして、また食べものとして、さらには他のいろいろなお菓子の副材料として、縦横無尽に活躍の場を広げていく。その辺りを古書文献から探りたどってみよう。

天才製菓人と謳われたアントナン・カレームは、『パリの王室製菓人』や『パリの料理人』といった彼の著書の中で、後々スイーツ界での必須原料となるチョコレートを使ったものを随所に縷々記している。例をあげるなら、それを使ったバヴァロワやスフレ、マカロン、焼き菓子、あるいは各種のクリーム等々。チョコレートがまだ飲料の域を出ていなかった時代に、飲むことのみならず、すでにかくも多岐にわたってお菓子の副材料に利用している点に驚かされる。中でも特筆すべきは、ブランマンジェに対してである。これは「白いたべもの」という意味のバヴァロワ状またはゼリー状のお菓子だが、ここに平然とチョコレートを加えて〝黒い白い食べもの〟を作ってしまう……。彼にのみできる離れ技といえよう。ただ、一九〇〇年代になると、彼の後を受けた製菓人のうち、ピエール・ラカンは『氷菓の覚え書き』（一九一一年刊）などの著作の中で、積極的にチョコレートを使ったスポンジケーキやクリーム類、プディングなどを取上げているが、同世代のユルヴァン・デュボワ（Urbain Dubois）やギュスターヴ・ギャルラン（Gustave Garlin）は、ソースや飲み物程度にとどめている。この時代、まだチョコレートに対する評価にばらつきがあったことがうかがえる。定着までに今少しの時を必要としたようだ。

ついでながら、二〇世紀に入ってしまうが、その先も少々追ってみよう。一九一六年にドイツで出版された『実用的芸術菓子』では、今日広くもてはやされているトリュフ・チョコレートが姿を見せてくる。しかしながらそれでも一粒チョコレートはまだ数あるプティフール（一口菓子）の一種としての扱いであった。ところが一九二〇年、エミール・デュヴァル（Emile Duval）とエミール・ダレンヌ（Emile Darenne）が共著で著した『近代製菓概論（*Traité de Pâtisserie Moderne*）』では、当時としての最先端、最高級の扱いで、一粒チョコレートが列記されている。さらにスイスのアドルフ・ハックマン（Adolf Hackman）は一九二九年、一粒チョコレートの専門書を著した。プティフールの一種からさほどの間を置くことなく、一気にここまで完成を見た急速な進展に驚きを禁じ得ない。〝チョコレートはスイス〟といわれる所以であろう。とまれ各文献をひもとくに、その一書一冊からチョコレート文化が駆け足で高みを目指していった様子を読み取ることができる。

またその間、世界各地では、チョコレート使用の銘菓が次々と生みだされてもいった。オーストリアのザッハートルテ（Sachertorte）やザルツブルガー・トルテ（Salzburger Torte）、ドイツのシュヴァルツヴェルダー・キルシュトルテ（schwarzwälder Kirschtorte）、フランスのフォレ・ノワール（forêt noir）やオペラ（opéra）等々である。一例をとって、ザッハートルテについてみてみよう。

チョコレートケーキの名品・ザッハートルテ（Sachertorte）

ウィーンの銘菓として知られるこのお菓子は、巷間さまざま伝えられているが、実際はフランツ・ザッハーという人が、まだ下っ端の料理人であった一六歳の時、一八三二年に作ったもの。彼は仕えていた主人、クレメンス・メッテルニヒの「飽食した貴族たちのために、何か驚くような新しいデザートを作るように」との命令に応えたものであった。このお菓子はすぐに評判となり、彼のスペシャリテとして知られるところとなった。さて、その四四年後の一八七六年、彼の次男のエドヴァルトはザッハーホテルを開き、父の手掛けたザッハートルテをホテルの名物とし、そのホテルのレストランやカフェでお客様に提供した。一九三〇年代に入り、三代目のエドマンド・ザッハーの時、経営が苦しくなったザッハーホテルが同市内の王室御用達菓子店のデメルに援助を仰いだ。そしてデメルはその代償としてザッハートルテの製造販売の権利を取得した。こうして門外不出だったザッハートルテの製法は流出し、加えてその後、ハンス・スクラッチの書いた『ウィーンの菓子店』という本にまで、その作り方が記されてしまった。これに対して、ホテル側はその差し止めを求め、裁判で争うことになった。七年に及ぶ長い論争の末、ようやく決着が付いた。双方ともそのお菓子を作ってよいが、オリジナル・ザッハートルテの名称はホテル側の専用に、デメルでは単にザッハートルテとして売るように、との判決が下ったのだ。ちなみにホテル側は、ケーキの表面に加えて間にも杏ジャムを塗り、デメル側は表面にだけ塗るという違いはあるが、配合や作り方はほとんど差がない。ところでその後、今度はかつてホテルを助けたデメル菓子店の方の経営が思わしくなくなった。ウィーンの名門を消してはならじとの市長の後押しによって、その時は市が援助の手を差し伸べた。そして再建策のひとつとして、すべてのお菓子の配合や作り方を、創業当時のものに戻すべしということになり、昔のレシピを探し出し、その復活に力を注いだ。よって今あるデメルのお菓子は往時のままに……。そしてこの名品を求めて今も人々は世界各地からこの地を訪れている。もしウィーンを訪れる機会を持たれたら、本家のホテルのものと復活したデメルのものの双方を、是非ともお試しになられるよう。

アイスクリームについて

一八世紀の終わり頃、フランスのクラルモン（Cralemont）という人が、ロンドンで『甘い氷菓の製法』という本を書いているが、この頃になると、品質も高く、種類も豊かになっ

アイスクリーム売り

て、アントルメとしての氷菓が完成されてきていることが分かる。たとえば食卓を飾るべくさまざまな形に固めたその上に思い思いのデコレーションをほどこし、よりアーティスティックな姿に仕上げるものまで現れてきた。語り継がれるところでは、一七七四年パリにおいてシャルトルの大公が、列席した人々にデザートとしての氷菓を供したが、それは表面に大公の紋章が飾られるなどした芸術作品で、誰しもが思わず息を呑むほどであったという。そしてその中身だが、ボンブ（砲弾）型に生クリーム使用の生地が詰められた、いわゆるパルフェやムースを凍らせたものの類であった。いうなれば今日とさして変わらぬものが手がけられていたわけで、当時における技術、味覚及び感性のレベルの高さが偲ばれる。そしてこのことは、氷菓が今日的なものへと着実に進化を遂げていることを物語る出来事でもある。

なおこれ以降、氷菓は食卓の饗宴の正式なメニューとしてははっきりと位置付けられていく。また、よりハイクオリティーなものとして、リキュール入りのそれが作られたのは一七七九年、フランス革命の一〇年前のことであった。上流階級の食卓はますます華やかなものとなっていく。

イタリアやフランスを中心に発展してきた氷菓製造の技術は、一八〇〇年頃にはドイツにも伝わり、さらに近隣諸国にも波及。また海を隔てたイギリスやアメリカといった英語圏にも及んでいった。その英語圏では、元となるシャーベット状のものにクリームを混入するとバター状になるため、バターアイスとかクリームアイスと呼んでいたが、いつしかそれが転じてアイスクリームとされるに至ったという。ちなみにアメリカに残された、一七〇〇年の日付けのついた手紙に「アイスクリーム」の文字が記されているという。これはメリーランド州の知事のブレーデンを訪ねた客の手になるものという。筆者未確認だが、その手紙が実在するとすれば、これがアイスクリームの語の初見といえようか。

さらなる技術の進化

一七七五年にイギリスのウィリアム・コール博士によってフリーザーが発明され、一八三四年にアメリカのジェイコブ・パーキンスが零下二〇度まで下げる機械を開発。次いで一八六七年、ドイツで製氷機が発明されるや、酪農の発達と冷凍技術の進歩が相まって、一気に量産態勢が推し進められていった。それを成功へと結びつけたのはミカエル・ファラディで、彼は一八七三年に、液化アンモニアが元の状態であるガスに戻る時に熱の形で必要なエネルギーを調達し、結果周囲を冷却する、ということを発見する。これにより大量のアイスクリームの製造が可能になった。

アメリカのアイスクリーム大国への道のり

アメリカにアイスクリームが本格的に伝えられたのは、一八世紀も終わり頃で、イギリスからの植民者たちによってといわれている。また一説によるとイギリスのアレクサンダー・ハミルトン夫人の紹介とも……。ただ、そこから先の進展には目を見張らされるものがあった。記録として残されているものを拾ってみると、次のようなものも見られる。ジョージ・ワシントン大統領の帳簿に、一七八四年五月一七日付けで、アイスクリームの機械購入の記述がある。同国の氷菓の機械化の第一歩といえる。しかしながら現実にはまだ家庭で作られることの方が多かったようで、本格的にこの国で広まっていくのは一九世紀に入ってからのことである。なお量産前にはこんなものが開発されている。一八四六年、ナンシー・ジョーンズ夫人によるもので、溶液を密閉できる器に入れて、ハンドルで回転させる氷菓の製造器具である。そしてさらに、ウイリアム・ヤングという人が、その容器の中に、攪拌器を取り付けるなどの工夫を凝らした。これはたいそうな人気を呼び、各家庭でも爆発的にアイスクリーム作りが普及したという。また量産面においては、ジャイコブ・ファッセルというボルチモアの乳製品販売業者が、一八五一年にアイスクリームの大量生産に踏み出している。そして少し後、彼は先に述べたアンモニア利用の技術をもって、その生産をさらに伸ばした。よって彼は今に至るも、〝アイスクリーム産業の父〟と称されている。また一八八六年頃には、カリフォルニアのカーター兄弟が自社製アイスクリームを遠隔地に大量に輸送することに成功した。こうした流れは今日まで続き、今やアイスクリームは、チョコレートとともにアメリカの国民食といわれるまでになった。振り返ってみると、アイスクリームの技術はイタリアに始まり、アメリカの大量生産に繋がったわけで、今日でもそのことは確実に継承されている。手作りを基調としたイタリア式と量産型のアメリカ式の二つの形式が氷菓の世界には流れている。またさらに顧みるならば、アイスクリームの歩みとは、まさしく人類の知恵の結晶にして化学と科学の歴史であることも分かる。

現代への橋渡し

イギリスに起った産業革命の波は各地へと波及し、生産活動は手工業から機械へと移行していく。お菓子産業もこれに倣い、次第に工業化の道を歩むことになる。

原材料の主軸たる砂糖についてみると、一八世紀中頃になって紺菜（砂糖大根）からそれが発見され一九世紀に入って生産され出したことにより、航海術の発達や植民地政策の活発化とともに、それまでと比較すると相当量出回るようになっていった。しかしながら一般家庭に普及するようになったのは、ナポレオン戦争後のことである。ナポレオンの大陸封鎖をきっかけとしてヨーロッパに砂糖が入らなくなり、ならばとナポレオンは甜菜栽培の一大奨励策を発した。ただそれが何とか軌道に乗ったのは、彼の失脚後しばらくたった一九世紀中頃になってからであった。それにつれてコンフィズリー（糖菓）やビスケット、チョコレートなども広く普及していく。だがそれでもヨーロッパ中に豊富に行き渡るようになったのはやっと二〇世紀になってからのことである。

またでんぷんや水飴も使用され始め、パティスリー（生菓子、焼き菓子）、コンフィズリー（糖菓）、グラスリー（氷菓）の専門店ができ、すべてにわたり今日の形態が整えられてきた。

なお甜菜について述べると、一七四五年、ドイツの化学者のアンドレアス・マルクグラーフ（Andreas Marggraf：一七〇九〜一七八二）が、飼料用のビートから砂糖を分離することに成功し、甜菜糖製造への道を示した。そして一八〇二年、そのアンドレアス・マルクグラーフの弟子のフランツ・カール・アシャール（ドイツ語読みではアハルト：Franz Karl Achard：一七五三〜一八二一）が、甜菜から砂糖を作り出すテストに成功。この年に製造工場を作り、甜菜糖の工業化への道を開いた。砂糖きび栽培は熱帯から亜熱帯に掛けて行われているが、寒冷地でも砂糖を得ることができるようになったということは、スイーツ文化にとっては大変な朗報である。

注・フランツ・カール・アシャール（Achard）は両親がフランス人のためアシャールとされているが、本人はベルリン生まれで、ブランデンブルクの方言を話し、一生プロイセン人としての感情を持っていたところから、ドイツ語読みでアハルトとも称されている。

現代

新しい潮流とお菓子文化の目指す先

洗練されたものへの道

二〇世紀に入り、世界は二度にわたる大戦を経験した。この不幸な期間は、実際は食文化どころではなかったが、第二次大戦後は世界の文化交流もこれまで以上に活発化し、西洋と東洋の距離も一挙に縮められた。人的、物質的、経済的な国際化が進み、すべての社会生活は飛躍的な発展を遂げていく。文明社会においては、食べものに関してはほぼ満たされるようになると、人々の関心は必然的に、もっぱら生活の余暇的な方面に向けられる。そこには主食以外の、嗜好品としてのお菓子がクローズアップされてくる。そしてそれまでの特権階級か有資産階級のような限られた人しか享受できにくかったものも、より身近かなものとなり、以前とは比較にならないほど、庶民の日常生活の中に溶け込んでくるようになった。お菓子作りの技術的な事柄については、カレームの時代にほぼ整ったといってよいほどだが、二〇世紀はそれらをたたき台として研究が進められ、機械化とも並行して、より洗練されたものへの道を歩む時代になっていく。

原材料、副材料について

二〇世紀前半は旧体制をひきずっていたが、第二次大戦後、特に二〇世紀後半になると状況は一変してくる。主要材料の小麦粉類に関しては、アメリカを筆頭に作付け面積が増え、世界規模での安定的な供給体制が整ってきた。砂糖についても同様で、砂糖きび、甜菜なども安定的な供給がなされるようになる。卵に関しても、飼料の供給体制が整い、たとえば日本においても物価の優等生といわれるほどに、安定を見てくる。

ナッツやフルーツ類もアメリカが大きな供給源となり、また二〇世紀後半あたりから熱帯地方のトロピカルフルーツもお菓子のマーケットにとって大きな力になる。乳製品については、牛乳、生クリーム、バター、チーズに加え、ヨーグルト、サワークリーム、クレーム・ドゥーブル、クロテッド・クリーム等がそのラインナップに加わって、お菓子をより多彩なものへと導いていく。洋酒類に関しては、特にリキュール類が著しく充実を見てくる。

続いて副材料についてみてみよう。従来は各製菓人が原材料から作ってきたもの、たとえばフォンダンやマジパン、プラリネ、ジャンドゥヤ、ジャムといったものなども、それ専門の製造メーカーが充実し、パティシエが個々に手がける場面も少なくなり、その手間を他の技術面に使うことができるようになってきた。

クリーム類はどうだろう。昨今、最も好まれている生クリームについては、当初は生地に混ぜ込んで使われたりしていたが、既述したように一七世紀以降（一六七一年）になって泡立てられるようになり、それにつれていろいろな味や香り付けがなされたり、熱してチョコレートと混ぜてガナッシュを作ったり、直接アントルメに絞るなど、使用範囲も広がって今日に至った。またクレーム・ダマンド（アーモンドクリーム）にあっては一六世紀初め（一五〇六年）に作られ、クレーム・パティシエール（カスタードクリーム）は一七世紀半ば過ぎから現れ、お菓子作りの幅を広げてきたことについてはすでに述べた如くである。そして二〇世紀になってからは、前世紀（一八六五年）に登場したバタークリームが主役を演じることになる。一見バタークリームというと、当の昔からあったように思われがちだが、生まれてまださほどの時しか経ておらず、主要クリーム類の中では新しいものなのだ。そしてヨーロッパでも日本でも二〇世紀半ば過ぎまで、バタークリームが全盛の時代を謳歌していた。しかしそれもすでに過去の話となり、冷蔵設備の充実とともに生クリームが改めて主役となり、さらにムラングを加えたムース系のクリーム類も加わり、多彩な組み合わせも行われ、お菓子作りはますます豊かなものになってきた。世の移り変わり、味覚の推移には目を見張らせるものがある。

冷蔵・冷凍設備の発達

お菓子作りの技術面においては、概ねアントナン・カレームの時代（一九世紀）に整ったといっていいが、今の時代において特筆すべきは、何といっても機器類の開発であり、とりわけ冷蔵・冷凍設備の発達と普及であろう。電気冷蔵庫や冷蔵ショーケースの普及は一九〇〇年代半ば以降だが、これによって日持ちのしない生菓子類も一気に充実していった。また、冷凍技術についても、近年ショックフリーザーの研究が進み、商品構成や素材の組み立て方等に大きな変化をもたらした。たとえば対象物にもよるが、三〇分以内に中心温度をマイナス八度ほどに下げるべく、マイナス四〇度前後の冷気を急速に吹き付け、その後マイナス一五から二〇度ほどの状態で保存すると、たん白の老化はほとんど見られないという結果が得られている。お菓子内に微粒子で点在する水分が寄り集まる前に凍結させてしまうわけである。通常の緩慢凍結の場合は、この微粒子が寄り集まって大きな結晶となって氷結するため、解凍時には大きな結晶が溶け、まわりの組織を侵してたん白の老化を促進させ、味覚や食感を著しく劣化させていた。このことの解決は従来の〝冷凍物など云々〟の定評をくつがえすものであり、また捉えようによっては、作ってしばらく時間が経過したものを提供するよりは、できたてを瞬時に凍結し、できるだけベストの状態で供給することの方が、かえって親切でもあるということがいえる。また鮮度面のほかにも、労働時間の平均化という利点がある。たとえば日持ちのしない生菓子を扱う洋菓子店などでは、当然日によって販売量が異なるゆえ、生産量もそれに応じ、就労時間や携わる人数にもばらつきが生じる。しかしながらこのショックフリーザーを導入することにより、生産の種類、個数、人員等を調整し、その平均化を図ることができるようになる。残業時間の解消や余剰人員の確保からの解放など、多くのメリットを持つこのシステムの導入と活用は、洋菓子店経営にとっては欠かせないものとなっていった。

食の世界の新しい流れ、ヌーヴェル・キュジーヌ（nouvelle cuisine）

料理の分野ではポール・ボキューズ等によるヌーヴェル・キュイジーヌ（新しい料理）という流れが食の世界を席捲してきた。その提唱に従えば以下の如くである。食べ物は文化ゆえ、当然時に応じて変化していくものである。かの巨匠エスコフィエ等の築いたフランス料理を否定するものではないが、時を経た今、周囲の状況も当時とは比較にならぬほど変化をみている。ゆえに現代には現代に即した料理があってしかるべきである。すなわち交通手段の発達で、都パリにも山海の幸が瞬時に届く今、生に近い調理法も取り入れようではないか。ソースはもっと軽くてもいい。日本の懐石風に少量多品種も悪くない、等々である。

ヌーヴェル・パティスリー（nouvelle pâtisserie）

ヌーヴェル・キュイジーヌの流れを受けて、お菓子の分野も変化を見てくる。食に関しての全体的な摂取量の減少に加え、かつて貴重品であった糖類も溢れ、低糖低カロリーが求められる今、それに即したお菓子があってしかるべき、というのがヌーヴェル・パティスリー（新しいお菓子）の潮流である。飽食・過食の状態にある現代、人々の心身を癒し満たすお菓子としては、より軽く口当たりよく、胃に負担をかけないものが求められている。具体的な軽さということでは、ムース（mousse）系が中心となってくる。また口当りの良さではカスタード・プディング、バヴァロワ、ブランマンジェ、パルフェ、さらには細かい気泡を持つビスキュイ生地の見直しや、軽いが深みを持つシュクセ（succée）やジャポネ（japonais）系統の生地（粉末アーモンド入りのメレンゲ生地）などが挙げられる。また、素材面から見ると、昨今入手が容易になった各種のトロピカルフルーツの積極的な使用なども、その流れの中での特徴のひとつとして挙げられる。

今後の展望

どんなものでもあるところまで進むと、必然的に反動が起るものである。料理の分野におけるヌーヴェル・キュイジーヌは、その軌道修正から、一皮剥けた形での古典回帰が促がされた。一方、お菓子の分野では軽さ一辺倒の時代から、古典への見直しも含めて新たなる取り組みが見られる。また、味覚や食感もさりながら、現代人にとっては健康も大きなテーマとなっている。よって今後はカロリーなどに留意しつつ、原材料に対してより多角的な見直しもなされると思われる。加えて、アレルギー問題への対応、あるいは各種添加物への配慮なども、今よりもっと細かく気を配るようになってこよう。そして、それらの加工技術はさらに掘り下げられ、味覚のバランス、素材同士のコンビネーションなどの研究を、より前向きに進めていくものと思われる。なお、製造技術を中心にみるならば、作業工程の機械化は一段と進むだろうが、その反面、手作りのよさの再認識が迫られるようにもなろう。また、伝統的なギルド（同業組合）が、厳しい衛生管理に立脚した上で、近代的なシステムの下にもう一度見直されるかもしれない。

お菓子文化の方向性

食文化というものをグローバルな視点で見た場合、ヨーロッパがＥＵとしてまとまってきた今、他の分野同様お菓子の世界もまた大きなうねりをもって融合が図られている。すなわち従来のフランス菓子、ドイツ菓子、イタリア菓子等々といった垣根が取り払われ、ひとつのレベルの高いものへと昇華されつつあるのだ。そこに加えて東欧や南欧もさりながら、中東やアジア諸国といった異文化圏のお菓子類もが融合し始めている。急速に広がったインターネット社会が、そうした状況の変化に更なる拍車をかけている。ただそれでも、技術面とは別の、表現力等といった感性については、それぞれの国民性、あるいは民族的なアイデンティティーとして引き継がれ、長くこだわりをもって伝えられ続けていくものと思われる。それらも含めて総括するなら、時代がどう変わろうと、残るべきものはしかと残るだろうが、ボーダーレスの進む中、全体としては、より高みを目指して、よりエキサイティングに発展、成長していくものと思われる。もちろんそこには日本人のパティシエ、パティシエールの活躍も不可欠なものとなってくるだろう。夢の広がる甘き世界は、これからもますます私たちの生活を豊かなものにしてくれることであろう。

第二章

日本のスイーツ物語

神代の時代

神々の世界と日本国の事始め

日本建国

古事記や日本書紀をひもとくに、伊弉諾尊《いざなぎのみこと》と伊邪那美命《いざなみのみこと》に始まる神代の頃より、わが蜻蛉《あきつ》島《しま》、豊葦原《とよあしはら》は瑞穂の国には数え切れないほどの神々が登場してくる。この天上と現実の渾然とした一体感の中より日本が姿を現してくるわけである。また日本書紀には保食神《うけもちのかみ》の体内より、家畜と共に米や魚といった食べ物が解き放され、私たちの生活に必要なものがこの世に満たされていったと記されている。古事記にも同じような食物神が大気都比売《おおげつひめ》として描かれている。なお、伝承に従うなら、九州、出雲、大和地方にはすでに、小国家がまとまりを見せ、分立していたという。神武天皇の東征によってこれらがまとめられ、その多くが大和朝廷のもとに統一されて、ひとつの国家が形成されていく。それは紀元前六六〇年であったといい、その時をもって建国元年と謳われている。以来神代から人間の世界に、そしてその人間もまたいつしか神々の世界に……。今流でいうなら、このファジーなところが何ともいえぬロマンを誘う。こうした悠久に流れる時の中に、人々は更なるニューフェイスを次々に生み出し、民話が育んだ神々の仲間入りをさせていった。そして文字通り、今日いわれるところのヤオヨロズとなっていく。この辺りの汎神性は、天界にあまねく人間模様の営みを映してきたギリシャの世界と大変似通ったものを感じる。

お菓子に関わる記述の嚆矢

日本書紀第三巻において、神武天皇即位前紀戊午《つちのえうま》の年九月（推定・紀元前六六二年頃）、大和の丹生《にゅう》川のほとりにて神を祀るくだりに、「吾れ今、当《まさ》に八十《やそ》平瓮《ひらか》を以て、水無くして飴《たがね》を造らん。飴成らば、即ち吾れ必ず鋒刃《つわもの》の威を仮らず、天下を平げん。乃ち飴を造る。飴則ち自ずと成る」とある。現代語に置き換えると、「私は今、多数の平瓦を用いて、水を使わずに飴を作ってみよう。もしそのようなことができたなら、きっと武器を使うことなく天下を平らげることもできよう。よって飴を作ろう。それができれば自らも成功する」となる。これが、わが国におけるお菓子に関わる初めての記述とされている。なお飴と書いてたがねと読ませているところから見るに、実は食偏ではなく金偏の間違いで、鉛の誤記すなわち金属を意味した語ではないかとの指摘もあるが、ここでは伝承に基づきあくまで飴として筆を進めていく。さて、その飴だが、「倭名類聚鈔《わみょうるいじゅしょう》」略して「倭名抄《わみょうしょう》」に、「説文に云う。飴は音怡《い》、和名で阿米、米糵《もやし》を煎じるもの也」とあるところから推して、当時のこれもやはり米糵（米を発酵させたもの）を使ってでんぷんを糖に変えて作られていたのではないかと考えられている。また同時期の「延喜式」を見ると、もう少しはっきりとした様子が見てとれる。そして表記自体も飴のほかに、餳、阿米、糖と豊かになってくると同時に、作り方も具体的に記されている。まずもち米、粳米《うるち》を砕いて煮詰め、麦芽を加えて冷湯を入れ、攪拌してでんぷんを糖化させる。そしてこれをもう一度煮沸し、布で漉して作っていたという。今日のアメは、一般的には同じ植物でも砂糖きびや砂糖大根から抽出した砂糖を加工して作るが、その代わりにお米を使って作るところがみそといえる。やはり日本はよろずお米に始まる文化圏なのだ。

お菓子のご先祖様

そもそも私たちの祖先はどんなものを食べていたのだろう。そしてお菓子とは、いったいいかなる位置付けから発展していったのか。すでに古墳時代の祝部《いわいべ》の土器（大陸系技術による素焼の土器。須恵器《すえき》ともいう）にお菓子らしきものの模型品が認められるとはいえ、その実体は？　手がかりは？

改めて見るに、私たちの祖先たる大和民族は、肉食の習慣を持たぬわけではなかったが、総体的にはヨーロッパ人のような狩猟民族ではなく、もう少し穏やかな農耕漁労民族で、粳《うるち》米《まい》やもち米、粟、ひえなどを食したり、川辺や海辺で魚介類をとって生活していた。そしてそうした主食の合い間、つまり間食用として山野にある木の実や果物を口にしていた。このナッツやフルーツがすなわち「果子」だったわけで、後に「果」の上に草冠が付いて、「果子」が「菓子」となった。つまり源まで遡ると、お菓子の祖先はフルーツとナッツであったということで、この点に関しては西洋社会をはじめ、世界の諸原点とそう変わりはない。ただ始まりが間食用であったという、口にするタイミングでは幾分のずれを感じる。この流れは長い時を経た今日でも引き継がれていると見え、日本のお菓子に対する元々の捉え方は、ヨーロッパ諸国のような食後のデザートとはやや異なり、食事と食事の間にいただく十時や三時のおやつ、お茶受けといったニュアンスが色濃く残されている。なお、これは後に広まる茶の湯の点心も関わりが深いものがある。何となれば点心というもの自体がそもそも間食のことだったからである。昨今西洋式のデザート感覚が違和感なく定着してきたとはいえ、それでもお子様方のおやつタイムのみならず、大工さんや左官屋さんのしきたりを見れば頷けるものがあろう。この点では、同じ西洋でも、ティータイムにビスケットを摂るイギリスと似た感覚があり、日英の思わぬ相似性に興味が引かれる。さて、その間食用の果子だが、梨、栗、ざくろ、桃、柿、橘といった〝木になるクダモノ〟と、瓜、なす、あけび、いちご、蓮の実などの〝草クダモノ〟がそれにあてられていたという。今日的な感覚では、何の疑いもなくフルーツとナッツに分けてまとめるところだが、そうした捉え方ではなく、それに野菜も加えた上で、木になるもの、草になるものと区別しているところが面白く、妙に分かりやすい分類の仕方ともいえる。

菓祖神誕生秘話

八百万《やおよろず》といわれる神々の中に、お菓子の神様もいる。伝承によると、紀元六一年、現在の兵庫県にあたる但馬の地に、朝鮮半島の一国である新羅《しらぎ》の王子・天日槍《あめのひぼこ》の子孫が住んでいた。彼は但馬という地名を氏とし、田道間守《たじまもり》と名乗っていた。田道間守は第一一代の垂仁《すいにん》天皇の命により、幻の常世国《とこよのくに》にあるとされる不老不死の仙薬果《せんやくか》・非時香果《ときじくのかぐのこのみ》を求め朝鮮半島に向けて旅に出た。苦節一〇年の末、使命を果たして帰国した時には、天皇はすでに崩御された後であった。陵前に伏して慟哭した彼は、ついに食を断って自ら命を捧げたという。こうしたくだりについては、穿った見方をすれば、旧体制下における民族主義が見え隠れしないわけでもなく、その記述ひとつにもデリケートな配慮を要するところではあろうが、あくまでも伝承の上でのこととしてお読みいただきたい。煎じ詰めれば、我々の概ねが、あちこちからの渡来人の集合体でもあるわけで、他意なき単なる民話のひとつとしてお聞き流しいただければ幸甚である。

　ところで、この時持ち帰られた非時香果《ときじくのかぐのこのみ》と呼ばれたものは、今でいう橘《たちばな》のことで、中国大陸の南部地方のいずれかのものであろうといわれている。ちなみに「ときじく」とは「時に非ず」、つまり季節はずれの意味を持つ。橘は夏に実をつけ、そのまま秋や冬になっても木になり続け、一度橙《だい》色《だい》になるが、春過ぎてからまた緑に戻ってしまう。よってこの果実は橙《だいだい》と称される一方、回青橙《かいせいとう》の名でも呼ばれている。また二年目や三年目の実と一緒になるところから、「代々」の語になぞらえて、正月の縁起物のお飾りとして用いられたりもしている。時が下って大正時代の初期、お菓子はかつて果子と書いていたこともあって、これは木の実すなわち果実を始まりとするとの解釈と、彼をそのいきさつから文臣にして本邦初の忠臣とする考えとが相まって、田

田道間守（橘本神社提供）

道間守はお菓子の神様、菓祖神とされるに至った。そして語り継がれるうちに神格化されていき、時あたかも忠臣愛国をよしとする背景とともにクローズアップされていった。現在、田道間守は兵庫県豊岡市の中嶋神社と和歌山県海南市下津町の橘本神社の二社において祀られている。前者は田道間守の出身の地として、後者は持ち帰った橘の苗を初めて植えたところとして共にあがめられている。

大和の国の黎明期

大陸からの先進文化と独自の発展

大和時代・仏教伝来に伴う唐菓子との出会い

　魚介類や木になるクダモノ、草クダモノといった、自然界にあるものを静かに食していた古代大和民族の生活も、大陸との交流を機に大きな変化が生じてくる。仏教を含む先進の文化が入ってきたのだ。ちなみに仏教が公式に伝えられたのは宣化天皇戊午年（ツチノエウマノトシ：五三八年）とされている。異文化との接触を深めていった大和民族は、衣食住、宗教観すべてにおいて大いなるカルチャーショックを受けたことは想像に難くない。間食としてのお菓子ひとつとっても、自然物をそのまま食べるだけではない。さまざまな方法で加工し供するという調理技術に触れていったのだ。また、それまでにも農耕民族の常として自然崇拝からいろいろなものを神にお供えしてはいたが、聖徳太子の施政方針のひとつとして仏教に重きが置かれるようになると、お菓子の奉納もより盛んになってくる。お菓子に対するこうした捉え方は、エジプト時代の神への捧げ物、死者への供物、ギリシャ・ローマ時代における神への奉納等とも変わりがない。洋の東西、天に対する畏れということでも人のなすことにあまり違いはないように見受けられる。つまりお菓子というものは、生活する上でのぜいたく品であるがゆえに、思い入れの深さを表す術においては格好の品であり、所変われどいつの時代でも大変強い結びつきをもって、神や仏に接してきたということなのだ。

調理を施すそれらは、大陸・唐の国より伝えられたものということで、唐菓子《からがし》、唐《から》クダモノと称して、人々に親しまれ、急速に生活に溶け込んでいった。唐の国のものはすべて彼らにとっては限りなき憧憬の的であり、お手本でもあったのだ。

唐菓子いろいろ

ではここで、日本のお菓子の原点にあたるその唐菓子をのぞいてみよう。その初めの頃、八種唐菓子と称されるものが登場してくる。そして後にこれに十四種果餅《かへい》が加わってくる。文献によって多少の違いはあるようだが、例えば源 順《みなもとのしたごう》が承平年間（九三一～九三八年）に著した『倭名類聚鈔《わみょうるいじゅしょう》』（略して倭名抄）や『拾芥抄』『厨事類記』などを見るに、概ね似たようなものを取り上げている。すなわち梅子《ばいし》、桃子《とうし》、餲餬《かっこ》、桂心《けいしん》、黏臍《てんせい》、饆饠《ひちら》、䭔子《ついし》、団喜《だんき》の八種である。十四種果餅については、餢飳《ふと》、糫餅《まがり》、結果《かくわな》、捻頭《むぎかた》、索餅《さくへい》、粉熟《ふずく》、餛飩《こんとん》、餅餤《へいたん》、餺飥《ほうとん》、魚形《ぎょけい》、椿餅《つばいもち》、餅餉《へいこう》、粔籹《こめ》、煎餅《いりもち》となっている。八種について、ざっと述べると以下のごとくである。先ず梅子とは、米粉をゆでて梅の枝別れのような形、つまり〝人〟の字形に整えたもの。桃子も同様とされているがよく分からない。餲餬はすくもの幼虫の意味で、それに模して小麦粉を楕円形にして筋をつけ、油で揚げたもの。桂心は肉桂《にっけい》で香りをつけたもの。黏臍はおへその形にして揚げた餅、饆饠は小麦粉やもち米で餡を包み、平たい形にしたもの、䭔子は丸い餅、団喜はだんごである。十四種果餅については紙幅の都合上割愛させて頂くが、全体を見渡すに、中国大陸から伝わったものだけあって、油を使って揚げたものが目につく。今日の中華の調理に見られる顕著な特徴のひとつでもある。ところが、これも鎌倉時代までのこと。同時代末期頃には八種と呼ばれたその実体はすでになく、日本民族持ち前の応用能力を発揮して、さまざまにアレンジの幅を広げ、時と共にお菓子の全体像も趣きを変えていく。すなわ

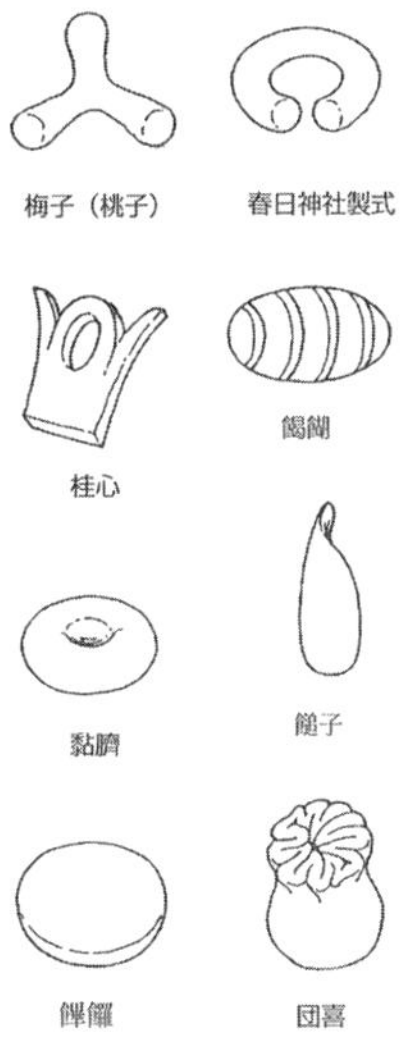

八種の唐菓子

ちこれらを踏まえた上で、徐々に脱油、脱唐菓子の道を歩み始め、一部を残して次第に油っぽくない、日本人なりの味覚感性に合わせた、〝和〟の時代に入っていく。

奈良時代（七一〇年〜七九三年）・砂糖の伝播

この頃の甘味料としては甘葛《あまかずら》（あまずらともいう）という植物を煎じた「甘葛煎《あまずらせん》」がその役割を果たしており、砂糖が出回る以前は、大いに人々の口に親しまれていた。何となれば蜂蜜は採取量そのものが少なく、飴に至っては製法がやっかいなため、ともにせいぜい薬用程度にとどまっていたのに対し、こちらは甘葛という植物を煎じるだけの至極簡単な製法でできたためであろう。奈良時代の東大寺正倉院文書や『延喜式』、『今昔物語』、『枕草子』等々にその効用や愛用の様が見られる。よってこれは中世以前のわが国の、甘味の代表格として捉えてしかるべきものと心得る。ちなみに、清少納言の著した『枕草子』には、〝あてなるもの〟（上品なもの）として、「削り氷《ひ》にあまずら入れて新しき鋺《かなまり》入れる」と記されている。甘葛をこよなく美味なるものとして捉えている様が読み取れよう。

さて、そうしたところに大陸からの仏教の伝来とともに、石蜜、蔗糖といった砂糖類が伝わってきた。記録として定かなところでは、孝謙天皇の時代、天平勝宝六年（七五四年）、わが国の仏教文化に多大な足跡を残した鑑真和上が唐より来朝を志した折の二度目の携行品目に、胡椒、甘蔗などとともに、蜂蜜、石蜜、そして蔗糖の文字が確認されている。ただ、実際来日が叶った時には、残念ながらこれらは積み込まれていなかったという。このうちの石蜜とは氷砂糖のことと思われるが、いずれにしてもこれらの甘いものは調味料の扱いではなく、鑑真自身が医の道を心得ていたことからみて、薬用品として利用していたものであろう。なお、この時は到着しなかったにせよ、すぐ目の前まで砂糖が来ていたことは確かであり、状況から見てほどなく渡来したと思われる。よって独断をお許しいただけるなら、本邦への砂糖の初お目見えは、八世紀の半ばを少しばかり過ぎた頃と解釈してよろしいかと……。その頃より日本は中国に対し、遣隋使、遣唐使を送るほどの憧憬の念をもって接近を試みていくわけだが、それに応じて大陸の進んだ文化もさらに身近なものとなっていく。

なお砂糖については、隣国・中国には漢の時代にはすでにインドから入っていた形跡がある。アレクサンドロス大王の発見に一～二世紀の差ながら、それでもけっこう早くには知られていたようだ。ただし漢時代伝来説はさておき、文献にはっきりした形で登場するのは、それよりだいぶ遅れた七世紀に入っての、唐の時代になってからのようで、その表記も庶糖、蔗糖、沙糖、沙餡といろいろになされている。五〇〇年頃作られて以来追記を重ねて、一六世紀にやっと完成を見たといわれる中国の薬物研究の書、『本草綱目』に「……西域より出ず、唐の太宗、始めて人を遣わして其法を伝へ、中国に入る」とあるところからみて、どうやらこれ以前に西域、すなわち今日の福建や広東あたりですでに伝えられていたことが分かる。そこでこの太宗（在位六二八～六四九）は、そのおおもとたる天竺（インド）に人を遣わして、さらに確かな製法を習得させ、本国に取り入れていったのだろう。こうして中国で次第に普及していった砂糖だが、わが国に伝わるには、さらに百年の歳月が必要であった。

さて、時代を下り一五世紀も中頃になると、世界的な需要に喚起されてか生産地も広がりを見せ、琉球あたりでも砂糖きびが栽培されるようになってきたが、そうなると状況もいささか変化を示してくる。今度はこれを輸入して、逆に大陸側にある朝鮮に転売までし始める。この〝商魂〟がご朱印船につながり、曲折を経ながらもしっかり受け継がれて今日に及んでいくことになる。話を戻そう。その砂糖はわが国に伝わった後、社会にも急速になじまれ広がっていき、わが国の甘味文化の主役は、一気に甘葛煎から砂糖に移っていく。そして一度砂糖の美味しさを知った人々の欲求はとどまることを知らず、呼応してその輸入量もひたすら増加の一途をたどっていくことになる。当然の如くわが国の味覚文化に多大なる影響を及ぼしてくる。たとえば時代は下るが、室町時代の人々は、これまでの甘葛に替えて、新たに砂糖を加えた砂糖羊羹や砂糖饅頭といったものを作り、唐菓子から発展させた和菓子を完成へと導いていくことになる。

平安時代（七九四年〜一一八四年）・仏僧は文化の伝道師

大陸との、食を含む文化交流に大いに寄与したのが仏法の習得と普及に力を注いだ僧侶たちであった。彼らは仏教だけではなく、先進文化の伝道者でもあったのだ。ちなみにわが国の仏教界に大きな足跡を残すことになる最澄も、帰朝を果たす際にやはり薬用として砂糖を持ち帰っているが、空海に敬意を表すべく、その弟子の智泉に書状とともに砂糖を贈っている。最も大切な人への贈り物に用いているところからも、平安時代における砂糖の貴重性が分かろうというものである。さてその空海だが、伝承に従えば、延暦二三（八〇四）年に唐に渡り、真言密教を学んでいた。彼の情熱と天賦の才能を評価した時の皇帝順宗は、彼を招いて膳部料理すなわちディナーをふるまったが、その中に亀甲形の煎餅があり、空海はこれに大いにひかれ、その製法を習得して帰国。そしてそれを京都の南部に住む和三郎という人物に伝授している。なお、九二七年（延長五年）には、平安初期の律令の施行細目として『延喜式』なる法令書が著されたが、その中に、蜂蜜やおこしといった甘いもの及びその加工品が登場する。また蜂蜜に関しては、この時代に紫式部によって書かれた『源氏物語』第三八帖・鈴虫の巻に、その蜂蜜を薫物にするくだりがある。当時の人々は、それを甘味料として味わうだけでなく、殿方をも魅するものとしてその香りを尊び、楽しむ文化を持っていたことが分かる。香を焚き、香を聞く。単に体臭を消すために香水を開発していったヨーロッパ人たちの、とうてい及びもつかない高い次元におられたようだ、私たちのご先祖は。今にしてなお世界に誇れる典雅の美である。

さて、乳製品のひとつたる蘇（酥とも書く）なるものについても見てみよう。涅槃経聖行《ねはんぎょうしょうぎょう》品《ぼん》に、「善男子、譬へば牛より乳を出し、生酥より熟酥を出し、熟酥より醍醐を出すが如し。醍醐は最上なり。若し服する者有らば、衆病皆除かれん」とある。これを訳すと「牛乳を変化させていくと、濃縮されてコンデンスミルク（酥）ができ、さらにもっと美味しい生クリーム（醍醐）ができる。これは最高級品である。これを食せばあらゆる病も治る」となる。この醍醐は生クリームというよりむしろナチュラルチーズに相当するとの見方もあるが、いずれにせよ似たようなもの。そして当時の人々はそのまろやかな口当たりとそこに含まれる乳糖を楽しむと同時に、あらゆる病もたちどころに失せるほどの栄養分にも気付いていた。彼等は肉食はせずとも、こんな形で動物性蛋白質をとっていたのだ。また、それはよほど美味しかったとみえ、最上級の味覚は「醍醐味」という言葉で表現されるに至った。

鎌倉～室町時代

和菓子の生い立ちと南蛮菓子の伝来

鎌倉時代・点心とお茶のマリアージュ

クダモノが「果子《かし》」と呼ばれて「菓子」に変わり、大陸からの文化移入で唐クダモノ、唐菓子と歩を進めていった……。一度先進文化の啓蒙を受けた大和民族の研鑽進歩はとどまることを知らない。ご先祖たる古人《いにしえびと》たちは、受けたそれらをさらに発展させ日本的に昇華させ、独特の〝和菓子〟と呼ばれるジャンルを確立していった。鎌倉時代から室町時代にかけてのことである。

この頃、藤原氏の繁栄とともに国文学も発達し、日本の文化的なレベルはにわかに向上していく。

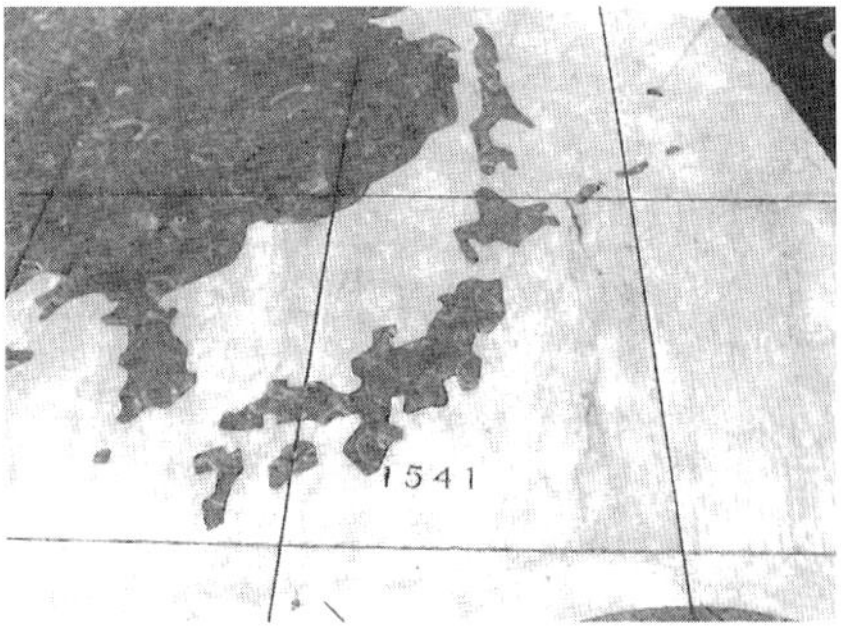

テージョ河畔にあるポルトガルの日本発見の図

源平の戦いの後、一一八五年に源氏による鎌倉幕府が開かれ、ここに質実剛健なる武家政治が始まる。この時代、分かりやすい教義としての新しい仏教が興り、広く民衆に広まっていった。ここで特筆すべきは、禅宗としての臨済宗を開いた栄西が、中国から茶の木を移植して多くの信徒に活力を与え、その後のわが国の食文化に大きな影響を及ぼしたことである。茶は当初、精神的にも落ち着きをもたらす薬用飲料のひとつとして普及していったが、室町時代には、茶の湯趣味へと用いられ方が変わっていく。そしてそれに付随して、茶会の点心が直接的にお菓子として発展していく。点心とは、食事と食事の間あるいは朝食前の空腹時に、ほんの少し食することを意味する禅の用語である。これが拡大解釈され、その折食する物自体を点心と呼ぶようになっていった。いわばおやつ感覚である。初めの頃のそれは饅頭類、果実類、餅類、麺類といったもので、まだあくまでも添え物的なものの域を出るものではなかった。これがお菓子として発展してくるのは、室町時代を迎えてからのことである。

南北朝&室町時代・洗練された和菓子への道

華やかな文化に包まれたこの時代、階級を問わず茶の湯趣味が流行した。東山文化と称された足利義政の頃には、茶道はますます盛んになり、これに合わせてただの間食であった点心が、洗練されたお菓子として発展し、茶子《ちゃのこ》と呼ばれて茶の引き立て役を務めるようになっていった。典雅にして風雅な趣きを持つ京菓子が確立していったのもこの頃である。なお、点心としての茶子について挙げると、練り菓子、餅菓子、蒸し菓子、干菓子と、けっこうな種類と数になる。これこそが和菓子の事始めということになろう。庶民への普及にあっては、康永二年（興国四年、一三四一年）にはすでに他の業種における座や市と同様、京都に菓子商組合が設けられるまでになっていた。お菓子の需要もかなり増え、商いとしての安定を見ていた証といえようか。それに比例して、この時代から生の果実、すなわち水菓子はお菓子の概念から姿を消していった。そしてこれらの茶子が時とともに手を加えられ、味覚、形状、感性も洗練されて、今日のお菓子の姿へと完成されていくわけである。ちなみにヨーロッパにおける同業組合・ギルド制度は、九世紀から始まる産業革命によって農産物が飛躍的に増産されるようになり、商工業が発達した結果できたものである。そして一三、四世紀には政治的な影響力を持つほどに栄えるわけだが、若干の赴きの違いと時季のずれはあっても、長い視点から見ると、まったくといってよいほど情報交換のない日欧においての、社会制度の成長過程における酷似性に驚きを禁じ得ない。やはり広く見て人類というのは、どこでも大体同じようなリズムで成長を遂げていっているようだ。

なお、この時代の初期、一二四一（仁和二）年には宋より帰国した僧侶・聖一国師が、留学先で習得した饅頭の製法を虎屋という屋号の茶店を営んでいた栗波吉右衛門に伝授。さらに一三四九年、南朝でいえば正平四年、北朝暦では貞和五年、元に仕えていた僧侶の龍山禅師が帰朝時に弟子の林浄因を伴ってきた。彼は饅頭の製法を心得ていて、来日後居を定めた奈良においてそれを手がけた。彼は後に塩瀬と改姓したため、それは塩瀬饅頭と称されている。ただ実際にはそれらより早く鎌倉の初めにはすでにお目見得していたらしい。そして一般化するきっかけとなったのが、かくいう高僧との関わりから……何ごとにつけ今も昔もお墨付きの効果は絶大なものがある。こうして饅頭は全国津々浦々へと広がっていくことになる。

室町時代後半・南蛮文化との出会い

大航海時代の訪れとともに、これまでとは全く別の世界が、極東の日本に対して強い関心を持ち始める。そのきっかけとなったのは、マルコ・ポーロ（一二五四～一三二四）の体験を記述したルスティケロ著の『東方見聞録』、正しくは『世界の叙述』（一三〇七年刊）に記されたジパングであろう。彼はその文中において、元朝に仕えていた際、耳にしたわが国の風聞を、ジパングの名をもって初めてヨーロッパに紹介している。幻の邪馬台国に触れている『魏志倭人伝』の倭国に関する記述と同様のことである。なおジパングはチパングとも記されるが、その元は〝日本国〟の発音のジパンクォの音から聞き取った表記といわれ、ここからジャパン、ジャパン、ヤパン、ハポン等の語が派生していった。ところで、その内容が西洋から見てあまりに現実離れしているため、初めはほとんど信じてもらえなかったというが、その後、徐々に世界が開け、ことの真実性が伝わってくるや、たちまち多くの人の関心を呼び、一気に夢を書きたてるようになっていった。まさしくこのことが引き金となり、新大陸の発見や新航路の発見といった大航海時代へと、世の中が急転換していく。一四八七年バーソロミュー・ジアズによる喜望峰到達、一四九二年コロンブスの新大陸発見、一四九八年ヴァスコ・ダ・ガーマの喜望峰を回航してのインド到着、一五一九年から一五二一年にかけてのマゼランの世界一周等々。ヨーロッパの人々の心はひたすら東洋へ、インドへ、中国へ……。そして極東、この黄金で葺かれた幻の国ジパングとやらに魅せられて、最初に訪れたのはイベリア半島の雄、海洋王国ポルトガルであった。

鉄砲伝来、そしてお菓子も

一六〇六年に書かれた『南浦文集』上巻・鉄炮記によると、「天文一二（一五四三）年、種子島沖に百余名を乗せた巨船を発見。外国人幹部の牟良叔舎（フランシスコ・セイモト）と喜利志多・蛇・孟太（キリシタン・ダ・モッタ）が、領主である種《たね》子《が》島《しま》時堯《ときたか》に火術を伝えた」とある。同様にしてポルトガルの資料を付け合わせるに、推定で一五四四年（日本側の記録と一年のずれがある）、彼らがタヌシマ（種子島）に上陸して、ナウタキン（領主・時堯の前名・直時）を知ったこと、鉄砲を譲渡した旨の記載が認められる。ところでリスボンのテージョ河岸に刻まれている日本発見の図柄では一五四一年となっている。ということは日本上陸は一五四三年だったが、その存在を知ったのは、もう少し前だったということなのか。いずれにしてもこのあたりをもって、日欧は別々の世界にいたお互いの存在を知るわけである。

日本にとってそれまで外国といえば、朝鮮半島の国々及び唐（中国）、天竺（インド）がすべてであっただけに、その驚きは計り知れない。なお先に述べた如く、その折に彼等は種子島の住民に鉄砲を伝えたという。加えて彼等はおそらく同時に、自分たちの食しているパンやビスケット、ワインなども日本に伝えたと思われる。対する日本側は握り飯や酒、お菓子の類を振る舞ったであろう。自分たちの大切にしているもの、あるいは口にしている食べ物などのやり取りは、他民族同士がコミュニケーションを図る最初の手段としてはごく自然な行為と思われるゆえに。記録として残されているわけではなく、あくまでも推測の上だが、鉄砲とお菓子という一見何の脈略もない取り合わせこそが、日欧の交易第一号の品物であったやに思われる。とまれ鉄砲は伝えられた地名をそのままに「種子島」と呼ばれて、その後のわが国の戦国絵図の変化に多大なる影響を及ぼし、一方、パンや〝洋〟菓子は途中鎖国という特異な空白はあったにせよ、長い時間をかけて日本人の食生活を大きく変えていくことになる。それにしても周囲を海に囲まれたほぼ単一に近い民族にとって、西洋、西洋人、西洋文化といったこれまでとは全く異なるものの出現は、未知との遭遇、エイリアンの来訪の如き衝撃であったと思うが、そんな驚きの中で新しい時代の幕は切って落とされたのである。なお、同じ年にはスペイン人も平戸に到着している。

　ところでこの時に伝えられたお菓子だが、これらは唐、天竺のさらに南から来たものとして、南蛮菓子と称され、次第に定着していく。それに手を貸したのは、日本へのキリスト教の布教を志す西洋の宣教師たちであった。

南蛮とは？

　なお、南蛮なる語だが、中国にていわれる東《とう》夷《い》西《せい》戎《じゅう》南《なん》蛮《ばん》北《ほく》狄《てき》、すなわち四方を取り囲む異民族の蔑称として用いられてきた言葉の一部である。いってみれば中華思想の権化とも思われる表現で、「南方から伝わってきた野蛮なるもの」を意味している。方角的には西方からの伝播だが、ルートとしては南方からだったゆえ、かような呼称を付けられたのであろう。

　また、南蛮とは主にスペイン、ポルトガルを指しており、オランダ、イギリスについては紅毛と呼んで区別するとの解釈もあるが、総じて南蛮紅毛、あるいは南蛮のみにてもそれらすべての国々を表す語として適用されている。なお後年の『長崎夜話草』の中では、「亜媽港（マカオ）、呂宋（ルソン）等の南蛮国……」といっており、西洋のそうした占領地も含んで解していた節が見られる。

キリシタン宣教師とともに

天文一八年七月二二日（西暦一五四九年八月一五日）、スペイン人宣教師フランシスコ・ザビエル（Xavier：シャヴィエル）が鹿児島に到着し、耶蘇教（天主教、キリスト教）が伝えられた。甘味文化の足跡を追うにあたっては、このことも大きな節目となる出来事である。

後にこのキリスト教は、クリスマスケーキ、バレンタインデーのチョコレート、あるいは復活祭やハロウィーンでのケーキやクッキー、キャンディー等、いろいろな形でその時々の行事のお菓子とともに日本人の生活と深く結びついていくことになる。参考までにザビエル以降、織豊時代、そしてそれに続く徳川時代の約一世紀間に渡来し、日本を彼らのいうところの〝神の国〟にすべく、キリスト教の布教に努めた宣教師の名を挙げると、次の通りである。ザビエルに続いて来日したガスパル・ヴィレラ、組織者（オルガナイザー）として有能であったアレッシャンドロ・ヴァリニャーノ、綿密なる記録を書き残したルイス・フロイス、日本布教長として本部のマニュアル重視策を進めたフランシスコ・カブラル、彼と意見を異にしてある程度の日本同化策を説いた宇留岸ことニェッキ・ソルド・オルガンチーノ、日本文化に最も通じていたといわれるジョアン・ロドリゲス・ツヅ、さらにはジョアン・デ・トルレス、ガスパール・コエリヨ、ルイス・アルメダ、ジョヴァンニ・フランチェスコ、ロレンソ・メシア等々、延べ一五〇余名を数える神父及び修道士が挙げられる。彼らにしてみれば、いかに布教のためとはいえ、また世界各地での布教活動の訓練を受けているとは申せ、言語や生活習慣から見た日本の特殊性を思うと、その職務遂行の苦労と努力は並大抵ではなかったと拝察する。こうした初期の刻苦があったがゆえに、後年ご本家を圧するまでに、西洋文化、西洋菓子の種子が極東の地に実を結び、花開くに至ったのである。重ねていうが、彼らこそがまぎれもなき西洋の甘き味覚の伝道者であったわけである。遠い昔、〝唐菓子〟が中国大陸から多くの仏僧の手で仏教とともに伝えられ、また鑑真和上等によって砂糖なる進んだ味覚を教えられ、最澄や空海、聖一国師、龍山禅師といった日本の名僧もそれらの伝道者となった。そして今度は南蛮菓子がヨーロッパ大陸からの、宣教師という名のキリスト教の僧侶たちによってわが国にもたらされたわけである。この事実の対比は大いに注目すべきところであろう。ともすると我々日本人は宗教の問題を避ける嫌いがあるが、こうした事例ひとつをとってみても、ここにもまた文化とは政治、経済等に加えて、宗教も厳に不可分なものであることを改めて認識させられる。ところで、先に挙げたもろもろのお菓子群は、既述した如く、南蛮菓子と呼ばれて人々の口の端に上り、広まっていく。

南蛮紅毛異文化紀聞

ヨーロッパからのお菓子について、現存する最も古い資料に『原城記事』(弘治四年、永禄元年、一五五八年刊)なるキリシタン関係の書がある。ここに角寺鉄異老(カステイラ)、復烏留(ボウル)、革留滅比留(カルメイル)、俺留皿(アルヘイ)、哥穴伊(コンペイ)等々の語とともに、ややアバウトながらそれらの作り方が記されている。なお、永禄八年(一五六五年)には切支丹(キリシタン)、波阿伝連(バテレン)と呼ばれたクリスチャンのパードレ(神父)であるガスパル・ヴィレラが宣教師のルイス・フロイスを九州から都に呼び寄せている。このフロイスは、当時の日本事情及びキリシタン布教活動の足跡を、一四〇余通の日本通信として本国ポルトガルに送ったり、その膨大な報告書を綴った『日本史』の執筆者である。ところで、その書の中に金平糖の記述がある。日本の〝洋菓子〟が外国の文献に載った嚆矢といえる(後述)。

永禄一二年四月三日(一五六九年四月一九日)にそのフロイスはついに当時の将軍・足利義昭に拝謁を果たした。記録によると、当のフロイスは同行したロレンソとともに、その折建築中の二条城の橋のたもとにて織田信長に謁見し、その際ギヤマンの壷に収められたコンフェイトス(金平糖)と極上のろうそく数本を献上したという。あの荒々しい時の天下人信長が、透明のガラス瓶に入った色とりどりの金平糖をカラカラと振り鳴らし、そのうちの一粒を口に含み、「これは美味、いや甘露甘露」などと呟く様を思うとほほ笑ましくもなってくる。さらに「いかがじゃ、光秀も」と、自ら何粒かを手にとって家臣・惟任日向守《これとうひゅうがのかみ》に差し出すフレンドリーな余裕でも持ち合わせていたなら、ひょっとして本能寺の変も起らず、日本の歴史もまた別の道を歩んでいたのではと思うは、筆者いささかの考え過ぎであろうか。歴史にifはない。先を続けよう。

　こうしてキリスト教は急速に日本に入り込んでいった。この信長はキリシタンの伝えたヨーロッパ文明にことのほか興味を示し、宣教師を厚遇してその伝道に便宜を図った。たとえば自らの居城のある安土及び有馬にキリスト教の教育機関である神学校・セミナリオを建てる許可をオルガンチーノに与えている。生徒たちはそこでラテン語を学び、聖書に親しみ、賛美歌を歌い、オルガンなどの西洋楽器の手ほどきを受けていた。詰まるところこの生徒たちこそは、一般的ではないにせよ、日本にいながらにして、すでに西洋式の生活体験をした者たちであったといえる。ただ、こうした便宜を図る信長が、心底キリスト教の理解者であったかは、甚だ疑問との声もある。それは本来彼が徹底した合理主義者であり、何より無神論者であることによる。いつの時代の権力者にも当てはまることとは申せ、利用できるものはすべて利用し、不要になれば弊履の如く捨てるという性格からして、キリスト教を寛大に扱ったのも、実は別のところに意味があった。天下を平らげるに当たって彼を悩ませ、手こずらせていた比叡山や高野山の仏教徒、さらにはもっと手強い一向宗を押さえ込む手段として、この未知なる宗教を利用していたのではないか。また西洋の情報収集源としても、宣教師たちは充分利用価値があった……。天下を狙うものとしては当然のことと思われる。

さて、こうして伝えられた甘き南蛮物、信長も楽しんだとされる金平糖やカステーラ、ボーロを含めたいくつかのお菓子は、外に対して閉ざされていた人々の夢を掻きたて、それまでの唐菓子から発展した和菓子とは別に、既述の如く南蛮菓子と称されて広まっていった。そしてそれは明治と世が改まる夜明け前まで、人々を楽しませ続けていくことになる。

ヤジローとザビエル、運命の出会い

これまでは西洋から日本への軌跡をたどってきたが、この度は少しばかり視点を変えて日本から遙けき国へのアプローチについて、筆先を求めていこう。

日本国民として、初めてかの地を踏みしめたのは誰か。そこに至るプロセスは？　先ずヤジローという人物に登場願おう。薩摩の氏族であったという彼は、大隅半島の根占の在の池端弥次郎重尚と思われる。当時彼は貿易に携わっており、心の悩みからひと時僧籍に身を置き、安西《あんせい》（Anxei）と名乗っていたという。一六世紀も半ばの戦国のさなか、ヤジローは仕事上のトラブルからか人を危めてしまう。追手を逃れた彼は鹿児島に停泊中のポルトガル船に助けを求め、従者共々マラッカに逃亡する。そこで彼は後世聖人の一人に加えられるスペイン人宣教師、正しくはナバラ国生まれゆえ、ナバラ人ともいうべきフランシスコ・ザビエルとの運命的出会いを持つ。一五四七年一二月（邦暦天文一六年一一月）のことであった。

ザビエルは一五〇六年ナバラ国の宮廷顧問官の末子として生まれ、後パリのモンマルトルの聖堂において、イグナチウス・デ・ロヨラ等同志七人とともにイエズス会を創設した一人である。そして波濤万里インドのゴアに赴き、そこを足場としてマラッカにやってきたところであった。ゴアは地理的にも文化的にも東西の接点、融合の地にして互いの窓口である。後に新井白石が『西洋紀聞』に臥亜（ゴア）または五和（ゴワ）の文字を当てた、ここインドのゴアは、実は東洋に対するキリスト教伝道の一大拠点だったのだ。心の師にめぐり合えたヤジローはたちまちにして心の安寧を覚え、新しい宗教に帰依した。なおヤジローはアンジローとも伝えられている。これについては、記録した外国人宣教師の誤記、あるいは述べた如く、ひととき僧籍に身を置き、安西（アンセイ）と名乗っていたことからくる混同ではないかともいわれているが、その点に関してはつまびらかではない。とりあえずここではヤジローで進める。そして彼はここで洗礼を受け、パウロ・ヤジローとなる。従者ふたりもそれぞれジョアン、アントニオとなった。一方ザビエルにとっても、未知なる極東布教を志すにあたって、ヤジローとの出会いは渡りに舟であった。祖国への布教を強く勧める心強い先導者を得たザビエルは、しばしの準備の後、彼と数人の宣教師を伴い、天文一八年七月二二日に目的地の鹿児島に到着した。この日は西暦においては一五四九年八月一五日、すなわち時あたかも〝聖母マリア被昇天の祝日〟であった。爾来この時をもって、わが国へのキリスト教伝来の日と永く記憶されるところとなる。なおキリスト教にはいろいろな祝日があるが、この日は一二月二五日のクリスマス、春分後の満月の後の最初の日曜日の復活祭、一一月一日の諸聖人祭と並ぶ、四大祝日の一つである。キリスト教の中でもカトリックは特に聖母マリア信仰が強いことで知られているが、ザビエルが到着した日が奇しくもそうした大切な日だったのだ。東の地の果に神の国を創らんとする使命感に燃える彼等にとって、まさしく大きな意味を持つ日と、いやが上にも意気は高揚したことと思われる。

本邦初のヨーロッパ式食生活体験者

領主である島津貴久に布教の許可を得たザビエルのその後の活動は周知の如くだが、特筆すべきは、天文二〇年（一五五一年）に五人の日本人を伴って、インドに帰還したことである。彼等の日本人名は詳らかではないが、ザビエルはそのうちのふたりをヨーロッパに留学させるべく、イエズス会の会長を務めるイグナチウス・デ・ロヨラに申し入れ、許可を得ている。その地でザビエルの手によって洗礼を受けたという彼等とは、薩摩生まれにして鹿児島・大友家の家臣となり、僧侶となった後さらにキリシタンに転じたベルナルドと、山口出身のマテオスである。残念ながらマテオスの方は、南シナ海の荒波に疲れ果てたか、渡欧を前にインドのゴアで病没してしまった。ベルナルドについては、その足跡をたどると、天文二二年八月（一五五三年九月）、南アフリカを回る長い旅の末、海運王国ポルトガルの都リスボンに到着し、修練の厳しさで知られるコインブラの修練所に入所を果たした。さらに彼は隣国スペインを経由してローマに入り、弘治元年（一五五五年）の春から約一年をその聖地で過ごした。その間、渡欧に格別の便宜を図ってくれたイエズス会会長のイグナチウス・デ・ロヨラに面接の機会を持ち、ひとときコレジオ・ロマノ、現在のグレゴリアン大学に籍を置いたこともあるという。そして再びコインブラに帰って後、コインブラ大学にも入学したが、ほどなく病を得て、一五五七年にこの世を去っている。これ以前にひとりの漁民が大陸に漂着し、流れ流れてヨーロッパにたどり着いたとの風説、あるいはこれに類する話もあるやに聞き及ぶが記録としては定かではない。よって彼をしてヨーロッパに足を踏み入れた初めての邦人であったといってよいかと。加えて彼は、今日あまた溢れる日本人留学生の第一号でもあったわけである。そしてさらに付記するなら、彼はまた日本における限られた状況下のものとは異なる、本当の西洋式食生活の最初の体験者でもあったのだ。

察するにその主なる生活が修道院中心ゆえ、さほどの贅沢は望めないまでも、パンやぶどう酒、日本ではおそらく口にすることのない肉料理に加えて、いわれるところの紛れもない本物の南蛮菓子をも、少なからず胃の腑に収めたはずである。ところでヤジローだが、その後母国にて信仰に生きるべく、そのまま鹿児島に残った。しかし後年キリシタンへの迫害が強まるにつれ、その環境の変化にいたたまれず、海賊船に乗り込んで日本を逃れ、途中あえなく中国沿岸にて殺害されたと伝えられている。またザビエルについては、自らが送り込んだベルナルドのヨーロッパ到着の前年、一五五二年に、中国大陸を目前にする広東沖の上川島で病没している。彼は日本での布教にあたっては、先ず日本が師と仰ぐ中国にキリスト教の種を撒く必要があると感じていたのだ。そして一方では重商主義と覇権主義で憑かれたように東洋に征服欲の牙を向ける祖国スペインやポルトガルに、自粛、自制を求める忠告と要請を行っている。彼の日本に対する評価はそれほどに高く、布教の情熱に燃えていたのだ。国外脱出したアンセイことヤジローとザビエルの出会い、大友家の従者にして日本名不詳のベルナルドの渡欧と留学、さほどの贅沢は望めないながらも本場の南蛮菓子を含む初の西洋式食生活の体験……。国際化を標榜して久しく、今日あまりにも当たり前の如くその舞台で主役を演じているわが国の、これこそが原点であったとはいえまいか。

安土桃山〜江戸後期

鎖国が育む南蛮菓子・和蘭菓子

安土・桃山時代——天正の少年使節南蛮国へ

西洋文化に大いなる興味を示す織田信長の庇護のもと、ワインやパン、各種の南蛮菓子等が移入され、市民社会に入り込んでいった。またキリスト教も布教活動にますます力を入れていった。後々の布教活動から、当然ここに何らかの形でパンやビスケット等、西洋の食べ物が付随していたことは想像に難くない。何となれば、もう少し時を下った小瀬甫庵の『太閤記』（江戸初期刊）には、当時の布教活動について、次のように伝えられているからである。

「ばてれんたちは街頭での伝道に際し、集まってきた大勢の日本人に対して、上戸にはチンタ（チンタ酒）、ぶどう酒、下戸にはかすていら、ぼうる、かるめる、あるへい糖、こんぺい糖といった珍しい南蛮の品々を配ってもてなし布教した……」。

かよう布教において彼らがあらゆる手段を尽くしていたことが読み取れると同時に、さまざまなお菓子類が紹介され、東西のコミュニケーションの一助となっていたことも分かる。すでにこの時代において、これらの宣教師たちは、布教とともに無意識のうちに、洋酒や洋菓子といった西洋の食文化の普及に努めていたのである。

そうした中で、人々の心を躍らせるセンセーショナルな出来事が起こる。〝日本人の少年使節が南蛮国に赴く〟という、いわゆる天正の遣欧少年使節である。わが国の耶蘇会の布教組織を定めたイタリア人宣教師のひとりアレッシャンドロ・ヴァリニャーノが、備後の大名大友宗麟、肥前島原の大名有馬鎮貴《しげたか》、及び肥前大村の領主大村純忠という九州の各名家を説き、その名代として少年たちを使節に仕立て、キリスト教の総本山たるローマにはるばる派遣しようというのである。かつてベルナルドがザビエルとともに行動をともにし、後に渡欧したが、いうなればあれはあくまでも個人的なものであった。しかしこのたびのことは、いみじくも日本の三大名の代表使節というオフィシャルな形をとって、西洋文化の精神的な支柱であるローマ教皇に公式謁見するというわけゆえ、前者とは俄然意味合いが異なってくる。正使に伊東満所（マンショ・大友家名代・一三歳）、千々石《ちぢわ》釄解留（ミゲル・有馬・大村両家名代・一三歳？）、副使に中浦寿理安（ジュリアン・肥前・中浦出身・一二歳）、原丸知野（マルチノ・肥前・波佐見出身・一二〜一三歳）という少年たちが選ばれた。またこの他に彼らのサポート役として、これまた日本名不詳ながらコンスタンチーノ・ドラード（肥前・諫早出身）、アグスチーノ（大村出身）と呼ばれる二少年、並びにジョルジェ・ロヨラの名を持つ日本人修道士（同じく諫早出身）が同行し、付き添いには提案者のヴァリニャーノの他ディオゴ・デ・メスキータとファン・サンチェスという二人の修道士が加わり、総勢一〇名の陣容が組まれた。真実申すと、その裏には岐路に差し掛かった日本布教への、ヴァリニャーノ一流の読みと一種の賭けにも似た一大作戦があったのだ。すなわちヨーロッパにおけるキリスト教の栄光と偉大さを純粋な子供達に見せ、帰国後彼らの口から直接見たままを語らせること。そしてヨーロッパの王侯貴族、教会関係者たちに対しては、日本人を紹介し、極東布教への理解と更なる援助を仰ぐという意図が込められていたのだ。後世の歴史家によると、本当のところは大友宗麟は事の次第を預り知らず、したがって親書も本人のものではなかったという。また正副四人の少年使節についても、千々石ミゲルを除いては格別の家柄でもなかったにも拘わらず、

天正の少年使節

正しい素性を曲げて九州それぞれの国の王子と紹介していたことに誤りを指摘している。しかしながらここではそのことの是非は問いますまい。そこにこそヴァリニャーノの真剣さが投影されているのである。

さてその彼等だが、無事彼の地にたどり着き、スペイン・ポルトガル両国王フェリーペ二世の歓待を受け、一五八五年三月二三日（天正一三年二月二二日）、ローマ教皇グレゴリオ一三世にも謁見が叶い、その役目を果たすことができた。さりながら、一点心に残ることは、中浦ジュリアンのみが折悪しくその頃流行していたマラリアに罹ってしまったことである。大願成就を目前に、艱難辛苦を共にした仲間との同行能わざるを知った胸中はいかばかりであったか。しかしながら他の三人は、心ならずも後に残す彼の分までも心に含み、その席に臨んだ。教皇グレゴリオ一三世の前にひざまずき、形式に従ってその御足に接吻した使節に対し、教皇はマンショを抱擁し、額に口づけを施した。八三歳を越える老教皇と、波濤万里訪れた一六歳の日本人少（青）年とのドラマチックな会見に、並み居る満座は感激に打ち震え、落涙にむせんだという。その場面はヴェネツィアのヴィチェンツァにあるオリンピア劇場の古い壁画に、今もなおしっかり刻まれている。一方取り残されたはずの中浦ジュリアンだが、見かねた周囲の機転と計らいにより、急ぎヴァチカン宮殿に連れて行かれた。公式謁見の直前、事情を知った教皇は快く彼を迎え入れ、非公式ながら謁見を叶えて熱く抱擁し、病身をいたわり、優しくねぎらったという。後で知った正副使三人は、このことによりどれほど心救われたか分からない。まこと慈愛に満ちた心遣いであった。しかしその一八日後の四月一〇日、教皇は安らけく天に召され、悲しい鐘の音がローマ市内に鳴り響いた。次いで新教皇にシスト五世が選ばれたが、一行に対する好意は変わらず、彼らはサン・ピエトロ大聖堂での戴冠式に招待を受け、さらには新教皇によるラテラノ教会行幸にも参列している。その情景もまたサン・ピエトロ大聖堂を飾る壁画に見られ、そこには馬上にある四人の姿をはっきりと認めることができる。そしてローマ市からは名誉ある市民権が与えられ、一五八五年（天正一三年）六月、名残りを惜しみつつローマを後にした。ベネツィアをはじめ帰途に訪れたすべての地で熱狂的な歓待を受けたこと、申すに及ばない。

なおそうした折々、彼等はこれまで日本人の誰も口にすることができなかったであろう、当時における第一級の食卓メニューに接した。そこには日本の南蛮菓子にはない、タルトやトルテ、カラフルな糖菓など、本物の西洋菓子もあったであろう。その意味では、修道院生活を送っていた先のベルナルドとは異なる、邦人初の西洋式〝文化的〟食生活体験者といえようか。

だが、彼等が後にした母国では、本能寺の変によって織田信長が倒れ、世は明智光秀を討った豊臣秀吉の時代へと変わっていった。当初、秀吉はこれまで同様キリシタンを容認し、新しい宗教たる耶蘇教にも変わらぬ厚情を持って接していた。キリシタン大名として名高い高山右近の引き合わせで、宣教師オルガンチーノが秀吉の許可を取り付け、大坂市内に教会堂を建てたり、大村純忠、大友宗麟、有馬鎮貴等に続いて小西隆佐、行長父子や蒲生氏郷、内藤如安、ガラシャとして知られる細川忠興夫人といった名家の人々の受洗が相次いだのもこの頃であった。そして教会堂においては、さすがに今でいうクリスマスケーキはないにしても、それなりの西洋式のご馳走やワイン等で救世主イエス・キリストの生誕さえ祝われたという。

ところがこれほどまでに市民権を得、認められたかに見えたキリスト教も天正一五年六月一九日（一五八七年七月二四日）の、突如のキリシタン宣教師国外追放令によって、一挙に情勢が暗転していく。使節がヨーロッパより帰朝を果たしたのはまさしくこうした状況下であったのだ。天正一九年一月八日（一五九一年三月三日）、何も知らぬ彼らは、ローマ教皇より賜った金飾り付きのビロードの服をまとって騎馬にまたがり、勇躍帰朝報告に上がった。その時は関白も表面上は豪華な宴でこれを迎え、彼らにヨーロッパの生活習慣、食べもの、風物といった諸事情を問い、彼らもまた知り得た情報を申し述べ、彼の地の言葉やクラヴィチェンバロ、アルパ、ヴィオラといった西洋楽器の演奏を披露したりして楽しく時を過ごしたという。しかしながらそうした対応とは裏腹にその後の秀吉は、内心宣教師たちの謀反を警戒し、サン・フェリーペ号事件も大きな引き金となって、いち早く長崎を撤収し、教会堂を取り壊させてしまった。その交わりに多くの利点を認めながらも、キリスト教布教活動を盾に、手を広げてくるヨーロッパの覇権主義を、彼はその一流の慧眼と洞察力で察知したものと思われる。ちなみにサン・フェリーペ号事件とは、文禄五（一五九六）年に同名のスペイン船が土佐に漂着し、その折乗員が、スペインはまず宣教師を派遣して先住民を手なずけ、続いて軍隊を送り込んでその地を征服すると口を滑らせたものである。これを聞いた秀吉はいたく激高したという。信長の時代には見えなかったヨーロッパの覇権主義が見えてきたのだ。インドしかり、フィリピン、マラッカ、マカオ等、アジア各地の文明や自治独立が次々と西洋の傘の下に収められていく現実に、不穏なる日本の明日の姿を予感した……。国を治める長としては当然そのことに考え及ぶものと拝察する。しからばと瞬時の間を置くことなく手を打っていく。そして時を移さず行われた長崎における二六聖人のはりつけ処刑は、切支丹史に残る一大悲劇として伝えられている。

江戸時代

秀吉の没後、一六〇〇（慶長五）年の関が原の戦いを経て世は徳川の治めるところとなる。

この天下分け目の関が原の少し前、オランダ商船リーフデ号が備後に漂着した。家康は航海長のイギリス人・ウィリアム・アダムスと会い、海外事情を尋ね、最新知識を得ることに努めた。ウィリアム・アダムスは後に日本人を妻とし、三浦安針《あんじん》と名乗って家康の外交顧問として活躍した人である。三浦安針を抱えた家康は、秀吉同様キリシタンには気をとがらせながらも、引き続き開国政策は続行していく。安針が漂着したと同じ年の慶長五（一六〇〇）年にオランダ人のヤン・ヨーステンも漂着したが、彼もまた厚遇を受け、江戸市中に住まいを与えられた。そこが現在の東京駅の地となっているところで、地名にその名をもじって八重洲と名付けられたことも広く知られた話である。また家康は慶長一五年六月一三日（一六一〇年八月一日）には、三浦安針ことアダムスの造った船、サン・ブエナベントゥーラ号で浦賀より田中勝介、後藤少（床）三郎等京都の商人二〇数名をヌエバ・イスパニア（濃毘須般国・ノビスパニア）、つまり今のメキシコに貿易視察に向かわせている。その彼らは翌年帰国を果たしている。なお外国船に拾われるなどして、彼らより先に太平洋を横断した者は既に何人かいたという。よって邦人初の太平洋横断者を誰それと断定することは、ここでは避けたいと思う。が、田中、後藤両氏一行を含めたそんな彼らもまた、多くの邦人に先んじて遥かなる異国の食生活に触れ得た人々ではあった。

禁教令・鎖国令の徹底

さて、徳川家康が最初のキリシタン禁止令を出したのは、慶長一八（一六一三）年であったが、翌年、翌々年と続いた大坂冬の陣、夏の陣によりそれも徹底できず、その取締りが強化されたのは元和二（一六一六）年、家康他界後のことであった。その後は詮議も厳重を極め、宣教師や信徒の捕縛、処刑が断行され、殉教の悲劇が相次いだ。さらに家康の信頼を受けていた三浦安針ことウイリアム・アダムスも世を去り、元和九年には英国東インド会社も閉鎖されるに及び、あれほど理解を深め距離を縮めつつあった西洋も、わが国より急速に遠ざかっていった。そして寛永一〇～一六（一六三三～三九）年、三代将軍家光により計五回の鎖国令が発令され、ここに西洋文化伝播の窓口は長崎を残すのみとなった。

慶長の遣欧使節

ここで筆先を少しばかり陸奥《みちのく》に向けさせていただく。ここにもまた名だたる風雲児がいた。キリスト教に感じ入り、中央をうかがいつつ、広く世界に目を向けんとする杜の都・仙台の雄・天下の副将軍伊達政宗である。何と彼は徳川の世と定まる中にありながら、自身の名においてローマ教皇パウロ五世及びスペイン国王フェリーペ三世に書簡を贈り、家臣・支倉六右衛門常長をローマに派遣するという、大胆といえばあまりに大胆な行動をとったのだ。いわゆる慶長の遣欧使節である。もとより家康の認むるところの大型船建造だったとはいうが、そのうちにキリシタンや西洋に対する風向きが急変を告げてくる。勢い状況もまた緊迫の度合いを増してくる。そんな中でのあえての挙行には今もって深く大きな謎が秘められているようにも思える。その常長は、南蛮人四人を含む乗組員一八〇人とともに慶長一八年九月一五日（一六一三年一〇月二八日）、仙台藩・牡鹿半島は月の浦より、サン・ファン・バウチスタ号なる帆船で出港した。天正の少年使節はイエズス会のヴァリニャーノの先導によったが、このたびのことは、彼らとはライバル関係にあったフランシスコ会の宣教師ルイス・ソテーロの主導によったものという。このあたりにその頃のキリシタン各派によるせめぎ合い、特に先行するイエズス会に対する、アンチ・イエズス会（フランシスコ会、アウグスチノ会、ドミニコ会等）の熾烈な対抗意識が強く伝わってくる。さて、向かうは八年前幕府の後押しで商人たちが渡航した太平洋の対岸ヌエバ・イスパニア（メキシコ）であり、そのまた向こうに広がるヨーロッパである。

何しろこのことが広く世に知れたのは、ずっと時を経た明治五（一八七二）年、新政府の岩倉具視一行がローマを訪れた時のことだったのだ。支倉関係の書類を見せられた一行は、二百数十年前の出来事を即座に信ずることができず、驚愕のうちにも、これは反徳川の意を持つ九州のいずれかの外様大名が、天下の副将軍にまで上り詰めた伊達政宗の名をかたったものであろうと取り繕っているほど、後々まで堅く世に伏せられていた出来事だったのだ。天下の大政を見据えつつ、ポスト徳川に野望を燃やす政宗の気概が伝わる、そして治まったかに見えながら、未だ消えやらぬ戦国の火のくすぶりを感じさせるひとこまとはいえまいか。

翌年一月、度々の嵐に遭いながらも何とかメキシコのアカプルコに到着。首都メキシコ市の教会にて、常長は同行した多くの同胞とともに洗礼を受けたという。一行がメキシコ入りしたのが復活祭直前だったゆえ、人々の熱心な信仰心の高揚に触れて……とも、あるいはこの先の旅程を考えた末のことともいわれているが、今われわれはそれを確かめる術を持たない。ただ先の商人たちも同地で洗礼を受けていることを見ると、あまり深く考えず後者の理由での受洗だったのかもしれない。しかし帰国時にあたって、それがどれほどの大きな意味をもってくるか、彼らにはまだ見えていなかったようだ。

さらに旅を続けて慶長一九年一二月、大西洋を横切って無事渡欧に成功した常長は一六一五年一月三〇日（慶長二〇年一月二日）、目的のひとつであるスペイン王フェリーペ三世に謁見。同年ローマに入り、一一月三日（元和元年九月一二日）ついにバチカンにおいて教皇パウロ五世にも謁見を果たすことができた。思えばこれも長い旅であった。しかしながら一行の道程は決して平穏なものではなかったようだ。ローマを発ち、フィレンツェに着いた頃には、あの中浦ジュリアンもかかったというマラリアに難儀をし、加えて旅費にもこと欠く困窮に身を置く始末となり、さらに折悪しく祖国におけるキリスト教徒迫害の報が伝えられるという、使節としては最悪の事態に陥った。たとえ将軍の意はそうであっても、わが主君及び徳川家のライバル関係にある親・豊臣各家はさにあらずとの、必死の弁明で窮地を脱した彼は、来た道順にしたがって大西洋を渡り、メキシコ周りでフィリピンに到着。そこで機会をうかがうべく二年の足踏みをした後、元和六年八月二六日（一六二〇年九月二二日）やっとの思いで七年振りに祖国の土を踏んだ。しかし旅先で伝えられた以上に幕府の耶蘇教禁止令は厳重を極め、万難の労苦を越えて彼が見聞してきたヨーロッパ最新情報の公表は、ついになされる機会を得ることなく、否、幕府に対する至極デリケートな状況にある伊達家の立場を慮ってか、彼の消息そのものもぷっつりとそこを限りのものとなってしまった。

ただ彼もまた先の少年使節同様、幾分の状況の違いはあれ、ヨーロッパを公式訪問（注・ローマ教皇に対する謁見は、主君がキリスト教信者でないため、あくまでも非公式とされている）した一人であり、一連の第一級の食卓メニュー体験者であったことは、紛れもない事実である。

暗く長かった中世のトンネルを抜けた近世、次々と新しい味覚が生まれ広まる中で、たとえば、彼はあれほどの大歓待を受けた少年使節たちも希にしか味わえなかっただろう、チョコレートなるほろ苦い飲み物をすでに日常のものとして口にしたり、また現代のお菓子作りではポピュラーになっているフランジパーヌというクリームを詰めた焼き菓子などを、邦人として初めて口にしたのではないかと推察される。

心熱き男たち

時を少し戻してみよう。支倉常長帰朝の一五年ほど前、一六〇五年頃、やはりローマにたどり着いた邦人がいる。彼の名はトーマス荒木。聞くところによると、彼もまた先のベルナルドと同じく、コレジオ・ロマノに通い、そこで司祭に任じられている。ただ、先輩ベルナルドは果たせなかったが、彼は慶長一九年（一六一四年）頃無事帰国をすることができた。天正の四少年は留学ではなくあくまでも使節であったことを考えると、外国へ行って学びさらに帰還したという意味では、その第一号であったといえる。帰国後トーマス荒木は精力的にキリシタン信徒の力になっていったというが、やがて捕らえられ、厳しい責め苦のうちに悲しく転んでいった。それから暫くたった、支倉常長帰朝と相前後した頃にまたひとり、マカオからインドのゴア、そして今度は中近東をまわってイェルサレムからロー

支倉六右衛門常長

マに赴いた青年がいた。その人の名はペドロ・カスイ・岐部。彼もまたローマに着いて後、あのベルナルドやトーマス荒木が一足先に籍を置いたという、同じコレジオ・ロマノに入学を果たし、宿願の神父となって一六二三年ポルトガルから帰途に着いた。なお付記するなら、筆者の親しくさせて頂いた遠藤周作先生説で恐縮ながら、その途中彼はなんとシャムのアユタヤで山田長政に会っている可能性もあるという。山田長政は慶長一六（一六一一）年頃、御朱印船でシャム、現在のタイに渡り、アユタヤに日本人町を作って頭領となり、国王の信任を得て最高の官位についたこと、広く知られた話である。筆者も経験があるが、異国にあると邦人の行動というのは、全く知らぬ間柄にせよ驚くほど伝わるものである。時期的にも道すがらから見ても、この邦人同士の巡りあいはいわれてみれば充分考えられるところではある。そのペドロ岐部、帰国後は潜伏司教として信徒の厚い信頼を受け、隠密裏に熱く活動を続けるが、島原の乱以降の厳しい詮議の中、逃れた仙台で捕縛され、転宗拒み殉教の道を選んだという。棄教したトーマス荒木、殉死のペドロ岐部、ともに歩んだ人生は壮絶を極めるものであったが、そんな彼らもまた、まぎれもなく当時の西洋式食生活体験者であった。

殉教に果つ、ここにまた

このようにキリシタン弾圧はますます厳しくなるそんな時期、帰国して久しいかつての少年使節たちも次々に姿を消していった。記録によれば正使を務めた伊東マンショは慶長一七年（一六一二年）、長崎で病死。副使であった原マルチノは慶長一九年にマカオに追放され、一五年後の寛永六年（一六二九年）同地で病死。そんな中でも千々石ミゲルのみは、ひとり彼らと袂を分かち、棄教して対立する立場に身を置いた。彼については、その素性は他の三人とは別格で、その父親はかつてれっきとした千々石城主であったことからも、純粋に信仰を貫かんとする同僚と異なって広く情勢を見る目にたけ、秀吉同様キリスト教とともに押し寄せるヨーロッパ覇権主義の実体を感知したためではないかともいわれている。ただ、近年の調査では、表向きイエズス会は脱会したが、信仰は密かに最後まで貫いていた形跡が見られるとも……。当時の置かれた厳しい状況が推察される。残された最後のひとりの中浦ジュリアンも、寛永一〇年（一六三三年）、長崎キリシタン大迫害の際に捕らえられ、無残にも最もむごいとされる逆さ穴吊りの刑に処せられ、厳しく転宗を迫られた。頑として拒んだ彼は、喘ぐ息の下、遠のく意識を呼び戻すかのように声を振り絞った。

「私は中浦ジュリアンだ……。ローマを見た中浦ジュリアンだ……」と。

その声の消え入る時、あの老教皇の差し伸べる温かい手のうちにすべてがゆだねられ、その身も心も優しく差し込む一条の光の中に溶け込んでいった。歓呼で迎える人並みも、美しく鳴り響く鐘の音も、そして華麗なる食卓の饗宴も……。マラリアに冒されて正式な謁見叶わず無念の涙を呑んで以来、すでに五〇年の月日が経っていた。そこまでの道のりは果てしなく長かったようでもあり、また一瞬のようでもあった。

〝それでも私はローマを見た！〟

キリシタン屋敷の憂いの陰に

この後、日本はさらに厳しく国を閉ざし時を刻んでいく。が、それでも身の危険を顧みず、キリスト教の布教に命をかけたひとりの伝道士が日本を目指した。イタリア人のジョバンニ・バッティスタ・シドッティである。弾圧厳しい日本に潜入したおそらく最後の宣教師といわれている。当時の日本は世界的にみても、キリスト教にとって最も過酷な状況に置かれた国であった。彼の前六〇年間というもの、あまねく知れ渡った危険を冒してまで近寄る宣教師は一人もいなかったほどである。殉教覚悟の彼はスペイン船サンティシマ・トリニダード号に乗ってマニラを出港、宝永五年八月二九日（一七〇八年一〇月一二日）、無事屋久島に上陸を果たした。しかしながら、その直後、祥細極めればわずか一時間半後にはすでに村人の発見するところとなり、その通報によって奉行所に連行され、そのまま長崎、江戸と転送されていってしまった。いかに覚悟の上とはいえ、志した布教活動を瞬時する間もあらばこそ、江戸のキリシタン屋敷に囚われの身となった無念は、主義主張を超えて察するに余りあるものがある。そこで彼はお上よりさまざまなお取調べを受けるが、その語る衣・食・住も含めた最新西洋事情をものしたのが、幕府の顧問となった儒学者・新井白石であり、その著作が『西洋紀聞』であった。

転び伴天連（バテレン）として悲しく伝えられるクリストヴァン・フェレイラ、ジョゼッペ・キャラといった、キリシタン禁制後の歴代の宣教師から、久しく途絶えて最後の一人となったジョバンニ・シドッティに至るまで、海外脱出者以外はことごとく捕縛され入牢の身となり、残酷の限りの責め苦を受けた切支丹。転ばねば死、たまらず転べばたちまち幽閉。そして終生一歩たりとも自由には外に出ることを許されなかった、悲しみ深いその切支丹屋敷跡は、今も東京文京区小日向の住宅街の一角にある。

隔絶された社会では

寛永一四～一五（一六三七～三八）年の天草四郎時貞を首領とする島原の乱の折、傍観的態度に終始したポルトガルは徹底的に締め出され、西洋への窓口は政教分離政策をとったオランダに限られた。以来南蛮物は和蘭物とも称されるようになっていった。すなわち南蛮の学問は蘭学、南蛮の医術師は蘭方医、南蛮菓子は和蘭菓子に……。そして鎖国とともに情報の途絶えた南蛮菓子、和蘭菓子は、ものによっては独自の進化を遂げていく。

ちなみに江戸中期に著された『倭漢三才圖會』（寺島良安著・一七一二年）や『古今御前菓子秘伝抄』（一七一八年）、『長崎夜話草』（西川如見著・一七二〇年）等を紐解くに、ハルテイ、コスクラン、ケサチヒナ、ボウル、ケジャト、カステイラ、コンペイト、アルヘル、カルメル、ヲベリヤス、パアスリ、ヒリョウズ、ヲブダウス、タマゴソウメン、ビスカウト、パン、チチラアト、

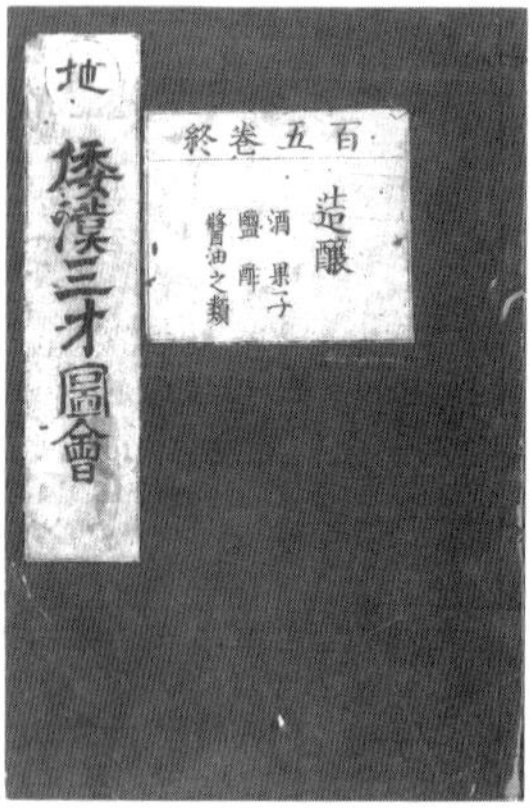

『倭漢三才圖會』（1712 年）

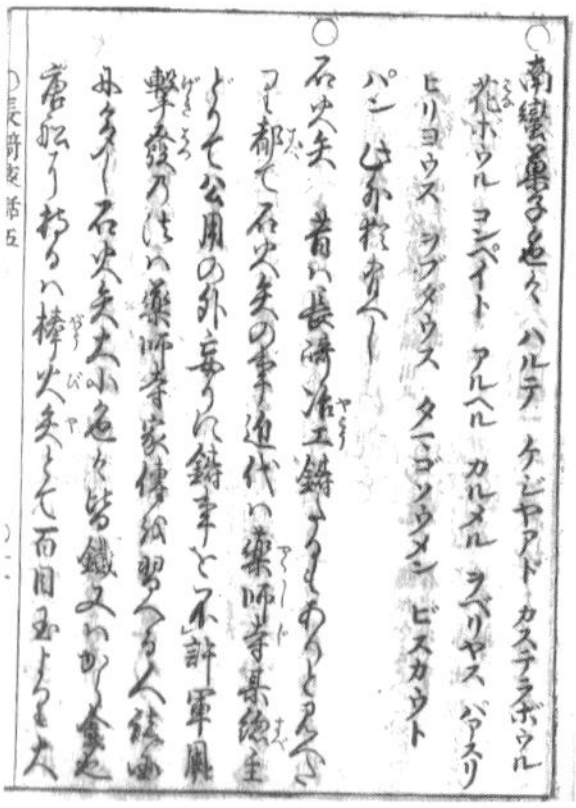
『長崎夜話草』（1720 年）の各種南蛮菓子記述

『長崎夜話草』の表紙

タルタ、チクウトウ等々の南蛮菓子が見られる。それらの個々の呼び名については、もともと日本にある言葉ではないので、その発音に合わせて、その後もいろいろな文字が与えられている。ところでビスカウトはビスケット、タルタはタルトかトルテとすぐに分かるものもあるが、意味不明のものもいくつか出てくる。そのあたりが解読する側として難しいところでもあり、また面白いところでもある。そのいくつかを探ってみる。

南蛮菓子独《ひとり》案《あ》内《ない》

カステーラ

この名で呼ばれるスポンジケーキの発祥については、第一章「世界のスイーツ物語」で述べており、そちらを参照されたい。なお、今日ヨーロッパ菓子の中核を自認しているフランスでさえ、このようなふっくらとした進んだお菓子が入ってきたのはやっとこの頃（一六世紀）だと解されている。ということは、日本もその伝播にあっては、世界に比してそこ

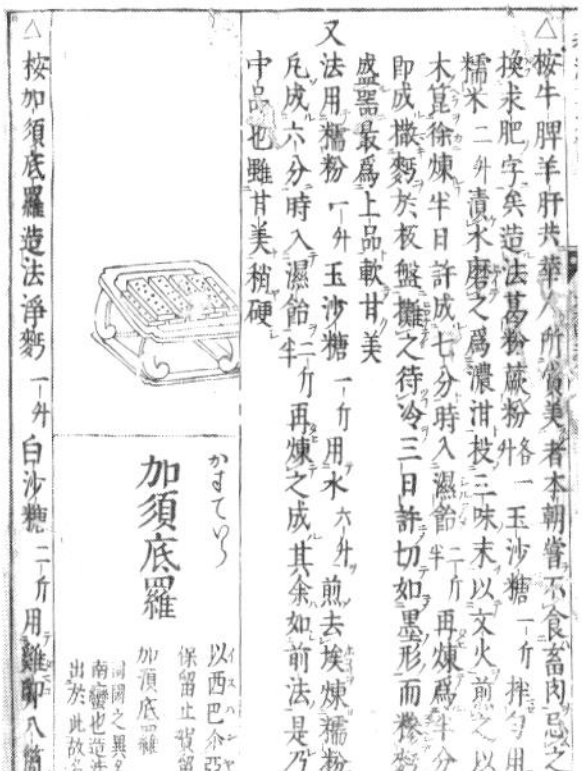
△按牛脾羊肝共華人所賞美者本朝嘗不食畜肉忌之
換求肥字矣造法葛粉蕨粉各一升玉沙糖一斤拌匀用
糯米二升漬水磨之爲濃泔投三味末以文火煎之以
木箟徐煉半日許成七分時入濕飴半二斤再煉爲半分
即成撒麪於板盤攤之待冷三日許切如墨形而糝麪
盛器最爲上品軟甘美
又法用糯粉一升玉沙糖一斤用水六升煎去挨煉糯粉
凡成六分時入濕飴半二斤再煉之成其余如前法是乃
中品也雖甘美稍硬

加須底羅《かすてら》
以西巴尔亞
保留止牙留
加須底羅
阿蘭陀之異名
南蠻也造法
出於此故名
△按加須底羅造法淨麪一升白沙糖二斤用雞卵八箇

『倭漢三才圖會』のカステラの記述

そこのいい勝負をしていたことになる。

江戸初期には、ソフトな食感が受けたか、かくいうカステーラなどはさして抵抗なく人々の口に馴染んでいった。そしてそれは長崎の山口屋（後の松翁軒と改称）や福砂屋などによって手がけられていく。ちなみにこの二店について見てみると、山口屋は天和元（一六八一）年にカステラの製造販売を行っている。後、同店は文久年間に松翁軒と改称。また福砂屋にあっては安永四（一七七二）年、六代目大助の時に長崎の現在の地に移り、先の松翁軒とともに日本のカステラを育て上げ、今日に及んでいる。

カステーラの語源については、それを生んだカスティーリャ王国（スペインの前身）からの呼称の他に、ポルトガル人が卵を泡立てる際に、空気をたっぷり含ませるためにいった「バーテル・アス・クラーラス・エム・カステーロ」の最後の語が日本人の耳に残り、そう名付けられたのではないかとの説もある。カステーロとは〝城〟、クラーラスは気泡性の高い卵白のことで、すなわちフワッと「城のようにうず高くなるまでかきまぜよ」との意。ともあれこのソフトタイプのお菓子の出現によって、ヨーロッパのスイーツ事情は一変する。翻って日本では、その後の鎖国による情報の途絶により、華麗に花開いていく西洋とは異なる独自の発展を遂げていくことになる。初めの頃は薄く焼いたり、種《タネ》を流しいれた容器を上下ひっくり返して焼き色をつけたりと、かなり荒っぽく、ただ焼けりゃいい式で作っていたようだが、次第に凝っていく。卵の気泡はすべて均質にかつキメ細やかに、口当たりもソフトにして湿り感を持たせるべく水飴を混入したり、焼き上がった後、湿気が逃げないよう工夫したりと研究に励む。極めつけは泡切りである。スポンジケーキと称されるように、これは気泡でできたお菓子である。ゆえにこれを窯に入れれば、中から泡が浮いてきて、自然と表面もぶくぶくと盛り上がり、デコボコの体をなして焼きあがる。職人はこれが許せない。そこで焼成途中何度か窯よりカステラを引き出し、中をかき混ぜてはその気泡をつぶしたり、上面に板を当ててはなぞり、浮かび上がってくるそれを度毎に丁寧に消していく。そして単なるスポンジケーキとはおおよそかけ離れた、ナイフを入れるもためらわれるほどの、まっ平らな表面を持つあのカステラができ上がった。もっとも今のような完成された形にたどり着くまでには幕末近くまでかかったようだが、それにしても単体の生地としてはまさに芸術品の域に達しているといっていい。また食べ方にあっては、時には大根おろしやわさび醤油をつけたりの工夫もなされた。なお表記については、加須底羅、粕亭羅、糟貞良、角寺鉄異老等いろいろに記されており、新井白石がイタリア人のジョバンニ・バッティスタ・シドッティに尋ねて書いた『西洋紀聞』には加西郎ともなっている。かなり時を経てなお定まっていなかったことがうかがえる。

ボーロ

ひらがな、カタカナを問わずボール、ボウル、ボーロ、また漢字では復鳥留と書いたり捻頭と書いてボールと読ませたりと、いろいろに表記されるが、ポルトガル語で〝お菓子〟のことである。元々カスティーリャ・ボーロ（カスティーリャのお菓子）というひとつの名で日本に入ってきたものの、どうしたわけか上と下の語が分かれて歩き出してしまった。上の方はカステラとしてスポンジケーキそのままに、下の方は、落し焼きのように小さな形で焼かれていった。容積、面積小さければ自ずと乾燥気味に、ちょうど一口サイズのクッキーのように焼き上がる。いわばカステラのビスケットへの先祖帰りといったところか。これが九州から四国を経て京の都に伝わるにつれ、ゴマが入ったり、花型の型取られたり、丸くなったり、あるいはそば粉を加えてそばぼうろの名が付されたりと、いろいろな変化がもたらされていく。また名称表記も先の他に芳露、園の露、稲の露等と日本風に呼ばれたりもしている。そして大きいものは丸ボール、甘食ボール、角ボール、小さなものでは芥子ボール、瓢ボール、といったものが作られた。なおこれらは現在も佐賀をはじめ九州各地の銘菓として、あるいは京菓子として受け継がれ、それぞれの地の名産品として根強い人気を保っている。またこうしたものとは別に、まん丸のころころした形に焼かれる衛生ボーロ（お母さんの乳首に似ているところから、乳ボーロとも呼ばれる）というものがある。ほとんど小麦粉を用いず、コーンスターチや片栗粉で作られた幼児用のものだが、これについては明治の末期に古川梅次郎という人の手になるものと記憶されている。京などに引き継がれるものとは赴きを異にしながらも、南蛮由来のボーロの名だけはこんなところにもしっかり生き残っている。

ハルテイ

ハルテまたは波留天伊とも記されている。『嬉遊笑覧』には「ハルテ、マガリ、ボウル、以上はみな花ボウルの類なり」とある。ここにボーロの一種とされているハルテ（イ）やマガリといったものは、その後いつしか消え去ってしまった。こう述べられているからにはまさしくその類なのだろうが、残念ながら具体的にはつかめない。南蛮菓子のオーソリティーとして知られる中山圭子氏著の『和菓子ものがたり』によると、『南蛮料理書』に〝はるていす〟として、〝煮詰めた砂糖に、焼いて粉にした麦粉や、胡麻の粉、肉桂の粉をまるめ、麦粉をこねた生地で包んで焼く〟と記されているという。これがいうところのハルテ（イ）であったとすると、かなりスパイスの効いた焼き菓子だったといえるが……。なお、聞くところによると、ポルトガルの西南海上というよりモロッコの沖合いといった方がよい、大西洋上に浮かぶ、ポルトガル領のマデイラ島にファルテ（farte）という食べものがあるという。筆者未確認だが、これはさつまいもを使って作られる、いってみればスイートポテトのようなものであるとか。そうであるとするならボーロとは程遠い。ちなみにマガリについても調べたが、こちらも要領を得ない。『養生訓』で知られる貝原益軒いわく「マガリは唐菓子の糫餅《まがり》に似たものなり」としている。このマガリとは中国から伝わった揚げ物の一種のことで、ここでいうボーロ、すなわちクッキー状のものとはだいぶ趣を異にする。よって今のところハルテイ及び南蛮菓子としてのマガリ、ともに霧の中。たかだか百数十年にして忽然と消えてしまったなぞを秘めたお菓子である。

カルメイラ

いわゆるキャラメルを意味するポルトガル語のカラメラ（calamella）のなまった語で、江戸時代よりカルメイル、カルメラ、カルメル、軽めいる、革二滅以而等と呼ばれていた。『倭漢三才圖會』では加留女比良と書いて浮石糖とも呼び、焼き砂糖と説明している。また同書及び『古今名物御前菓子秘伝抄』あるいは『嬉遊笑覧』にも種々作り方が述べられているが、いずれも本来のカラメル（キャラメル）とは姿

肉汁浸和以銅鍋炭火熬令黄色用竹針爲窠孔透入火氣透於中取出切用最爲上品

浮石糖 かるめいら 加留女以良 蠻語也

人參糖 浮石糖 阿留平糖

△按浮石糖多來於交趾最佳美也今造法氷沙糖一斤以銅鍋水四合煎取雞卵一箇去黄以白汁投之則沙糖塵浮起掬去其塵爲沙糖蜜（浸諸果子糖蜜用之）冷定則糖汁凝如飴而人對牽之潔白如錫筋起切之曲直任心
阿留平糖 與此同而状圓如胡桃筋起
人參糖 即浮石糖未成如飴時和紅花黄汁冷定長二三寸形色畧似人參又似琥珀色最佳品

『倭漢三才圖會』のカルメイラの記述

を異にしたものとなっている。鎖国で情報が途絶えている間に、カステラと同様独自の形態に発展を遂げていく。すなわちカルメ焼きとかカルメラ焼きと呼ばれて、今日でもお祭りや縁日の屋台で見かけるあの形態に変身していった。これは煮詰めた糖液に重曹（ソーダ）を加えて気泡を起こし、ボワッと膨張させて固まらせるものだ。ちなみに『古今名物御前菓子秘伝抄』では、これをして「軽石のごとく成り候……」としている。今の感覚からすると珍しいことでもないのだが、当時の人々にとっては、突如膨れて固まる様はさぞかし不思議であり、まるで手妻《てずま》（手品）を見る如き驚きであったことであろう。ところで開国後、その形は元に戻される。明治三二（一八九九）年にアメリカから帰国した森永太一郎によって商品化されたそれは、ついに日本の甘味文化の頂点に立つまでになる。子供の遠足には必携品となり、映画館では「おせんにキャラメル」が庶民の楽しみとなった。さりとて一方のカルメ焼きも、申した如く消えることなくお祭りの主役としてしたたかに生き残っていく。

アルヘイトウ

いわゆる飴菓子のこと。ポルトガル語でねじり飴を指すアルフェロア（alfeloa）を語源としている。今日ではおおむね有平糖または有平糖とされているが、それまではアルヘル、アルヘイ、アルヘイル、あるいは俺而皿兮、阿留平糖などさまざまな表記がなされていた。また『日野資勝卿記』（寛永一五年、一六三八年刊）にはアルヘイタウ、さらには筆者未確認だが、元禄一三年（一七〇〇年）に柳沢吉保が日光・輪王寺公弁法親王より受けた賜り物として阿留赫乙糖が、柳沢系図に記載されているとか。賂《まいない》？として使われたところをみるに、当時相当商品価値の高いものであったことが分かる。ところでこのアルヘイトウだが、初めの頃は単なる飴であったはずだが、これも鎖国下に独自の道を歩んでいくことになる。すなわち九州を起点として京や金沢に伝わるうちに、何と細工菓子として発展を遂げていったのだ。あるものが提案されたり、ちょっとしたヒントが与えられるや、それを元に信じられないほどの高度なレベルに改良を重ねていく。日本人の持つ知恵と工夫のすごさは今に始まったことではないようだ。そして八代将軍徳川吉宗の頃には、この有平糖は城中においても大いにもてはやされ、作り手は〝献上菓子御受納〟を拝命するに至った。しかも羽織袴に帯刀まで許され、登城の際は通用門ならぬ表玄関より堂々通行するという、あまたの商人の中でも別格の扱いを受けるようになった。許可する方にもされる方にも、見え隠れする権威主義がいささか気にならぬでもないが、それだけものごとの極みが芸術として評価されるほどの、太平な世の中になったということなのであろう。そしてここに、磨き上げた技術をもって一介の菓子屋が御菓子司として急速に格式と威厳を備えていった過程を読み取ることができる。

コンペイトウ

語源は糖菓を表すスペイン語のコンフェイト（confeito）で、コンフイ、コンフヘイド、コンフヘイトー、コンペイタウ、あるいは漢字で金米糖、金餅糖、渾平糖、哥目穴伊、または南蛮菓子の一方の雄たる有平糖と並べて金平糖と当て字をされた。さらにはこうした表記とは別に糖花、小鈴糖といったかわいらしい表意文字を持って当てられていた。なお金米糖については、焼いた米を核として糖衣したもので、その焼いた米が黄金色になるところからこの文字が当てられたという。ただし元禄元年（一六八八年）に書かれた井原西鶴の『日本永代蔵』では、この種は胡麻、もう少しあとの『嬉遊笑覧』（喜多村信節著・文政一三年・一八三〇年刊）及び『守貞漫稿』（喜田川守貞著・嘉永六年・一八五三年）にはケシの実を使用した旨記されている。宣教師ルイス・フロイスが信長に献上したことは述べたが、それほど貴重だったわけで、その作り方が明らかにされたのは、それより一四四年後の正徳二年（一七一二年）、大坂城医の寺島良安の手になる『倭漢三才圖會』によってである。なおこのコンペイトウについては、既述した如くルイス・フロイスの『日本史』（天文一八年・一五四九年以降の布教史）及び『耶蘇会史日本通信』にも記載されており、おそらくこれが〝日本の洋菓子〟が他国の文献に載った初見であろうといわれている。史実をたどるとこれも他と同じく長崎より出発し、次いで上方方面に広まった。江戸に入ったのは文化・文政

（一八〇四～一八二九年）以降といわれている。登場の早かった割には遅咲きの南蛮菓子といえる。

タルタ

スペイン語のタルタそのままの表記である。現在わが国の洋菓子はフランス菓子の影響を強く受けているため、タルタというと即座にフランス菓子のタルトを思い浮かべてしまうが、ここではスポンジケーキであるカステーラでできたお菓子を指している。すなわちドイツ語圏におけるトルテに近い捉え方といえる。タルトもトルテも源は同じで、ビスケット生地のお菓子だったが、一五、六世紀頃に分かれて歩き出した。すなわちビスケット生地のまま引き継がれたものがタルト。一方スペインでビスコッチョと呼ばれるスポンジケーキが開発されて、柔らかいお菓子の道を歩んでいったのがトルテである。ここでいうタルタは、その後者で、その名をもってイベリア半島から日本にやってきた、あくまでも柔らかいスポンジ菓子の方である。

チチラアト&チョクラート

江戸時代中期に書かれた書の写本とされる『南蛮料理書』によると、〝白胡麻を用いて作る飴の一種〟とされている。また虎屋文庫の中山圭子氏によると、その後に出てくる〝ちぢら糖〟とか〝しじら糖〟〝ちくう糖〟なども、すべてこのチチラアトの変形ではないかと述べている。つまり、語り継がれていくうちに伝言ゲームではないが、少しずつ変っていってしまったのではないか、というのだ。ただ、ではそれが実際はどんなものであったのかとなると、正直申してよく分かっていないというのが実情である。そこで筆者なりにもうひとつ想像を膨らませてみた。物の本によるとチアジアトなるものも出てくるが、それらも含めて、チチラアトの発音を噛みしめてみると、ひょっとしたらチョコレートのことではないかと……。

ついでながら、チョコレートについて考査を深めてみると、寛政九年（一七九七年）、長崎丸山の遊女の貰い品目録にコオヒ豆一箱と並んで、チョクラートの記載が見られる。文化は思わぬところから入ってくる。他の誰にも先駆けてコーヒーやチョコレート（ココアドリンク）を口にし、西洋の香りに触れていたのは実はこうした姫君たちだったようだ。また同時代の医書では、これを茶やコーヒーと比較して栄養価の高さを取上げ、大いに褒め上げている。ところでわが国では、現在チョコレートとカタカナで書くのが当たり前となっているが、以前はいろいろと定まらなかったようだ。江戸時代中期の博物学者にして戯作者として名高い平賀源内の『本草会物品目録』や『薬物示要』には知古辣と出ており、下って明治六年、橋爪松園の『世界商売往来』にも同じく記されている。同じ頃両国若松町の凮月堂主人・米津松造は猪口冷糖の文字を当てている。口に所縁のオチョコからの引用か、粋人らしい表現である。その他では、貯古齢糖、楂古聿、樗古聿、櫨古聿、叔箇鬤度など、枚挙にいとまがない。それにしてもここに出てくるチョクラートは紛れもなくチョコレートのことだったとは思うが、前述のチチラアトなるものも同様にしてチョコレートを意味するものではなかったか。その結びつけに無理は承知ながらも夢だけは膨らんでくる。

ビスカウト

ポルトガル語のビスコウト（biscout）、英語のビスキットで表される焼き菓子で、わが国では現在はビスケットで統一されているが、それまでは南蛮菓子のひとつとして、ビスクイト、あるいはビスカウト、ビスコイト等の呼び名で親しまれてきた。こうしたビスケットは日本においても、一六世紀後半、江戸や長崎辺りでかなり作られていたようで、慶長から元和（一五九六〜一六二三）にかけ、なかなかの量をもってなんとフィリピンの呂宋（ルソン）にまで輸出されていたことが、『呂宋諸島状況報』や『通航一覧』に記載されている。ただその割には国内ではさほど広まらなかったようだ。おそらくカステラやコンペイトウ、アルヘイトウといった他の南蛮菓子にはないバターや油脂の風味が、まだ一般の人々には受け入れられなかったのであろう。なお陽の目を見てくるのは、ずーっと時を下った幕末の頃。安政二年（一八五五年）、柴田方庵という水戸の蘭方医が、長崎でオランダ人よりその製法を教示され、一八五五（安政二）年にその旨の本『パンとビスコイト製法書』を著して、同藩の萩信之に送っている。ちなみに同書はビスケットの製法を記した本邦最初の書とされている。そしてその日が二月二八日であることから、現在同日は「ビスケットの日」と定められている。ともあれこのビスカウト、種々の南蛮物の中では、早くから伝わっていたにもかかわらず、長らくマイナーな存在に甘んじていたようだ。ところで明治直前の慶応四年（一八六八年）には菓子店の老舗・南伝馬町の凬月堂が薩摩藩にこのビスケットを納入している。軍用とのことゆえ相当量と察するが、ただこれは同店の特製品ということではなく、兵糧として研究していた同藩の指導によって製造し、命令によって納めたものという。世の中がきな臭くなってくると同時に、パンとともに別の意味での効用が注目されてきたわけだが、いずれにしてもこれがメジャー化されるのは明治以降の話である。

玉子素麺

玉子素麺あるいは鶏卵素（索）麺とも記される南蛮菓子で、現在もなお九州博多の銘菓として伝えられ、多くの人々の口を楽しませている。作り方もシンプルで、溶きほぐした卵黄を、漏斗《じょうご》のような穴の開いた容器を使って熱したシロップの中に細く注ぎ落としていくだけである。熱で固まった卵黄をすくい上げ、冷水を通した後水気を切って供する。ポルトガルのフィオシュ・デ・オヴォシュ（fios de ovos）、あるいはスペインでウエボ・イラード（huevo hilado）と呼んでいるお菓子がポルトガル人かスペイン人の手によって長崎に伝えられ、そのまま生き残ったものである。申したごとく作り方もごく簡単なため、手の加えようもなかったものと思われる。ただ伝えられた九州と江戸の上菓子商を除いては、あまり広まることはなかった。同様にしてヨーロッパでもポルトガルとスペイン以外には広まらず、今でもそうした地だけで見られるお菓子である。記録としては、享保五年（一七二〇年）に西川如見が書いた、長崎に赴いた際の見聞録『長崎夜話草』に、それを食した旨の記が残されている。また天保（一八三〇〜一八四三年）の書に「一斤二十三匁にて玉子仕立。金糸の如くに切る。一斤およそ十五把あり」と記されている。作り方も売り方も今と変わるところがない。なお、タイでもフォイ・トーンの名で呼ばれている同じ物がある。「金の糸」という意味だが、これも日本と同様ヨーロッパの宣教師たちの手によって伝えられたものと思われる。彼らの足跡をたどるに地理的にみても日本より先に上陸しているだろう故に、このお菓子もまた日本に先んじて伝えられたに違いない。なおこれについては、一七世紀のアユタヤ朝の時代にインド北部のベンガル地方とポルトガルと日本の血を引く女性によって伝えられたとの説もある。そしてその日本の血筋とはキリシタン大名として知られる大友氏に繋がりを持つ家系ではないかといわれている。

ヒリョウズ

先に引き合いに出させていただいた西川如見の『長崎夜話草』には「コンペイト、アルヘル、カルメルなどとともにヒリョウズを教え居り候」の記がある。金米糖や有平糖などと並記されているところから、甘味食品かまたは甘くなくとも、少なくともお菓子の類と認識される。一方現代に目を転じると、関東においておでん種の一つとしてあまねく親しまれているものにガンモドキがあるが、関西ではこれをしてヒロウズと呼んでいる。ヒリョウズとヒロウズの同一性はハナから疑問の余地はない。そして表意と表音の両特性を生かしてか、漢字では飛龍豆としている。豆腐を用いて作るところから豆の字を当てているのだろうが、それにしても南蛮菓子の姿はどこにも見当たらず、何ゆえ転じてガンモドキに……。れっきとした南蛮菓子の一群に名を連ねていたものが、いつの頃からいかなるプロセスをもって料理の一部に移り変わっていったのか。なおそれから約半世紀ほどたった頃の『倭訓栞《わくんのしおり》』（谷川士清著、安永六年・一七七七年）という一種の国語辞典では「ひりうす、料理の目といへり。蛮名也とぞ」としており、ここではすでにお菓子とは切り離し、料理の品目として位置付けている。『長崎夜話草』から『倭訓栞』までのこの五〇年間が怪しい。またそれよりさらに七〇年ほど過ぎた『守貞漫稿』(喜田川守貞著・嘉永六年・一八五三年刊)には「京阪にてヒリョウス、江戸にてガンモドキという。雁戻なり。豆腐を崩して、水を去り牛房笹掻、麻の実などを加え、油揚げしたるを云ふ」としている。もうはっきりと東西の違いを述べており、その内容も今日のガンモドキそのものであることを証明している。

そこで、筆者なりにその辺りに探りを入れてみる。まず古今のお菓子や料理面に当たりをつけて年代順に整理し考査を深めてみた。近代文明発祥の地ギリシャに、〝葉〟の意味を持つフィロ(filo、philo)と呼ぶ、小麦粉を練って薄く延ばした生地があり、これをもって甘い具を包みお菓子に仕立てていることが分かった。なおこの語は同じ意味を持つフランス語のフイユ(feuille)につながる。フランス菓子作りで使われるフイユタージュと呼ばれる通称パイ生地もこの語を源としている。この生地がほどなく地理的にも近いアラブ・イスラム文化圏に伝わり、生地の発祥地たるギリシャはもとよりトルコをはじめとした各地で今も好まれているバクラヴァ(bakulava)というお菓子を作り上げる。薄く紙のように延ばした同名のフィロと呼ぶ小麦粉の生地に、一般には溶かしたバターや油を塗り、刻んだナッツ類あるいはそれらのペーストを塗って層状に積み重ね、焼いたり油で揚げたりしたものである。これは後にドイツ地方に伝わり、シュツルーデルという銘菓に姿を変えていくが、中に入れるものは前述の他さまざまで、いわば具を替えて作る春巻き風のお菓子といったところである。そしてその薄く延ばす生地フィロは、後の製菓書で〝スペイン風の生地〟と呼ばれることになる。つまり古くギリシャに生まれたものが、隣接しているアラブ圏に伝わる。続いてそこにはアラブ・イスラム圏とスペインの関係がクローズアップされてくる。イベリア半島はご存知のように中世におけるイスラム教とキリスト教の接点であり、軋轢の象徴の地でもある。結果サラセンとヨーロッパの融合した一種独特の文化が同地に生まれたのである。そこには当然アラブの手を経て例のフィロが伝わる。そして同地に根付き、ついには他の地から〝スペイン風の生地〟と呼ばれるほどに親しまれ、やがてそれが南蛮船に乗ってはるばる日出ずる国にまでもたらされた。その原形はおそらくペースト状にした肉類かナッツ類などの具をその生地で包み油で揚げた、初めから日本人の目からはお菓子とも料理ともつかぬものだったと思われる。そして南蛮人たちはこれをわれわれに生地名で伝えた。しかしながらそうした具を口にする習慣のなかった当時の日本人たちは、揚げる手法はそのままに、詰めものにあってはそれに近くかつ馴染みの深いものとして、大豆を使った練り物すなわち豆腐に置き換えて自らの味覚、食感に合わせていった。呼び名もフィロ（スペイン語でfilo、ポルトガル語でfilo の複数形のフィロスがなまってヒリョウズ、ヒロウズ）、豆を使うからと飛龍豆となっていった。また関東にあってのガンモドキについては、そもそも当初の詰め物がまさしく鳥肉か、はたまたモドキといわれるごとくそれを思わせるものであった名残りを示している。そしてどっちつかずの扱いであったものも、いつしかお菓子というよりは、はっきりと料理の一種として認識されるようになっていった……。おそらくそんなところではなかったかと推量してみた。元来日本人というのは、いかなるものも先ずは拒むことなく懐深く受け止め、そして自らに合うように手を加えて調節し、巧みに生活に取り込んできた。まことに知識を生かす知恵に長けた民族といえる。なぞ多い南蛮菓子のヒリョウズもそんなもののひとつであったとはいえまいか。そしてこの変貌へのプロセスがそれほど間違いでなかったとしたら、筆者は近年におけるお菓子の世界の、ほんの一部ではあるが、空白を埋める仕事をしたことになるのだが……。

ケジャト

なかなか見当がつかず、深い霧の中を探っていた時、筆者はポルトガルを訪れた折、やっとその手がかりを得ることができた。その名をケイジャーダ（queijada）とするチーズケーキの類を見つけたのだ。ケジャトとケイジャーダの相似性は、クッキーの一種のガジェータ（galleta）あたりに結ぶよりは無理がない。実物はナチュラルタイプのクリームチーズに卵黄と砂糖を加えシナモンで香りを付けて焼き上げたもの。しかしながら当時、本当にこうしたチーズが口に運ばれたのか。日本人がすでにしてこのチーズケーキを口にしたのか。なんとも申し上げようがない。なおケサチヒナなるお菓子もこのケジャトの別表記との説があることも、ここに付記させていただく。が、いずれにしてもバターや牛乳でさえ、その臭いや風味によい印象を持たぬ人の多かった当時の状況からみて、それよりさらにクセのあるチーズケーキはやはり口に合わなかったのか。結果程なくして消えてしまったようで、いつしか人々の口の端にさえ上らなくなってしまった。ただ、もし仮にこうしたものを口にした人がいたとするなら、それはひょっとしてあの織田信長あたりではなかったか。何事につけ新しもの好きの彼なら、誰にも先駆けて試したかも知れない。そう、あの信長が食べたかもしれないチーズケーキ、それがケジャト……。

ヲベリヤス

これもある程度の察しはつけられるが、はっきりとした正体はつかめていない。ポルトガルにオベリャスという名の山羊のチーズがある。よってこれもそれを用いた、前述のケジャト同様のチーズケーキの一種か。ところで天明七年（一七八七年）の『紅毛雑話』なる書のオランダ料理のメニューにヲペリイの記がある由。筆者未確認だが、これについては、「大きな型を使って花の形にこしらえたカステラ」と説明しているという。しかしながらここでは、チーズのチの字も出てこない。そもそもはチーズ入りだったが、しばし後に取り除かれてしまったのか。またヲペリイが候補として挙げられるとなれば、その発音や綴りの類似性からみて、フランス菓子にある巻き煎餅の一種のウーブリ（oublie）あたりの存在も見逃せない。いよいよ分からなくなる。なお親しくさせて頂いているポルトガルの製菓組合事務局長をされているビクトル・モレイラ（Victor Moreira）氏いわく、「確かにオベリャスという山羊のチーズを使ったものとも思えるが、ただポルトガルの北方にある、雨多く緑豊かなミーニョ地方にオベリーニャというお菓子があり、発音のなまりも考慮するとこちらとの関連も捨てきれない」という。さてこのお菓子、山羊のチーズを使用したチーズケーキの一種か、花型に焼いたカステーラのヲペリイか、はたまたミーニョ地方のオベリーニャか。普通に考えたらやはり山羊のチーズを使ったチーズケーキあたりが有力とも思えるが……。

コスクラン

ポルトガルより伝来のお菓子で、語源はコシュクラオン（coscorão）にあるという。江戸中期に書かれたらしい『南蛮料理書』なる本には、「小麦粉に塩水を加えて冷麦を作り、熱した油で揚げて、煮詰めた糖液の中に通す」との製法が記されている。小麦粉生地を揚げて糖掛けするのは、お菓子作りの手法としてはしごくポピュラーなものといえる。人間どこでも考えることはさほど変わらないものと見え、この種のものは世界の各地で作られている。たとえばスペインのチュロス（churos）、アラブ・イスラム圏のバクラヴァ（baklava）、ドイツのシュツルーデル（Strudel）、等々である。甘味作りにこそしていないが、中国の春巻きなどもこの一種といえないこともない。ところでどこにでも根付いたこうした類のお菓子、いつの間にか消息を絶ってしまった。いや、正確にはこの名前が行方不明なのだ。名前にこだわらなければ、似たようなものとしてかりん糖というものがあるが。ちなみにポルトガルで、現在コシュクラオンの名で売られているものは、小麦粉生地をオレンジ風味にして薄く延ばした揚げ菓子で、シナモンシュガーを降りかけて食されている。

その他の南蛮菓子

カセイタ

ゼリー状にしたマルメロ羹を薄く固め、餅粉でできたそぼろ種で挟んだお菓子で、加勢以多の文字が当てられている。語源を探るに、ポルトガル語の caixa da Marmelada（カイシャ・ダ・マルメラーダ、砂糖漬けのマルメロの箱の意味）からきたものと思われる。つまりこの語の最初の二語、カイシャ・ダの部分が強く耳に残って、カセイタとされ伝えられてきたのであろう。なお同菓は九州熊本の細川家において、口伝をもって伝えられてきたものといい、特には細川三斎（忠興）公は、茶事の折のお菓子として、これを重用したと伝えられている。そして徳川幕府や京の公卿といった高貴な方への贈り物としても、用いられていた。補足するに、細川三斎公は千利休に茶の湯を学び、利休七哲の一人に挙げられるほどの茶人である。ところでこのお菓子だが、〝お菓子の香梅〟なる同地の菓子店が、密かに伝えられてきた資料を元に研究を重ね、これを復元することに成功している。その製法、当時と全く同じか否かは計りかねるが、それにしてもかつてのお殿様や粋人たちの感性の高さが、その一片からそこはかとなくうかがい知ることができる逸品といえよう。探せばまだ全国各地にはこうした幻の南蛮菓子がありそうである。

ズボートウ、スートホート

江戸中期の宝暦（一七五一〜一七六三年）の頃、江戸市中においてズボートウというものが広く売られていたという。今日では残念ながらその名も実体も残っていないが、売り出し元は日本橋橘町の大坂屋平吉といわれ、「ズボートウは痰に妙なり」と宣伝して、なかなか人気を得ていたようだ。これについては、『蘭説弁惑』なる書に、「ずぼうとうは本名『どろっぷ、すうとぼうと』という。又『どろっぷ』とのみもいうなり、『すうとぼうと』とは甘草の事なり、此のもの甘草を煎じつめて膏となしたるものなり、『すうとぼうと』を『すぼうとう』とあやまれるなり、痰飲諸病、凡て胸膈をゆるめるしるしあり」と記さている。同時代、甘い物にはおおむね糖の字を当てて表現する習慣があるが、そうするとズボートウのトウも有平糖や金平糖と並べての巧みな語呂合わせではないか。しかしてその実体は英語によるスウィートなのか。とすると、すうとぼうととはスウィート・フードとでも捉えたらいいのか。オランダについて書かれている書で本名としているところにいきなり英語を当てはめるのも唐突だが、これについては単に国の認識がよくなされていなかっただけのことと解釈しておこう。いずれにしても甘草を煎じて冷やし固め、キャンディー状にしたもので、いみじくも同書で述べているどろっぷの呼称を信じてよいかと思う。いうなればのどによいとされているゆえ、まあ昨今流行のハーブキャンディーといったところであろうか。

福輪糖《ふくりんとう》、霙糖《みぞれとう》、あんけら、こんけら糖

文政六年（一八二三年）に七五歳でこの世を去った太田南畝《なんぽ》という人がいる。江戸後期の狂歌や洒落本の作者として名高く、南畝の他に蜀山人、四方赤良《よものあから》といった号を持っている。彼の著書『半日閑話』に、「焼き栗ぐらいの大きさの胡麻入り煎餅で、福輪糖《ふくりんとう》と称するオランダ菓子があり、これは大変うまい」とある。実物が伝わらず詳細も分からないが、これも

他のお菓子同様おそらくそれに似た語の音訳だと思われる。それに近いオランダ語かオランダ菓子、あるいは他国菓子を見つけることができたら、たいそう胸のすく思いがすることであろう。また同書にはその他、霙糖《みぞれとう》やあんけらこんけら糖といったものについても述べているが、前者にあってはこれを三国一と誉め上げて、「こりり、あまいあまい……」と歌いながら、壷を肩からさげて売り歩いていた様を記している。霙糖というもの自体よく分からないが、「あんけら」も「こんけら」もそれにも増して見当がつかない。ただ大変調子のよい響きの言葉であり、何かに引っ掛けて売りやすいネーミングにしたのかもしれない。その他先にあげたいろいろなものの中で、あくまでも当て推量の域を出ないハルテイ、ヲベリヤス、コスクラン、ケサチヒナ、チチラアトの類、さらには、パアスリ、ヲブダウス等いくら頭をひねってもいっこうに解明の手がかりが見出せぬものまで、まだいくつかのなぞを秘めたものがある。それらを含めて南蛮菓子といわれたものはさまざまな形で広まり、もてはやされ、またその多くがいつしか人の口の端に上らなくなり、人々の記憶から消えていった。しかしそれらはその時代確かに存在し、人々に遥かなる西方の香りと夢と歓びを与えていたのである。

パンの立ち位置

　パンについても触れてみる。これにあっては、米食文化の日本では当てはめるところがなかったか、長らく南蛮菓子の類として捉えてきた。伝わった当初より飯に引っ掛けてハン、ハムと呼び、飯の他に波牟の文字を当てたり、餛飩、蒸餅または麦餅と書いてハンかパンと読ませていた。『倭漢三才圖會』では「饅頭にして餡なきものなり」との説明をしている。明治に入ってからは、バラバラであったそれらも次第に麵麭、麵包、麪包といった書き方にまとまり出した。そして今日のようなカタカナ書きのパンという表記が頻繁になされるようなったのは、明治も末期の頃からである。なお、慶長一四（一六〇九）年、上総海岸に漂着したスペイン船乗組員の臨時長官ドン・ロドリコ・デ・ビベロは、後に報告書に次のように記している。「日本人はパンを果物扱いにしているが、江戸のパンは世界最高と信ず」と。果物扱いとはお菓子扱いのことと思われる。また享保三（一七一八）年の『製菓集』には「はん仕様」として、パンの製法が記されている。さらに大槻玄沢の書いた『環海異聞』には、ケレブの製法として製パン法が詳しく述べられている。ケレブとはロシア語でパンを表すフリエーブもしくはフレーブがなまったものらしい。さらに『亜墨新話』では、「小麦の粉を鶏卵にて練り、カステーラの如く焼くものなり」と伝えている。これは俗にいうたまごパンのようなものか。いずれにしても南蛮菓子として取り上げてはきたものの、完全なお菓子ではないとの認識はしていたように見受けられる。そしてこれが本来の姿として認識されるのは、幕末近くになってからで、世の中がきな臭くなってくると同時に、兵糧としての効用に注目が集まってくるわけである。

なお、他の西洋食品についてみてみると、一七二四（享保九）年の『和蘭問答』に、ブドウ酒やビールをはじめ、ハム（パンの意）、ボウトル（バター）、茶菓子としての氷砂糖が記されている。当時の人々は暗闇の中より、断片的ながらもおおまかに洋食の概要は掴んでいたようだ。少ないニュースを織り交ぜながら、人々は遥けき地の果に熱き思いを寄せ続けてきたのである。

幕末～明治維新

洋食文化の夜明け

鎖国下に本物の洋食に触れ得た人々

幕府の徹底した鎖国政策により、宝永五（一七〇八）年のイタリア人宣教師シドッティ以来日本への密入国もなく、日本からの意図的脱出もほとんどなくなった。あるとしたら不測の事故、つまり漂流である。知られているところでは大黒屋光太夫。彼は天明二年（一七八二）年に漂流し、ロシアに漂着後エカチェリーナ二世に謁見。寛政四（一七九二）年に何とか帰国を果たした。それ以前では、元禄八（一六九五）年カムチャッカに流れ着いた大阪出身の伝兵衛、享保四（一七一九）年のサニマと記録されている三右衛門、享保一四（一七二九）年に鹿児島からソウザとゴンザが同じくロシアに漂着している。ちなみに後者のふたりについては、一七三一年（享保一六年）に宮廷を訪れ、その後は同地で日露辞典を作るなどの活躍をし、ソウザは一七三四年（享保一八年）に、ゴンザは一七三九年（元文四年）に前記の邦人同様、異国で眠りについた。望郷に駆られた無念が今も偲ばれる。それ以降では仙台船・若宮丸の津太夫以下四名の乗員。彼らは寛政五（一七九三）年に漂流し、なんとロシア船で喜望峰を回って地球一周の後長崎に送り届けられた。その他幕末近くに漂流後助けられてアメリカに渡ったジョン・万次郎等幾人もの漂流者がいるが、彼らもまた誰にも先駆けて西洋の食文化に直接触れる機会を得た人々であった。こうして徐々に西側世界との距離が狭まっていった。ではここでその後の日本に大きなインパクトを与えた二人の男について検証してみよう。

大黒屋光太夫

大黒屋光太夫について特筆すべき点は、彼もまた鎖国の世にあって今まで全くといってよいほど縁のなかった、それでいて当代第一級の文化国家であったロシア帝国をつぶさに目に焼き付けて、かつ曲折を経ながらも無事帰国を果たしたことである。しかも食うや食わずの生活レベルから、ユーラシア大陸を横断してペテルブルクまで行き、絢爛たる宮廷でのエカチェリーナ二世謁見にいたるまでの、考え及びもつかない生活体験をしてきたのだ。間宮林蔵が樺太、沿海州の探検にあたったのが文化年間（一八〇四～一八一六年）だが、それ以前にこんなすごい大冒険をした人がいたのである。その漂流した年、一七八二年といえば、フランス革命（一七八九年）の直前である。光太夫の触れたロシア文明、宮廷文化もその時期は、フランス同様まさしく最高潮に達し、まばゆいばかりに輝いていたはずである。元を正せばただの流民ゆえ、女帝に謁見を果たしたとはいえ、さすがに宮廷でのそうした大それた晩餐に列席することはなかったと思うが、それでも上流の高官とはしばしば食卓を共にする機会は持っていたようだ。その際見たもの口にしたものは、間違いなく後にフランスの偉大なる料理人、天才製菓人アントナン・カレームがお手本にしたといわれる食卓の饗宴の手引きの一端であったはずである。また付記するに、彼はエカチェリーナ二世に謁見した際に、邦人として初めてか否かはさておき、洋風の紅茶を口にしたとも伝えられている。なお彼を幕府直轄の松前藩に送り届けてきたロシア側一行は、これを機に日本政府に対して開港と通商を求めてくる。体制の変革を憂慮する幕府の手により、帰国後光太夫は半ば幽閉の身となり、終生表舞台に出ることはなくなる。だが数奇な運命に真っ向から対峙し、世界を見てしまった男、大黒屋光太夫は、確実に近づいてくる日本の夜明けを誰よりも肌で感じていたに違いない。そうした予感を胸に文政一一年（一八二八年）七八歳の生涯を閉じた。

ジョン万次郎

光太夫の命の炎を受け継いだように、その予感の実現に直接立ち会った男がいる。その名はジョン万次郎こと中濱萬次郎。彼は光太夫の亡くなる一年前の、文政一〇年（一八二七年）土佐に生まれている。家が貧しくて少年時代より漁船に乗っていたが、一四歳の折嵐に遭遇。そして絶海の孤島・鳥島に漂着し、アメリカの捕鯨船ジョン・ハウンドに助けられた。その船の赴くままに捕鯨の町として知られるアメリカの東海岸のニューベッドフォードに着き、暫く腰を落ち着けるが、その滞在中に彼は英語を学ぶ。そして一九歳で捕鯨船に乗り、身につけた捕鯨術で活躍し周囲の信頼を得ていく。しかしながらその間望郷の念抑えがたく、幾度かトライするが果たせずにいた。が、一八五一年念願叶って琉球に帰着することができた。改めて見るに、彼は年齢が若いこともあったが、性格もいわゆる現代っ子的なところもあって、肉食などの食事の問題や言葉の問題もさほど苦にせず、外国生活にすんなり順応していく。それと帰着したところがアンチ幕府の気風がある薩摩藩の管理下であったことも、後々の彼にとって幸運であった。先の光太夫が幕府直轄の松前藩に引き渡されたのとは大変な違いである。そして何より時が味方をした。幕府の力の衰えに加え、諸外国の足音も日に日に近づき、開国の機運が熟しかかってきた時だったのだ。はじめはこれまでの帰国者と同じように一応は牢に入れられたが、翌年の嘉永六年（一八五三年）のペリー来航を機に待遇が一変する。国を挙げての一大事に、今度は外国に明るい者、ましてや外国語を自在に操る彼などは一躍クローズアップされもてはやされることになる。パンの研究者として知られた幕府きっての進歩派の江川太郎左衛門英龍の下に配属され、航海や測量、造船に知恵と力を貸すことになる。ついで財源確保のためとして、お手のものの捕鯨術の指導を乞われ、さらには英米語の通訳官として米国派遣を拝命。勝麟太郎、木村摂津守、福沢諭吉等、後の近代日本を背負って立つ面々とともに咸臨丸にて再び渡米することになった。これについては後述するが、その後はかつて温かく取り扱ってくれたという縁もあってか薩摩藩の招きに応じ、英語や軍事等について教え、恩を返している。また明治に入っては高知藩に勤めたり、欧州視察の任を受けたりと、開国日本の重責を担って大活躍をした。明治三一年、七一歳をもって他界したが、彼こそは光太夫の後を受け、日本の夜明け前から明けやるまでをしっかりと見届けた人といえよう。百有余年を経て振り返るに、ヨーロッパとの絆を深めていった多くの人々に加え、日露友好の礎を残し

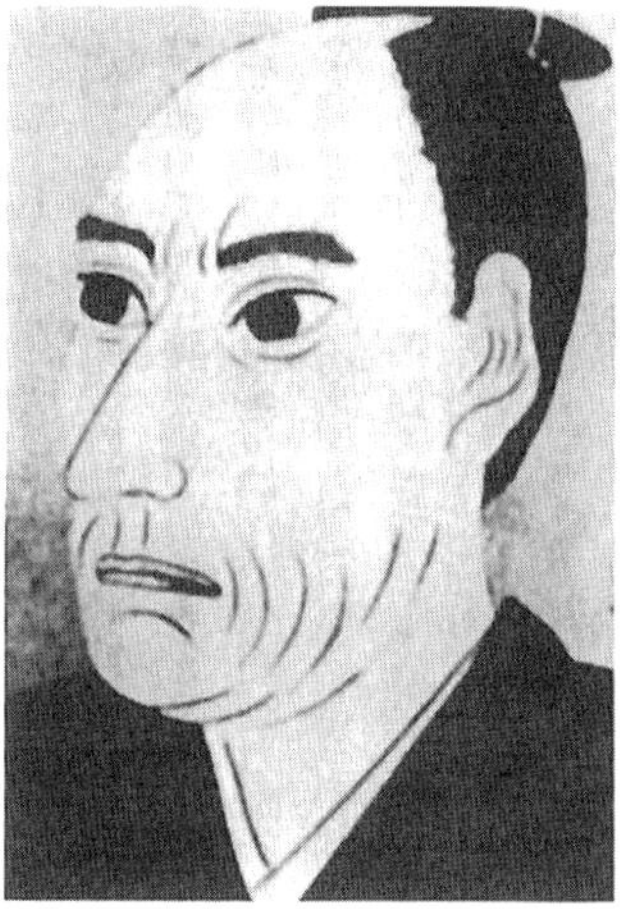

江川太郎左衛門英龍

てくれた大黒屋光太夫、日米の架け橋となったジョン万次郎、その他名もなく消えていった多くの人々の刻苦、辛酸の上に今日の平和大国、グルメ日本が成立っていることをゆめ忘れてはなるまい。

兵糧パンの研究

嘉永六(一八五三)年六月三日、浦賀沖に突如姿を現したアメリカのペリー提督率いる黒船一行に、日本国中が大いに揺れ動いた。一度は引き下がったものの翌年には再び姿を現し、続いてロシアのプチャーチン、ゴンチャロフの来航と、幕府は避けようのない対応を迫られる。こうした列強の求める開港に、安政元(一八五四)年、ついに日米和親条約が締結され、さらにイギリス、ロシアとも条約を結び、結果、下田、函館、長崎の三港での食料品の調達を認めた。そんな状況を予見していた男が、伊豆韮山の代官、江川太郎左衛門英龍である。彼は軍事に明るく、「これよりは市民兵を組織し、海防につとむるべし」と説くが受け入れられず、ペリーの来航で改めてその慧眼を認められる。品川沖に台場を作り、種痘を実施し、「気を付け! 前へ倣え! 捧げ銃《つつ》!」の号令を考案するなど、その活躍八方に及んだが、特筆すべきはパンの研究であり、その製法を幕臣の柏木総蔵に伝授している。このことあってか、幕府はもとより薩長土肥も含め、日本中の各藩がこぞってパン食の研究にいそしみ、パンは兵糧としてはもとより、今日に繋がる主食としての道を歩んでいくことになる。なお、彼が初めて兵糧パンを焼いたのは天保一三（一八四三）年四月一二日であったことから、現代にあって同日は「パンの日」と定められている。また既述した如く、水戸の蘭方医・柴田方庵が、長崎においてオランダ人よりビスケットとともにパンの製法も教示され、一八五五（安政二）年にその旨の本『パン・ビスコイト製法書』を書いている。

なお、倒幕の急先鋒たる薩摩藩では、蒸餅と称する兵糧麵麭を大量に準備して有事に備え、一方の雄、長州藩では備急餅と名付けたそれを蓄えて事に当たっていた。蒸した餅、急にあたって備える餅と、共に餅の字を当てているところが興味深い。このことはコンパクトに固まって日持ちがし、移動に便利という餅が、戦国時代何よりの兵糧であったことを物語っている。文献を探るに、蒸餅は栄養分を考慮に入れてか、黒胡麻を混入して焼き上げたパンであったといい、備急餅の方は小麦粉に玉子を加えて練り、焼いたもので、高温多湿の夏季にあって四〇日腐敗することなく、持ち運びに便利に作られていたといわれている。かほどに日持ちがするというところをみるに、ふかふかした柔らかいものではなく、水分の少ない、いわゆる乾パンのようなものと思われる。また幕府側をみると、一八代将軍徳川慶喜のお膝元の水戸藩においては、直径四～五センチの円形で中央に穴をあけた、一口ドーナッツのような形の乾パンで、その名もずばり兵糧丸と呼ばれたものを準備していた。兵士たちはこれに紐を通して腰にさげ、行軍するようになっていたという。洋風腰弁当といったところか。こうしてみると、もはやパンは南蛮菓子の一部ではなく、これらと分かれてはっきりと主食の道を歩んでいることが分かる。ただ既述したごとく兵糧向きのものは柔らかいものではなく、あくまでもアレンジされた乾パンの類である。そしてそれぞれがあの関が原以来の大戦さに備えていたのだ。

かように、幕末の逼迫した状況に固唾をのむ衆目の中、何とか打開策を探ろうとする責任ある当事者同士の英知と英断が実を結ぶ。外にいて成り行きをうかがう列強と予断を許さぬ世界情勢を鑑み、ついに同胞《はらから》の激突は劇的に回避された。被害を最小限に抑えた革命により、慶応三年（一八六七年）大政奉還がなされ、長く続いた徳川時代は終わりを告げることになった。古今、有事はさまざまなものを開発し、発展させるが、兵糧として研究が深められていったパンやビスケットもその例にもれず、幸いにしてさしたる戦時の出番はなかったが、これをきっかけとして、一気に汎用の道が開かれていった。軍関係のみならず民間でも意欲的にパン作りが手がけられ始めたのだ。たとえば大政奉還のなされたこの年、横浜元町の中川屋嘉兵衛は、当時の新聞に「パン、ビスケット、ボットル、右品、私店に御座候間、多少に寄らず御求め被成下度願候」と広告を出し、話題を集めている。ボットルとはバターのことだが、洋風の食べものがだいぶ出回ってきたことがよく分かる。同年神戸が開港され、長崎、横浜に次いで海の玄関口が広がっていった。洋食文化、洋菓子文化も広がった間口より本格的な出番を迎えることになる。

西洋料理・旅籠屋事情

諸外国との接触が増えると、当然それに対するある程度の受け入れ態勢も必要になってくる。宿泊、食べもの、その他いろいろ……。この度はそちらの方に目を向けてみよう。

先ずは寝泊りする施設から見ていこう。それまでにも全くなかったわけではないらしく、唯一出入りを認められていたオランダ人用に、それらしく調度品を整えたホテルもどきはあったという。オランダ商館長の江戸出向に備えて、元禄年間（一六八八～一七〇四年）に作られたという日本橋の長崎屋がその初見といわれている。またその一〇〇年後の天明八年（一七八八年）には江戸日本橋との繋がりがあるか否かは分からぬが、大坂に屋号も同じ長崎屋、そして京都に海老屋が、やはりオランダ人用に当てられている。しかしながらそれはあくまでも〝もどき〟であって、旅籠屋の域を出るほどまでには至らなかったようだ。そして幕末、よんどころなく対応を迫られた折、安政年（一八五九年）横浜開港の年に横濱ホテルなるものが誕生した。これはフーフナーゲルというオランダ人の手になるもので、外国人の間では経営者の名前そのままにフーフナーゲル・ホテルと呼ばれていた。平屋の日本家屋ながら、またそこではベーカリーを擁して洋食を提供し、ちょいと一杯ひっかけるバーや玉突き台まで備えていたという。こうした先駆けの成功に勢いづいて、その後いくつかのホテルが産声を上げていった。たとえば文久三年（一八六三年）、同じ横浜にクラブホテルとかアングロサクソンホテルが、ともにイギリス人によってオープンしている。また同市には下って明治六年（一八七三年）フランス人の手によってグランドホテルが作られている。ホテル経営もオランダ、イギリス、フランスとインターナショナルな世界を呈してきたが、当然それらの各ホテルでは、材料調達の可能な範囲で、それぞれのお国柄を表す進んだ料理やデザート、お菓子の数々が提供されたことと思われる。また日本人の経営するものとしては、先行するこれらを見習ってか、慶応四年（一八六八年）に、外国人居留地と定められた東京築地に江戸築地ホテル館が竣工している。これは当初旅館を兼ねた貿易所で、半官半民で始められたが、翌年には私営になっている。そして訪れる外国人専用として大いに利用されたが、残念なことに明治五年の大火で焼失してしまった。さらに加えるなら、明治四年に、や

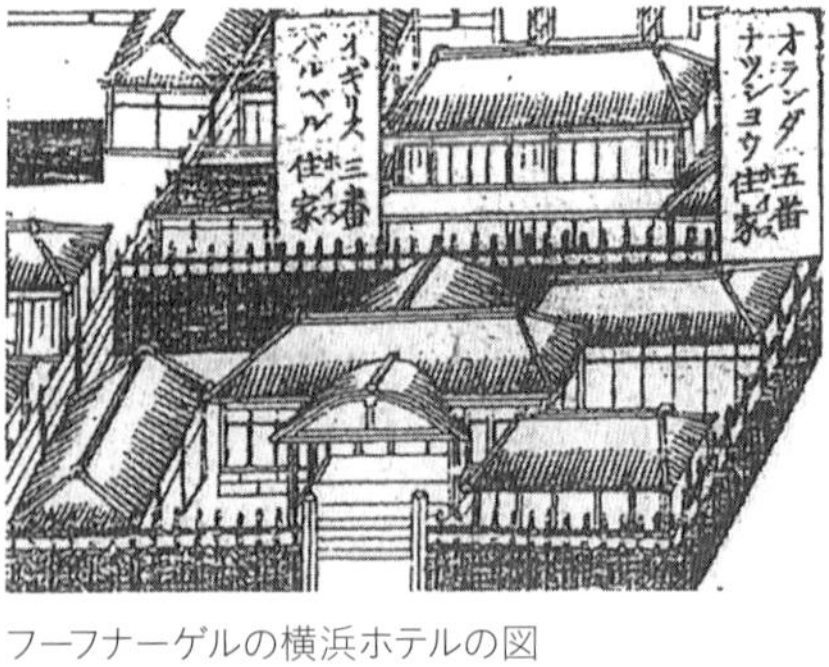

フーフナーゲルの横浜ホテルの図

はり築地に西洋料理兼ホテルとして精養軒が創業された（注・ここも明治五年に類焼。明治六年再建）。必要に応じてではあるが、さすがに外国人居留地だけあり、東京築地にはホテルが次々に作られていく。そしてそれらはますます今様の洋風ホテルになっていった。そこでは各種のパンや料理、お菓子を製造するベーカー部もこれまでになく充実し、そこで食べさせるだけでなく、テイクアウトも積極的に行われていたという。この点でも、現代のホテル業の形態が早々に実践されていることが分かる。

こうして手探りの中から始まった西洋旅籠も、試行錯誤をくり返しつつ、その都度充実して各地に波及し、今日のホテル業態の隆盛へと歩を進めていく。すなわちこの先を見るに、明治六年に日光カッテイジ・イン（明治二六年日光金谷ホテルと改称）、明治九年に上野精養軒、明治一一年に箱根宮ノ下に富士屋ホテル等々のホテルが誕生することになる。ちなみにわが国を代表する帝国ホテルが誕生したのは明治二三年になってからである。そして明治二八年に軽井沢万平が、同三三年都ホテルが、同三五年には大坂ホテルが誕生していく。

日本先駆けレストラン

一方、料理やお菓子との関わりが深いレストランの方にも目を配ってみよう。西洋人相手のホテルでの料理はまぎれもなく西洋料理であっただろうが、早々にそれを専門に商うところも現れてくる。事実上の夜明けにあって、街中にも日に日に偉人さんの数も増えてくる。ここに目を付け、文久三年（一八六三年）にトップを切って西洋料理の看板を掲げた人がいる。長崎の料亭・自遊亭の店主・草野丈吉という男である。彼は親しくしていた薩摩藩士・五代才助の勧めによって、二四歳の時に思い切ってこの新しい試みに挑戦した。屋号を良林亭と名付けたが、後、元の屋号の自遊亭に世の中の気風を取り入れ、自由亭と改称している。

四つ足、肉食、脂っこいもの、バターくさいもののまるでダメな時代に、いかほどのメニューであったかは計りかねるが、それでも進取の気概に燃える薩摩の奉行や役人による積極的な外国人接待も数多く、けっこうな需要

鹿鳴館文化を彷彿させる図
天長節夜會食卓之光景
（『食道楽・秋の巻』（明治 36 年）より）

大隈伯邸花壇室内食卓真景
（『食道楽・冬の巻』（明治 36 年）より）

でほどなく手狭になり、新築に及んだという。ただ一般の人々がいわゆる西洋料理に親しんでいくには、もう少し時間を必要とした。

年号が改まって明治となり、おそるおそるザンギリ頭であぐら鍋を囲み、先ずは四つ足アレルギーを解消するところから始めるわけゆえ大変である。西洋料理がどうにか市民権を得ていくのは鹿鳴館以降のことになる。明治一六年に落成したこの社交場では、眉をひそめる世人をよそに、国内外の紳士淑女による夜毎の大舞踏会が催された。パーティーに食事は付きもの、否、主役、といってよろしいか。ここに当時最先端の料理、デザートが揃えられた。あまりに行き過ぎとの非難の声が上がり、あれほど一世を風靡したさしもの鹿鳴館熱もほどなく冷めていくが、こんな形で富裕階級から一般庶民に至るまで、あまねく西洋料理が馴染まれていく。

咸臨丸一行とアイスクリーム

さて、話をお菓子の分野に戻そう。そんな状況下の万延元（一八六〇）年、幕府は日米通商条約本書交換のため、使節団をアメリカに派遣することになった。正使として新見備前守、副使に村垣淡路守の一行七七人が米軍艦ポーハタン号に乗り、日本の軍艦咸臨丸と前後して出港した。咸臨丸には軍艦奉行として木村摂津守、従者として福沢諭吉、船将に勝海舟、通訳には先に渡米し、英語にも堪能なジョン万次郎を配した九〇名が乗船した。現地での会食にあっては、まず履物のまま絨毯の上を案内されてびっくりし、水に浮かぶ氷、音の出る酒・シャンパンと、いちいち驚きの連続であったという。またその折、一行は初めてアイスクリームに接する。「氷をいろいろに染め、物の形に作り、味は至って甘く、口に入るに忽ち解けて誠に美味なり。之をあいすくりんといふ」と感じ入っている。またあまりのおいしさにいたく感じ入り、出席能わぬ仲間に持ち帰らんと懐紙に包み、懐に入れておいたところ、中で溶けて衣服も身体もべとべとになってしまった、などの話がまことしやかに伝わっている。なおこれを日本で初めて手がけたのは、その咸臨丸に同乗した町田房造である。彼は幕臣の家に生まれ、万延元（一八六〇）年一六歳の時、勝麟太郎とともに同船で渡米した。この時はマッチや石鹸、輪ゴム、氷などの製法を見学し、二度目の渡米でそれらの技術を身につけて帰国した。幕府崩壊後は武士も町人も同じで、いずれかに仕事を見つけねばならない。彼は横浜の馬車道で氷水屋を開業し、あちらで覚えたアイスク

あいすくりんの文字が旗めく販売模様
（㈳日本アイスクリーム協会 提供）

リンの製造販売を試みる。時に明治二年のことであった。一人前が当時の女工さんの半月分のお手当てに相当したという高価さゆえか、まれに外国人が求めるぐらいでさっぱり売れなかったという。しかしながら翌年の伊勢神宮の遷宮祭ではお祭り気分も手伝ってか、大成功を収めた。その後、彼はそのことに執着することなく、アイスクリームからさっさと手を引き、造船方面の仕事につき、幕臣の家系ゆえか清くお国に貢献する道を選んでいる。その陰にはかつて太平洋で運命を共にした勝海舟の働きかけがあったとの推測がなされている。しかしながら、〝日本で最初にアイスクリームを作った男〟という甘き名誉は溶けて消えることなく、いつまでも語り継がれるところとなった。

明治時代

西洋菓子《せいやうぐわし》から洋菓子へ

明治前期──重要な宴席はフランス式に

新政府は急ぎ国際社会の仲間入りをすべく、資本主義の導入と共に、市場開放政策をとり、国を挙げて、富国強兵を進めていった。このことは諸外国との軋轢を生み日清・日露の両戦争という形になって現れた。その結果、アジア各国に市場は大きく開かれ、多くの産業が伸展した。特にお菓子史上において注視すべきは、道義上の是非は問うべくもないが、台湾を基点とした砂糖産業の勃興であろう。このことはお菓子を作るにあたって、大いなる事情の変化と活力を与え、甘味文化の発展の礎となった。ただ止《とど》まることを知らないこうした無謀な覇権主義は、後々負の代償として大きな犠牲を払わされることになるのだが、この頃はまだそのことに気が付かない。国を挙げてただただ遅れを取り戻すべく、国力、文化のすべてにわたって先進国に倣い、吸収し、追いつくことで精一杯だったのだ。当初はこの業界も新しい技術の習得、初めて出会う原材料、これまでにも増して耳慣れぬ外国語など、戸惑いの連続であったことと思う。しかしそこはもとより勤勉にして進取の精神に富んだ努力の国民性、次々と難関を突破していく。

製菓発展のバックボーン

南蛮菓子ならぬ近代菓子を手がけるにあたっては、何よりも原材料がなくてはならない。砂糖については、明治元年、光岡平蔵が砂糖販売店越前屋を開業。こちらは砂糖専門の小売店の嚆矢となる。開国に向けての受け入れ態勢は、いよいよ整ってくる。

また乳製品にあっても絶対的な必需品である。牛乳、生リーム、バター、チーズ、ヨーグルト等々。どれが欠けても、南蛮菓子ならぬ近代菓子を手がけるにあたっては困難をきたす。この先のそんな需要をどこまで洞察していたかは分からないが、いち早く大胆に牧場経営に手を染めていった人がいる。

先ずは千葉県長生郡で農業を営んでいた前田留吉なる人物。彼は文久三年（一八六一年）に横浜に出て、スネルというオランダ人のもとに勤め、そこで搾乳法を身につける。時代の変化と食生活の変貌を感じ取った彼は、慶応三年（一八六七年）横浜太田町五丁目、現在の中区山下町に土地を求め、房州産の牛を購入して牧場経営に着手し、牛乳の販売を始めた。この種の販売店としては邦人第一号ということになる。そしてその後どうせやるならと、東京芝新銭座に場所を移す。記録によると明治二年から二〇年の間に、途中同業に加わって麹町区飯田橋に牧場を開いた甥の前田喜代松の分と併せて、三二〇頭の乳牛をアメリカから購入したという。

続いてもうひとり、この前田留吉とほぼ時を同じくして、同じように日本の食生活の変化を鋭敏に感知した男がいた。兵庫県屏風を出身地とする中澤惣次郎である。御一新なった江戸改め東京に、全国各地より青雲の志を持った人々が集まる。彼の父君もそうしたうちの一人だったようで、割と気が早く、明治の前にはすでに息子惣次郎を含む一家で江戸に移ってきたという。「時代は変わる。生活も変わる。これからは洋食だ」と直感。洋食には牛の乳やら、それから作るクリームとやらがつきものと、先ずは牛を飼うことを思いつく。また思いついたら行動も早い。またたく間にさまざま工面して、現在の新橋駅前から汐留あたりにかけて、あっという間に牧場らしきものを作ってしまった。時に慶応四年、明治元年、前田氏が横浜で立ち上げた直後、東京移転前のことである。よってこちらは東京での牧場第一号ということになる。牛もこれまでの和牛ではダメだとして、イギリスよりホルスタインを輸入するという当初よりの本格派である。この後ほどなく鉄道が敷かれたりで、牧場は京橋小田原町、広尾、さらには目黒競馬場横へと度々移転を余儀なくされ、明治末年ようやくにして本店を同社発祥の地たる新橋の烏森に設け、腰を落ち着けることができた。しかしながらその店も大正一二年に起った震災で灰燼に帰すなど、日本の歴史と社会現象に歩調を合わせた曲折の道を歩む。それでも事業の方は、かの鹿鳴館の頃よりの洋食ブームに乗って需要も高まり、また西洋人との接点も多いホテル関係や洋食屋、一部の進んだお菓子屋からの引き合いも日増しに増えていったという。大正一四年には、積極的に洋風化を進める松方正義侯爵の肝入りで日本初の畜産に関する中央団体が作られ、まっ先に惣次郎は主要委員に選任された。そしてモボモガの流行ったこの時代、同氏を含めた同業各社が力を合わせた結果もあってか、喫茶店をしてミルクホールといわしむるほどに牛乳が社会生活に浸透していった。また技術的には、それまでは牛乳の上に浮いてくる乳脂より細々と作っていた生クリームやバターも、震災後には最先端をいくべく遠心分離機を用いて作り出したり、さらには昭和二年に新橋にミルクプラントを建設し、従来の高温殺菌を覆して、味、栄養分を落とさぬ低音殺菌による牛乳生産システムを開発する等、常に品質向上に努めたという。この惣次郎こそが、今日わが国の洋菓子業界を支えて久しい中沢乳業の始祖である。

堰切りて甘き奔流

明治以前の日本にとって、西洋といえばポルトガルやスペイン、オランダであったが、明けてみたら世界の情勢はイギリス、フランス、アメリカであった。ならばと、国の求める矛先も急ぎそちらに変更し、食文化もそれに追随していった。その一端を担う料理やお菓子の分野では、英語圏と肩を並べるフランスへと向かっていくことになる。これは明治三(一八七〇)年に明治天皇が「これからの重要な宴席料理はフランス式に」との方針を打ち出したことによるところが大きい。この示唆により、食関連のフランスへの傾斜はよりいっそう拍車がかかっていく。今日において、フランス料理、フランス菓子と、多くの食べ物の頭に「フランス」が付いて回るのも、こうしたところに理由のひとつがあるといえる。そしてその命に従って、大膳職を拝命していた村上光保は横浜のサムエル・ペールというフランス人のもとに出向し、洋菓子の習得に励む。料理人にして製菓人でもあるサムエル・ペールは、横浜八四番館でホテルを、八五

村上光保

番館で西洋菓子店を営んでいたが、光保はここで三年間、主に西洋菓子の製造法を学んだ。元来の努力家の性格に加えて感性も人並みはずれて長けていたのであろう。後々の日本のお菓子業界の指標となるほどに、レベル高く幅広い技術を身につけた。研修を終えて大膳職に復帰した彼は、明治七年、東京麹町に、文明開化をもじる開新堂（姓をつけて村上開新堂ともいう）と銘うつ西洋菓子専門店を開業した。当初は奉職しながらの兼業のため、正式には妻・茂登の名においての旗揚げであった。職を辞して製菓業に専念の後は、ますますもって一層の精進を重ねたということで、その領域はデコレーションケーキから大掛かりな洋風工芸菓子、氷彫刻にまで及び、名人の名をほしいままにした。これ以前のフランスとの接点見つからぬ今、この村上光保氏をしてあまたあるフランス菓子担い手の先駆けとさせていただく。

また明治四（一八七一）年には、先に述べた如く、東京築地に西洋料理兼ホテルの精養軒が創業。わが国初の本格的洋風ホテルで、ここでは各種のパンや料理を手がけ、後に洋菓子や清涼飲料水の製造販売も行う。続いて明治五（一八七二）年、東京京橋の凮月堂が洋菓子の製造販売を始める。既述したように、お菓子の世界は唐菓子から和菓子への道を歩んでいく一方、南蛮菓子から始まった西洋風甘味文化は、和蘭菓子から西洋菓子《せいやうぐわし》、そして洋菓子へと変わっていった。後者にあっては夜明けと共に種類も豊富になり、須藤時一郎著の

『萬寶珍書』（明治六年）に見られる「ライスケーキ」、「ライスチースケーキ」、「フラン子ルケーキ」、「ボックホウキートケーキ」、「スポンジ・ビスキット」、「シッガル（シュガー）ビスキット」、「ズラード（ドライド）・ラスクス」、「ウヲッフルス（ワッフル）」、「コモンジャンブルス」などに加え、チョコレートやアイスクリームも市民生活の中に入っていった。

また、同明治六（一八七四）年には、東京銀座の木村屋の木村安兵衛・英三郎父子が、日本人に馴染むようにと酒種パンを考案したり、もっと好まれるようにと餡を入れたあんパンを製作。さらに桜の塩漬けを載せるなどして大ヒットを飛ばす。なお、同店のパンを食べると脚気が治るとの話も広がった。生活の向上に伴い、白米の食事が習慣付けられた結果、その病いに悩まされるようになったのだが、パン食によって改善されたのだ。このことあって、木村屋の評判はますます高まっていく。加えて同年両国の米津凮月堂がビスケット製造に成功。いよいよ本格的な西洋菓子の幕開けである。

耳学問に先人の才

当時の残された記述や新聞広告等を見るに、フランス傾斜の面が随所に見られる。多くの菓子名や材料名に、耳からの音、またはたどたどしいフォネティックな表記のフランス語が、引き継がれているオランダ語や英語等の中に割って入りこんでいる。いくつか例をあげてみよう。たとえばリキュール・ボンボンなどは、リコールド・ボンボン、日本語に置き換えては宝露糖となっている。噛んで弾け出すリキュール・シロップに宝の露とはいい得て妙。漢字文化、表意文字の真髄といえる。他に知られたところではマドレーヌがマダレーンとかマダレンヌ。シュー・ア・ラ・クレームがシウ・アラケレーム、エクレールがエクレアール、デセール（デザート）がデセールト、アーモンドがアメンドウ、料理面でもクロックがコロッケ等々。面白いところではミトションなどという言葉も出てくる。マジパンのことである。アーモンドと砂糖を練ってペースト状にしたもので、バラの花や人形、動物などに模して作られ、デコレーションケーキの上に飾られたりする素材である。これを粘土細工のようにして用いたのは昔も変わらなかったようで、いろいろなものを模して使っていたのであろう。すなわちイミテーションを作るところから、そのフランス語のイミタシオンがなまってミトションとされたようだ。その他では調理用の小さなナイフの呼び名とされているペテナイフのペテ、これもおそらくフランス語の「小さい」という意味のプティのことなのだろう。そこに平然と英語のナイフをつけてしまうところがおおらかだが。探せばいくらでも出てくるようだが、こうしてわが国のお菓子文化は、遥けき時より連綿として続いてきた南蛮菓子、和蘭菓子の下地を糧に、朧々とした曙光の彼方よりその姿を捉えつつ、今日的な西洋菓子、洋菓子への道を歩み始めたのである。

パンの世界の英仏の棲み分け

文明開化後混乱する明治の世の甘き世界を見てきたが、ここで洋食の基幹たるパンの分野ものぞいてみよう。これについてはフランスでもなくアメリカでもなく、イギリスに矛先が向けられていった。オランダに次いでフランスも、前々から幕府には協力的であった。そんな関係でフランスパンとよばれるバゲットの類も知られていなかったわけではない。事実文明開化の横浜でもイギリス式が主流になる前は、けっこうフランスパンも作られていたようで、クラークと呼ばれるアメリカ人の営むヨコハマ・ベーカリーでもこれが大好評であったという。アメリカ人が日本でフランスパンを作るというのも面白いが、これも国際化の兆しのひとつと受け止めよう。ただ程なく幕府が崩壊し、新政府が樹立されたことによって、一時的にせよそれをバックアップしてきたフランスの影響力が弱まり、代わって薩長連合を押してきたイギリスが影響力を持ち始めてきた。この現実は食文化にも投影され、主食のひとつとして成長を遂げていくパンなども、当然イギリス式のいわゆる食パンが主流を成すに至ったのだ。以後、フランスパンの方は、一部を除いてすっかり陰をひそめてしまった。その一部とは次の通りである。

鹿鳴館華やかなりし明治一九年、レイというフランス人が東京府小石川関口にある教会の、フランス語学校教師として赴任してきた。彼は教会に収容されている孤児たちのためにパンを焼くことを思い立ち、その翌々年の明治二一年にその工場が完成した。二三年の大凶作にあたり、彼の作るパンは大いに喜ばれ、またたく間に知れ渡るようになった。これが後々その道の名門と謳われるようになる関口パンの始まりと伝えられている。昭和二九年にフランスからレイモン・カルヴェル（Raymond Calvel）氏が来日して改めて細長い、フランスで作られているそのままのバゲットを紹介するまでは、二つに割れて盛り上がる、表現に品を欠いて恐縮だがお尻のような形の同社のパンが、日本のフランスパンだったのである。イギリス式食パンが世を席捲している中、関口のパンは、フランス人宣教師の開祖で知られる千代田区九段の暁星学園の給食や一部知識人たちの間でひそやかに受け継がれ、カルヴェル氏来日以降今日のフランスパン隆盛までの道のりをつないできたのである。大勢の中においてごく少数派であったささやかな炎をともし続けてきたその努力と功績は、後の世にあってなお大いに評価されるべきところである。

明治中期——洋菓子店の確立期

明治も中期に入ると、世の中の洋風化も板に付き始める。食生活においても、戸惑いを見せながらも洋食に馴染み、お菓子文化もプリンやシュークリームといったものが家庭でも手がけられるなど、日常に溶け込んでいった。加えてビスケット製造の機械化も試みられた。

また鹿鳴館においては最先端のデザート菓子が、先進文化の一翼を担う象徴のひとつとして意識され始める。顧みるに明治中期は、街中において和菓子店と肩を並べるように洋菓子店が確立されてきた時代といえる。またこの時期に日本郵船が外国航路を開いたことも、特筆すべきことである。何となれば、直接外国に赴き、リアルタイムで本物に接することができるようになったからだ。まず明治二六年にボンベイ航路が開かれ、その三年後の明治二九年三月に欧州航路、八月に北米航路の運航が始まった。そしてそれらの船内のベーカリー部からも洋菓子は着実に発展を遂げていった。今日あまたある洋菓子店を、師弟関係や本家分家、シェフの系列等さまざまな繋がりからたどっていくと、おおむね前述の凮月堂系とここに登場した日本郵船系にまとまるとさえいわれている。そして凮月堂系は街場の菓子店に広がりを持ち、日本郵船系はホテルのベーカー部に。すべてがそうとはいい切れまいが、それほどに日本郵船が日本の食文化に与えた影響が大きかったということなのだ。

甘き世界のパイオニア

いつの時代でもその業界をリードする、いわばリーディング・カンパニーというものがある。明治から大正にかけての洋菓子の勃興期においては、凮月堂一家がその役を担った。

宝暦三年（一七五三年）に大坂で商いを始めた同店の初代・小倉喜右衛門は、一〇代将軍家治の頃、大坂灘波から江戸の京橋、南伝馬町に移ってきた。出身地の名を取って大坂屋と称して菓子商を営んでいたが、清貧にして清潔をモットーとする姿勢から、在住諸侯から愛顧を受けていたという。寛政初年（一七八九年）、筆頭家老を辞して楽翁と称していた松平定信公よりお出入りを許された同店の、特に大住姓を名乗った二代目喜右衛門は格別の引き立てを得、楽翁公より自らの雅号の凮月をもって、凮月堂清白五文字を賜った。同席した水野越中守忠邦は書家の市川米庵に命じて揮毫させたのが凮月堂の文字の由。同店は明治五年、五代目喜右衛門のもとに西洋菓子を始め、和洋を通じてのお菓子の大店として充実を見てくる。また同店の番頭の米津松造は暖簾分けを許され、明治六年に日本橋区両国に開業。本店に倣って和菓子に加えて西洋菓子の製造販売を始めた。この米

凮月堂の店構え

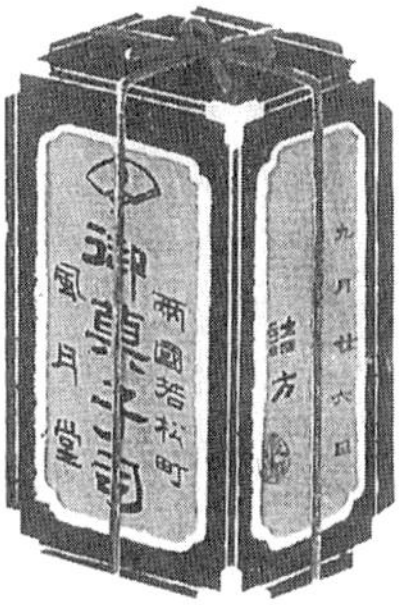

凮月堂の岡持型シール

津松造はアトランダムに入ってくる情報を見極め、この世界を近代菓子へと脱皮させていった点で特筆に値する傑物であったといえる。また主家である京橋の本店をよく助け、いい意味で競い合い、ある時は二人三脚で製菓技術の研鑽に励んだ。この頃は何をやっても本邦初となるため、その足跡のすべてを取上げたら切りがないが、一例を以下に記してみる。凮月堂本店の大住喜右衛門は、当時まだ番頭であった米津松造を最新ニュースに溢れる横浜に遣わし、早くより西洋菓子事情を見聞させていたが、明治七年ついにリコールド・ボンボンなるリキュール・ボンボンを完成。既述の如く宝露糖と名付けて売り出した。今でこそ濃度の高い糖液を、水をはじくコーンスターチにあけた穴に注入し静置しておくと、まわりに糖膜が張って中に溶液を閉じ込める原理は広く知られているが、最初にそのことを知った時は、口では表せぬほどの驚きを感じたはずである。〃お菓子作りは化学である〃に初めて触れた瞬間である。続いて明治八年、分家である米津凮月堂では以前よりビスケットの研究に勤しんでいたが、この年ようやく本格的なビスケットの製造に成功している。そして明治一三年には、イギリスより蒸気エンジンによる製造機を輸入し、わが国初の製菓の機械化を試みた。それからは同店のビスケットは一世を風靡するほどもてはやされ、凮月堂一家を支える主力製品になるとともに、軍用ということで軍部の大きな力ともなっていく。ただ当初はそれを一日動かしただけで一ヶ月分の品物ができてしまい、販売が追いつかず使い物にならなかったという。ところがひとたび戦争が始まるや、大車輪の活躍をするようになる。たとえば日清戦争では、同店一軒で焼くビスケットの量と、東京全市の菓子屋及びパン屋で焼くものとが、ほぼ同量であったという。続く日露戦争でも同じく同店はフル稼働でまかない、軍部に納入している。また明治四年に岩倉具視一行が渡米し、二年後の明治六年、パリでチョコレート工場を視察しているが、こうしたニュースが入るや、米津松造はいち早く研究を始め、商品化に取り掛かる。実際に販売が開始された正確な時期は分かりかねるが、明治一一年一二月二四日の『假名讀新聞』に貯古齢糖、そして同一二月二五日の『郵便報知新聞』に、粋人らしく猪口令糖の文字を当てて、米津凮月堂製のチョコレートの広告を打っている。また同店は明治一〇年に、南鍋町に米津凮月堂分店を出し、次男・恒次郎を店主に配した。その彼は明治一七年に洋行する。在米三年の後ヨーロッパに渡り、ロンドン及びパリに学び、各地を歩く等、洋行は都合七年に及び、明治二三年に帰国。その間日本人にして初めて本格的フランス料理を修め、菓子についてはウェファース、サブレ、カルルス煎餅、ワッフル、英国式の重厚なフルーツケーキ等、まだ日本に紹介されていなかったものも含め、数々の最新技術を持ち帰った。次々に披露される洗練された新製品で、南鍋町の同店の評価はますます高まり、小説や芝居に取上げられるところとなった。なお京橋の本店からは、六代目喜右衛門の弟・省三郎が明治三八年に上野に分店として暖簾を分けられた。また南鍋町の米津凮月堂分店からは横浜市常磐町分店が生まれ、その他支店としては神田淡路町、麻布飯倉町、神田今川小路、四谷といった東京市内の他、大阪市高麗橋通、神戸市元町、横浜市本町、長野市横町、甲府市、函館市と次々各地に広がっていった。また、昭和三一年に東京自由が丘に米津支店として最後の暖簾分けがなされている。ここの初代・明治一七年生まれの門林弥太郎（筆者の母方の祖父）は長野を郷里としているが、一二歳の折同郷の米津松造に連れられて上京し、以来恒次郎について製菓のすべてを習得した。二代目職長となり、凮月堂一門全店を束ねる総師としての重責を担った彼は後の世、すなわち今日の洋菓子業界を背負うべき多くの子弟を世に送り出した。このことによりわが国の洋菓子技術は飛躍的に発展し、かつあまねくいきわたるようになったのである。全国の息のかかった、彼の薫陶を受けた人々によって、同氏を囲むべく、凮月堂のマークをもじった扇友会なるものが作られた。今日の業界団体のひとつである日本洋菓子協会も、その扇友会のメンバーが主力となってまとまっていったものである。このことからも、門林弥太郎の人徳、指導力のすばらしさ、お菓子の世界に与えた影響力の大きさが偲ばれる。

明治後期——後の大企業の勃興期

同時代後期においては、ビスケットやドロップなどの量産研究が進められていった。特にビスケットは既述の如く日清・日露の両戦争の際、兵糧の意味において、多大な貢献を果たした。なお、明治の初期から中期を洋菓子店の「確立期」と捉えるなら、後期は「後の大企業の勃興期」であったといえる。すなわち森永太一郎による森永製菓が明治三二（一八九九）年に、藤井林右衛門による不二家が明治四三（一九一〇）年に産声を上げるなどして、甘味世界を成長させ、次の時代へとつなげていったのだ。なお、材料面から見るなら、明治一二（一八七九）年に八丈島でバターが作られ、明治二九（一八九六）年に日本製粉、日本製糖が創立し、甘味やパンの世界の成長と発展を支えていった。

森永製菓の誕生

明治二一年英国船アラビック号に三等船客として乗り込み、単身アメリカに渡った森永太一郎が明治三二年、一一年振りに帰国した。彼は当初、彼の地でそれまで関わってきた九谷焼の販売を志したが、一旗上げるには至らず、このままでは帰れぬと公園のベンチに座り込んで悩んでいた

森永太一郎

折、子供がポイとキャンディの包み紙を捨てた。何げなくそれを拾ったところすばらしい香りに心打たれた。瞬間、「これだっ！」としてその道に身を投じたという。たまさかこんなところからお菓子と縁ができ、その道の研究に打ち込んだ。帰国する船中で知り合った人の厚意で、東京赤坂に住いを借り、五坪のお勝手を作業所とし、しばし後二坪の建て増しをして、キャンディー等の製造に着手した。大森永のスタートである。彼は他のお菓子屋がたどるように、先ず店を持つのではなく、既存の店を回って自らの商品を扱ってもらうという、特約店販売の方式をとった。アメリカ式である。彼は覚えてきたキャンディーやキャラメル、チョコレート、ナットケーキ、エンジェルケーキ、ジンジャーブレッドなどを作り、東京中の名だたるお菓子屋を訪ね歩き、引き札と呼ばれる商品広告のためのチラシを配ってまわった。初めはただの一軒からも相手にされなかったとか。そのうちに、アメリカでは駄菓子の部類に入るマシュマロ・バナナが輸入品のために大層高価で売られていることを知り、〝ああ、あれならあちらでやっていたことがある〟と早速同じものを作って廉価で持って回った。だが変わらずハナから相手にしてもらえない。それでもくじけず売り込みをし続けていたところ、ある店のご主人が〝そんなにいうなら、試しにいくつか置いていったら？〟といってくれた。たまたま来店されたご婦人がそれに目を留め、〝あら、こんなにお安いの？〟といって買ってくれ、その美味しさにまたびっくり。その話を聞きつけるや、それまではけんもほろろであったセールス先が、一転して「森永さん、森永さん」と競って声を掛けてくれるようになり、日ごとに得意先も増えていったという。ちなみに少し経った明治四〇年頃の資料によると、森永の製品を扱ったお店は凮月堂各店、開新堂、壷屋、蟹屋、新杵、榮太楼、青柳、塩瀬、岡埜、菊廻屋、虎屋、清月堂といったそうそうたる顔ぶれである。それはまた森永の製品の評価がいかに高かったかを物語っている。それもこれもマシュマロが救ってくれたわけだが、ちなみにこのお菓子、あちらではその口当たりの軽さから別名エンジェルフードと呼ばれているものである。そうした事もあって、後年、同社のシンボルマークにエンジェルが採用されたという。きっかけをつかんだ彼のその後の活躍は周知の通りである。それまでは西洋菓子類も全体的に見れば大都会中心という限られたものだったが、彼の登場で状況は一変する。彼の元で作られるキャラメル、ゼリビンズ、ウェファー、マシュマロといった製品群は、工業化されるやまたたく間に広がり、全国津々浦々に甘き安らぎを乗せて届けられるようになっていった。ちなみに森永では、明治四三年に初めて板チョコレートが作られている。

会社興しとドロップ秘話

森永太一郎が自家製洋菓子をもって発展していく時期、輸入菓子として評判をとっていたのが、イギリスのモルトン社製のフルーツドロップであった。口に広がる果汁の芳香は、西洋菓子を目指す者にとっては、たまらない魅力であった。これを見よう見まねで作ってしまった男がいる。森永も認めた岸田捨次郎である。後々チョコレートで名を成す芥川製菓の初代・芥川鉄三郎も早々と、明治二五年頃からドロップに魅せられて研究していたというが、これについては岸田の方が先んじていたらしい。その他長井長左衛門を当主とする蟹屋も前後して研究に勤しんでいた。思うにドロップは、その頃の西洋菓子の最先端にして最重要品目のひとつであり、互いの技術力を計る尺度とも見られていた節がある。その岸田は明治三二年、ビスケット作りで名を知られた志村吉蔵及び広瀬長吉という二人と組み、日本洋式製菓合資会社という法人組織を興した。記録の上ではおそらくこれが、お菓子の世界での初めての会社組織ではないかと思われる。岸田等三人はそれぞれが得意とするものの製造に意気高く着手するが、結果芳しくなくわずか半年で解散の憂き目を見ることになる。他方一流とされる菓子屋の旦那衆が集まり、一同団結して東洋製菓なる会社を作り、ドロップ製造機を購入し、販売に乗り出そうとするが、これも頓挫してしまう。なおこれらとは別に、横浜の花柳界で新杵の芸名で幇間《たいこもち》を勤めていた桐沢桝八という人が、一念発起で新杵の屋号で菓子店を開いた。お客様の気をそらさぬが身上か、すっかり人気を得て、日本橋を皮切りに多店舗展開をして大成功を収め、アメリカにまで出向き、シカゴの博覧会でドロップ製造機を購入。日本橋の店に備え付けたが、こちらもうまく事が運ばない。ところがここに佐久間惣次郎という人が勤めており、桐沢のドロップにかける夢をそっくり受け継ぐ。彼は明治四〇年に独立を果たし、神田八名川町に三港堂という名の店を開いた。ここで長年の成果を問う、先輩たちの成し得なかったドロップの発売に踏み切るが、苦労と努力の甲斐があり、ついに大成功を収める。世にいうサクマ式ドロップスの誕生である。

かくいうドロップやビスケット、あるいは森永の手になるキャラメルやマシュマロといった新しいジャンルのお菓子類が、曲折を経ながらも成功し、成長を遂げ、いよいよ都市の一部より全国レベルへと甘い夢が広がり始めていく。

新生日本・ケーキ情報最前線

ではここで、「洋菓子」なる語について考察し、激変する明治という時代における、ケーキ事情をまとめてみよう。まず、洋菓子なる語だが、これがいつごろ登場したのか。

内容を英米と織り交ぜつつフランス指向としたお菓子類は、初めは総じて西洋菓子と呼称されていたが、料理の世界では日本料理、西洋料理がそれぞれ和食、洋食と呼ばれるようになっていったことに倣い、いつしか和菓子、洋菓子と呼ばれるようになっていった。ちなみに筆者未確認だが、明治五年の築地入船町の文明堂満吉の新聞広告に、「洋菓子」の表記があるという。だとすればそれこそがこの記述の嚆矢といえようか。なお確認できるところでは、岡本半渓による明治二二（一八八九）年刊の『和洋菓子製法独案内』なる書。そのタイトルに和・洋とある。それまではお菓子といえば、いわゆる和菓子に決まっていたのだが、西洋菓子が出回ってくるにしたがい、それと区別するべくあえて〝和〟の文字を頭につけたものと思われる。〝和〟菓子の表記としては、これがその初記載といえるものかも知れぬ。そしてそれ以降、日本固有のお菓子は和菓子、西洋菓子は洋菓子と名乗るようになっていった。

シュークリームの初見

明治六年刊の、須藤時一郎の『萬寶珍書』記載の洋菓子については既述したが、ケーキと称される生菓子類についてはどうだろう。たとえば馴染みの深い

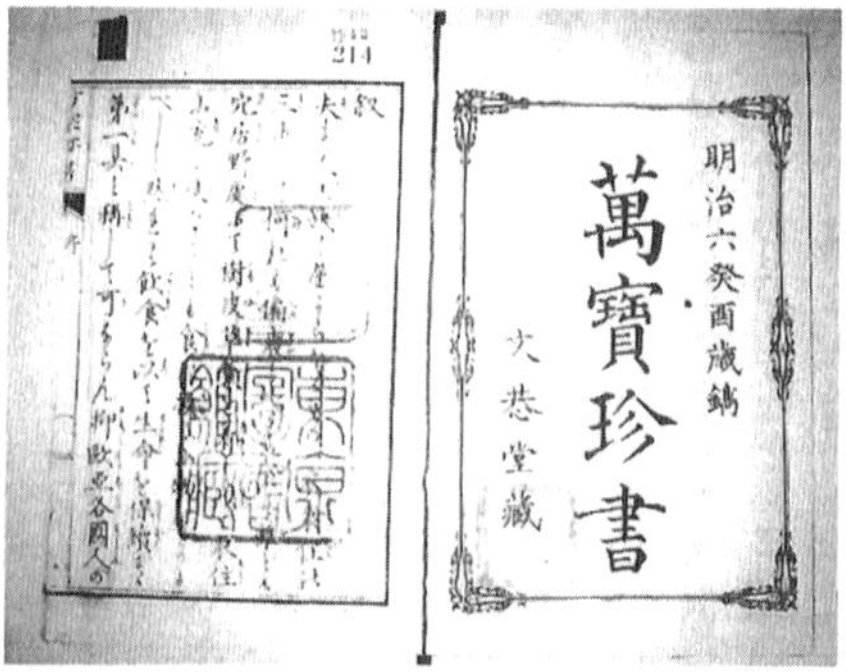

『萬寶珍書』（明治６年）の見開きページ

『和洋菓子製法独案内』
（明治 22 年）

シュー菓子を見てみよう。

幕末に来日し、横浜八十五番館で西洋菓子店を営んでいたサムエル・ペールというフランス人がいたことはすでにお伝えした。一九世紀半ば過ぎにフランス人がお菓子屋を開いたとすれば、すでにあちらでは二世紀も前から一般化しているシュー菓子を、当然手がけていたと見るが順当。『萬寶珍書』に出てくるお菓子を作れるほどの材料があれば、この製作は造作もないことである。よって宮中からも注目されたほどの彼こそが、記録にはないが本邦初のシュークリームを作った人とここでは申しておきたい。それも明治になる前の幕末に。また横浜は最新情報発信地であったゆえに、いろいろな人がそこに参集する。京橋・南伝馬町の凮月堂では早くより番頭の米津松造をそこへ情報収集に赴かせている。お菓子屋であれば当然本場ものをこしらえているサムエル・ペールの店を訪ねたであろうし、もしそこでシュークリームが売られていれば必ずや求めて帰る。それでなくても進取の精神に富んだ凮月堂のこと、早速研究し、まねごとなりとも手を染めたに違いない。また明治三年宮中より派遣された村上光保は、実際にペールの店に入り修業している。彼もまた誰よりも早くシュークリームの手ほどきを受けるチャンスがあったわけで、後日同氏が開新堂として独立の折、売れたか否かは分からぬが、習い覚えたそれを店頭に出して何の不思議もない。この二人、この二軒、どちらが先かは計り兼ねるが、ほぼ時を同じくしてシュークリームを手がけていることは間違いないところと推察する。しかしながら、明治初期のいずれの文献にもこのお菓子の記録が見当たらないところをみると、当時の日本人の味覚にはあまり受け入れられなかったのか。それからだいぶ間を置いた明治二二年の『和洋菓子製法独案内』にも未だない。ところが南鍋町の米津凮月堂二代目職長を務めた門林弥太郎（筆者の母方の祖父）が、同店に入店したての頃にはすでにシュークリームやエクレアを作っていたとの証言を得ている。これが明治二九年。察するに明治二三年から二八年までの間、つまり明治二十年代半ば頃になって、ようやくシュー菓子も西洋菓子としての市民権を得たものと思われる。そしてそれからは、村井弦斎著の『食道楽』（明治三六年刊）にも登場するなど、一気呵成に広まっていく。なお、呼称についてはまちまちで、シウ・アラケレームといったり、シュークリーム、シウクレーム、シウ、シュー等々一致していない。なおこの不一致は今日まで及んでいる。

プリン（プディング）の日本上陸

現在、日本の甘味世界を眺めるに、これがないことなど考えられぬほどに、われわれの生活にプディングは入り込んでいる。これほどまでに好まれるこのお菓子の、わが国へのお目見えはいつ頃だったのか。思い切り想像をめぐらせれば、一六〇〇年代初頭、既にしてオランダ商館で作られていた可能性もないではない。さりながら、何事につけ敵対関係にあったオランダ人が、あえてイギリス発のものを好んだかと深読みすると話は進まなくなるが。なおその前に、国の外のみならず内なるものに目を向けると、思わぬことに気が付く。〝茶碗蒸し〟の存在である。玉子のたんぱく質の加熱凝固の作用による、あれも立派なジャパニーズ・プディングなのだ。これについては次のように伝えられている。一六八九（元禄二）年、長崎に中国人（唐人）向けの宿泊施設である唐人屋敷があった。そこにおいて来客をもてなす料理の一品に提供されたのが茶碗蒸しの始まりといわれている。おそらくはイギリス発の蒸し菓子・プディングの製法が中国に伝わり、それが料理に形を変えて長崎に……。このあたりにイギリス、中国、日本という、オランダ抜きでの情報ルートも見えてくる。ついでながら申し述べると、当初のものは具材のないシンプルなものであったが、そのうちに銀杏が入れられるようになった。これについても中国からの伝来のようだ。銀杏は漢方にも用いられるほどの効能があって、中国では薬膳料理にも使われており、その流れをもって茶碗蒸しの具材の定番になっていったものと思われる。

さて、茶碗蒸しの件は置くとして、お菓子としてのプディングに話を戻そう。一七世紀初頭の平戸のオランダ商館説に無理があるなら、確かなところではいずれに？　独断をお許しいただくなら、幕末にははっきり紹介されていたのではないか。何となれば夜明け前にはすでに外国人によるいくつかのホテルが手がけられている。先に述べた如く、横浜ではイギリス人によって、慶応二年（一八六六年）にクラブホテルが、そして翌年にはアングロサクソンホテルが作られている。イギリス人の経営とあらば、他のものはともかく、自国の代表的なデザートは当然手がけていたと考えておかしくない。また同じ頃、これも既述の如く、前田留吉なる人物がオランダ人の下で搾乳法を身につけ、慶応三年（一八六七）に横浜で牧場経営を始めている。さらに明治元年には中澤惣次郎が東京新橋に牧場を開き、牛乳の生産及び販売に着手した。材料面からみても環境は整ってきている。続いて明治三年には、宮中の大膳職にあった村上光保が横浜のサムエル・ペールなるフランス人の営む西洋菓子店に出向した。当時フランスでも、とうの昔にプディングは取り入れられており、このことから推すに、そこで技術を修めた村上光保は、それを手がけた邦人第一号と推測することができる。あるいは多くの場合がそうであるように、ペールの仕事を手伝った名もない誰かが日本人としての最初の人物だったかもしれない。なお、このお菓子が初めて確認できる文献としては、明治五年仮名垣魯分によって著された『西洋料理通』がある。そしてここには干柿ポッディング、生姜（ヂンヂャ）ポッディング、蜜柑（ヲランジ）ポッディング、人参或薯（キャラツヲアルバテトス）ポッディング、米（ライス）ポッディングが記されている。当時は未だ西洋菓子のほんのプロローグの段階であったにもかかわらず、干し柿とか生姜、蜜柑といった自分たちに馴染みの深い素材を、自在に用いてプディング仕立てにしていることに驚きを禁じ得ない。どうも私たちは昔からことにつけ、生み出すことはともかく、伝えられたものにアレンジを加えることは得意だったようだ。ただ紹介されてはいるものの、一般に普及するまでにはまだ間があったようで、その後しばらく鳴りを潜める。そして次に見られるのは、先に紹介した明治二二年（一八八九年）の『和洋菓子製法独案内』においてである。ここにパンバタプリンなるものの記述がある。また同書にはライスプリンやレモンプリンなどの記載もある。この頃から私たちは耳からの音でプリンと聞き取っていたようだ。しかしながら、明治三六年（一九〇三年）刊の『洋食のおけいこ』なる家庭向きの教本には「プッジング」と記され、「チョコレートプッジング」「スチームプッジング」「ミートプッジング」等を挙げている。また同年の村井弦斎の『食道楽』では「カスタードプデン」「米のプデン」「ジャミ（ジャムのこと）

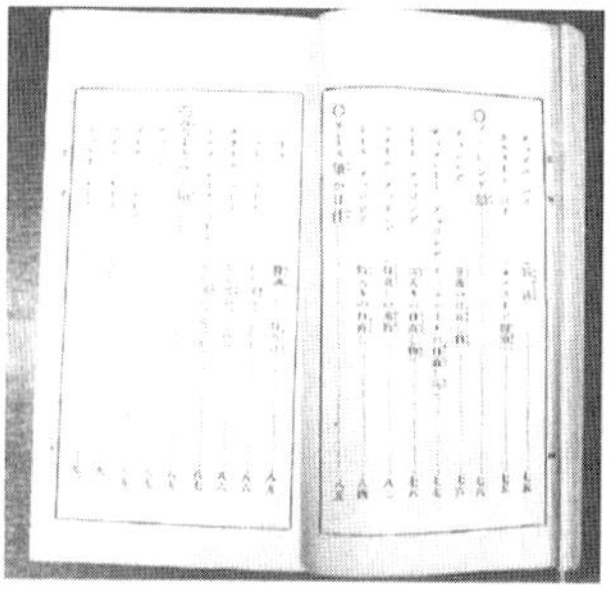

『西洋料理通』目次

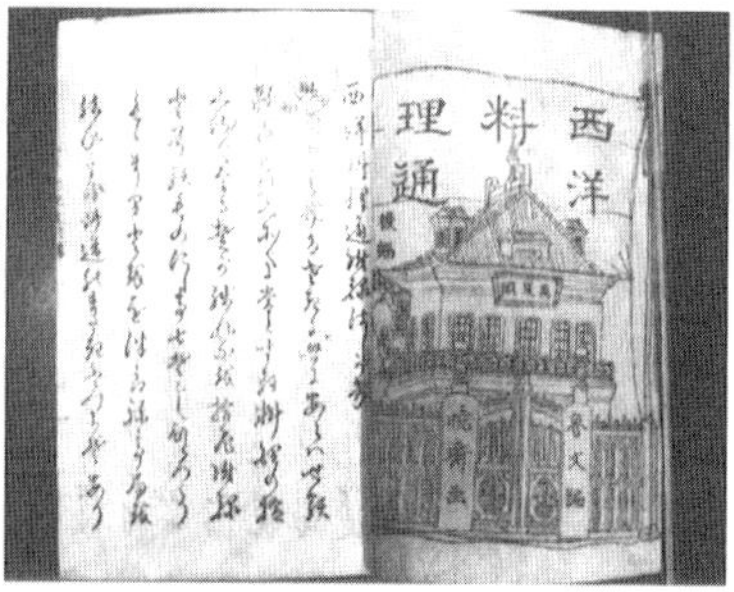

『西洋料理通』（明治５年）

のプデン」「マカロニプデン」「珈琲プデン」等々の記がある。察するに表記については、目から耳から入るままにと、未だその都度マチマチであったが、そのうち次第に発音しやすい「プリン」に落ち着いていったものと思われる。

ショートケーキの不思議

ショートケーキのショートとは、〝小さい、短い〟ではなく、〝サクサクした〟という意味であり、したがってこれはあくまでもクッキー状のお菓子を指す言葉である。明治二二年刊の『和洋菓子製法独案内』においても、Scotch short bread cake（スコットランドブレッツケーキ（原文のまま））やDervy short cake（デルビーショルド・ケーキ（同））なるものが紹介され、クッキーとしての作り方が記されている。すなわち生地をまとめて薄く延ばし、型で抜いて焼く……と。ではなぜこれがスポンジ使用のクリーム菓子に置き換わってしまったのか。さまざまな説があるが、有力なのが不二家の創作説。創業者の藤井林右衛門はアメリカ視察に行っているが、そのアメリカにストロベリー・ショート・ケイクというお菓子がある。これは厚めに焼いたビスケット生地を二枚に切り、一枚の上に泡立てた生クリームといちごを載せ、その上にもう一枚のビスケット生地を重ね、また生クリームとイチゴを載せて作る。彼はこのビスケット生地をスポンジケーキに置き換え、柔らかいものを好む日本人向きにアレンジしたのではないか。ショートケーキなるものを側面から見るに、他店のものはクリームが塗られていて分からないが、同社に限っては、生地とクリームが段々になっており、ビスケット生地がスポンジに置き換わった様が偲ばれる。ただ、それがいつの頃であったかとなると、推測の限りだが大正末期もしくは昭和の初め頃と思われる。何となれば、今様のショートケーキは生クリームがなければ作ることはできない。アメリカからデラバル社製の遠心分離式生クリーム製造機が輸入されたのが、大正一三、四年頃というから、当然その頃ということになる。話がだいぶ先走ってしまった。時を戻して、その他についても見てみよう

その他の進んだケーキ

先の『和洋菓子製法独案内』の西洋菓子のページを繰ってみよう。あくまでも原文に基づいて記すと以下の如くである。

ホーケーキ（Hoe cakes）、アーモンドブラシケーキ（Almond Bried cakes）、アイリッシュシードケーキ（Irish seed cakes）、ライスケーキ（Rice cakes）、スコットランドショルドプレッツケーキ（Scotch short Briead cakes）、ジョン子ーケーキ（Johnn cakes）、デルビーショルドケーキ（Derby short cakes）、インジャンケーキ（Indian cakes）、パンバタプリン（Panbutter pudding）、パ

ンケーキ（Pan cakes）、ボイルカスタケーキ（Boil caster cakes）、ベカーカスタケーキ（Baker caster cakes）、ライスプリン（Rice pudding）、ライスボール（Rice Ball）、ロヲルフリン（Rolled pudding）、ゼリケーキ（Jelly cakes）、フルターケーキ（Fruit cakes）、レモンプリン（Lemon pudding）、ライスチースケーキ（Rice cheese cakes）、フラン子ルケーキ（Flannel cakes）、バックホヰードケーキ（Back wheat cake）、シッガルビスキット（Sugar biscuit）、ドライドラスクス（Dried rusks）、スポンジビスキット（Sponge biscuit）、ウヲッフルス（Woffles）、コモンジャンブルス（Common jumbres）。

村井弦斎の『食道楽』の方で拾ってみると、ブラマンヂ

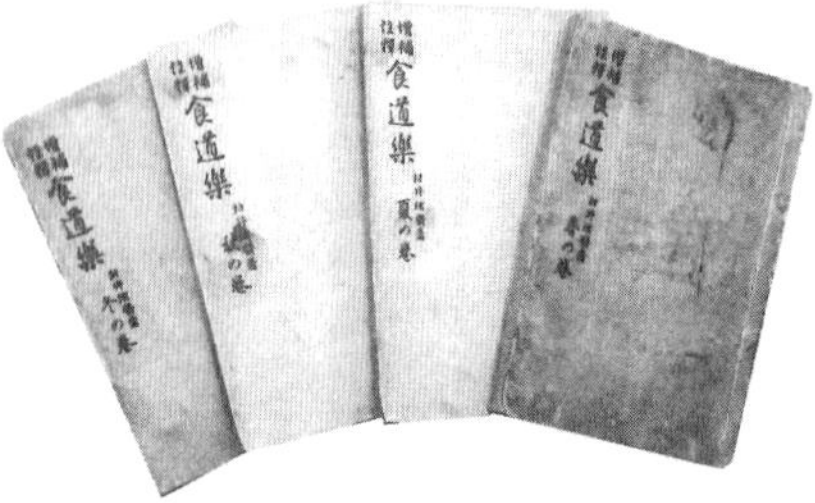

『食道楽』（村井弦斎・報知社出版部）（明治 37 年）

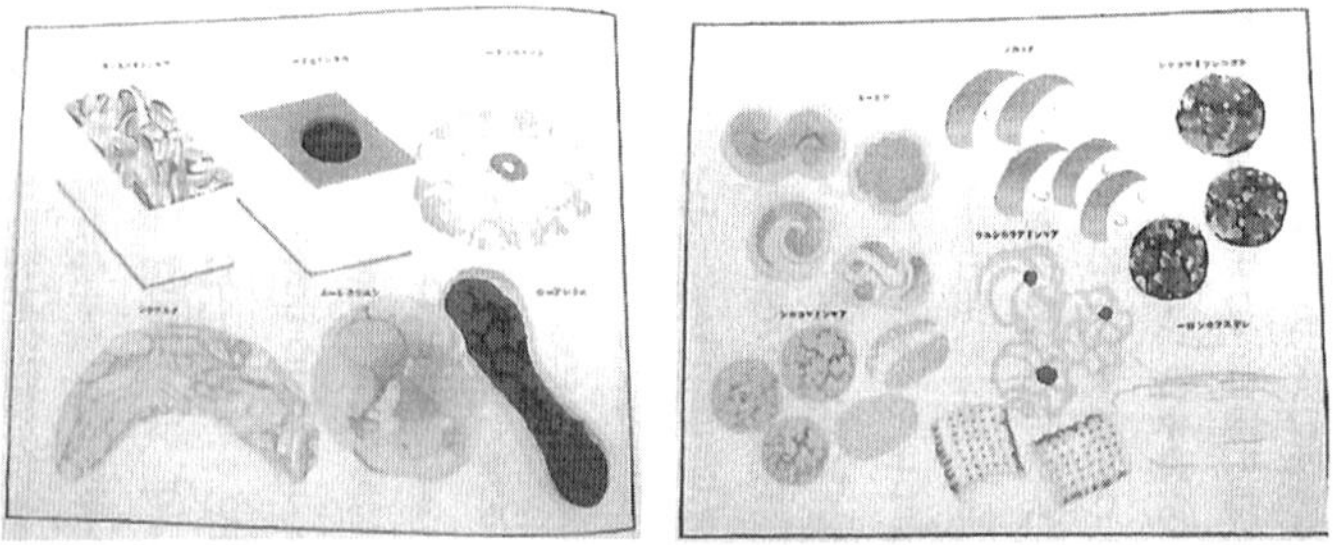

『あづま錦』（古川梅次郎著・あづま錦発行所）（大正 14 年）の挿絵

（ブランマンジェのこと）、ババローム（ババロワのこと）、ワッフル、パアンド（パウンドケーキのこと）等が出てくる。情報も味覚文化もだいぶ進んできたことが分かる。

なおこの村井弦斎という人だが、フランスにおけるブリヤ・サヴァランやグリモ・ド・ラ・レイニエールに匹敵するほどの食通にして達者なペンを走らせるエッセイストでもある。加えて食文化にちょいと色事を添える筆致などは、小粋な江戸文学の流れを感じさせるものがある。またこの『食道楽』の挿絵（二七六頁の挿絵参照）がすばらしい。春の巻では大隈伯爵家の台所の様子、夏の巻では岩崎男爵邸の同じく台所の模様が、秋の巻では、天長節夜会食卓之光景図として各種のアントルメ類が飾られたテーブルが、冬の巻では再び大隈伯爵邸花壇室内食卓真景としてフォーマルなレセプションの様子がカラーで克明に写されている。鹿鳴館に示される当時第一級の食卓文化がここにみごとに再現されているのだ。この筆者もまた今日の食文化を伝えるべく労をとったひとりとして特記に値する。こうした流れがそのまま発展を続け、明けて大正時代にはかなり色鮮やかなお菓子の世界に足を踏み入れていく。同一四年発行の古川梅次郎著『あづま錦』のカラーの挿絵などはまさに圧巻で、現代でも充分通用しそうなケーキ類も姿を見せてくる。なお同氏はこの他に『十二ヶ月菓銘』や『勅題干支新年菓帖』（全二十四巻）も著している。彼もまた菓業界におけるすぐれた教育者、文化人として高い評価を与えられる人物である。

喫茶事情

ここでお菓子と関わりの深い喫茶についてみてみよう。明治三六年、大阪市で第五回内国博覧会が開かれているが、この会場内に本邦初といっていい本格的な喫茶店が設けられた。ここで人々は休息をとり、一服のお茶とともに一片の甘味を口にし、しばしくつろぎの時間を持った。和風の趣きながら今日の喫茶文化の嚆矢といっていい試みである。そしてこれは、この少し前に開かれた資生堂の喫茶コーナーに自信を与え、しばし後の不二家のお茶場ことソーダファウンテン等にも引き継がれていく。このことについては、同年（明治三六年）に上梓された『喫茶の友』（山本亀治郎著）にも詳しく述べられている。この中で〝喫茶の効用〟、〝喫茶会のこと〟、〝喫茶店

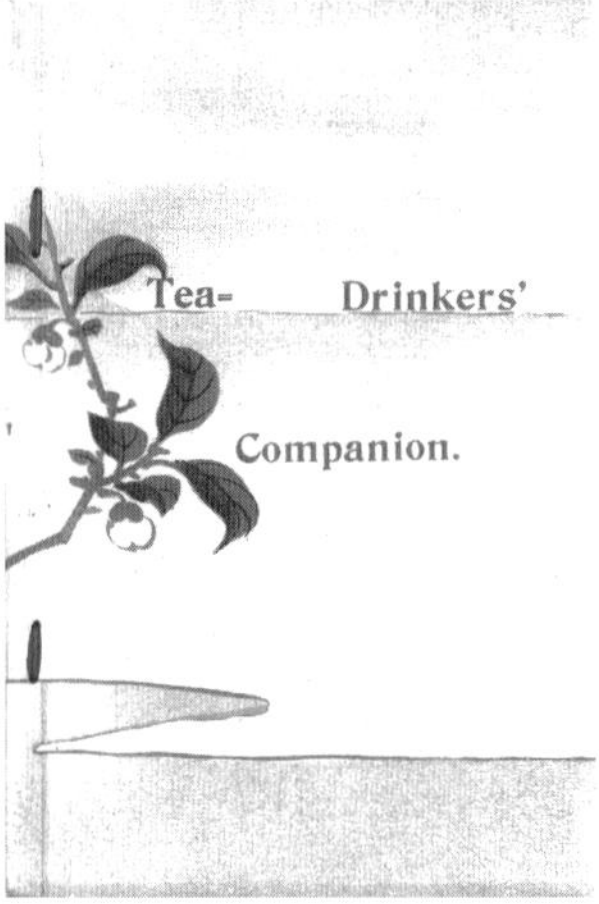

『喫茶の友』の表紙と英文の裏表紙

の位置付け〟等々が語られている。英文の解説もあり、またその裏表紙には Tea-Drinkers' companion の英文を敢えて記し、西洋のカフェやティールーム文化を意識させる装丁となっている。以後のお茶とお菓子文化の発展とその充実を予見させる一書といえよう。

世紀節目のお菓子屋模様

文明堂誕生

長崎県南高来郡の大工の子として生まれた中川安五郎は、長崎市に出てカステラの作り方を覚えた。明治三三年（一九〇〇年）二二歳の時に文明開化にあやかって文明堂と名乗り、独立を果たした。明治四二年（一九〇九年）には実弟の宮崎甚左衛門が同店に入店し修業に入る。この人こそが後年カステラ甚左と呼ばれた人である。彼は大正五年（一九一六年）に佐世保で同名の店を興しており、兄弟力を合わせた努力の結果、開業三〇年には文明堂一家のみで全国のカステラ生産高の過半数を占めるまでになっている。商いも順調に伸び、〟今日は帝劇、明日は三越〟のキャッチフレーズに載る小売業の覇者・三越との商品納入契約が結ばれた。三越側の条件は五大百貨店のうちの他の四店、すなわち白木屋、高島屋、松坂屋、松屋には納入を差し控えるというものであった。宮崎はこれを諾して商談成立。なお、大量注文に備えて東京に出店をとの、たっての三越の勧めで、虎の子をはたいて下谷区黒門町に東京店を開業した。ところが運悪く翌年の関東大震災でこれを焼失し、ほとんど無一文に帰したが、再度立ち上がる。天が味方したか今度は風向きが変わり、これを機に百貨店も大衆化が進んで、カステラの売り上げもすこぶる伸びていったという。そんなある時三越よりカビの生えた品物が返され、ひどくお叱りを受けた。どうやらお回し品だったらしく、憤然とした彼は、名誉を挽回せんと実演販売を申し出て、これがまた大成功する。ところでますます評価の高まったある時、あろうことか三越系の食品デパートの二幸が、文明堂の職人をスカウトしてカステラを始めるというトラブルが発生した。一徹の宮崎は憤り激しく敢然とこれに抗議し、あれほど情熱を傾けた三越との縁を自ら絶ち、自立の道を歩み始める。そして商人の意地を見せるべく、三越のある地すべてに次々と自店を開設していった。すなわち日本橋店、銀座店、新宿店……。カステラに命とプライドをかけた宮崎甚左衛門の戦いであった。後に三越も謝意を表明。ことの経緯はともあれすべて和解し、胸襟開いて今日に至っている。

食のエンターテイナー・中村屋誕生秘話

長野から相馬愛蔵という人が、妻・良（後の黒光）を伴って上京してきた。そして明治三四年（一九〇一年）折りよく本郷の一角に中村屋というパン屋の売り物に巡りあい、これを求めて居抜きで開業に運ぶことができた。ところがこの界隈は東京の中でも当時としては有数の繁華街で、製パン業も激戦区であった。しかしながら主を替えた中村屋は懸命の努力をした。その甲斐あって、一度離れかけていた客足が再び戻り、否、旧に倍して繁盛していった。こうして基盤の固まってきたある頃、手狭になってきたこともあって、さらに大きな夢を求めんと、明治四〇年（一九〇七年）に本郷を離れて、東京のはずれにある新宿に転出を決意した。そしてその二年後に、現在の地を入手して店舗を刷新。ここにあまねく知れ渡る新宿中村屋の礎が築かれたのである。

また店主の相馬愛蔵は、述べた如くの努力家にしてパッと新宿移転を決めるなど機を見るに敏。加えてなかなかのアイデアマンだったようで、たとえばシュークリームの美味しさに打たれたことから、すかさずパンの中にそのクリームを取り込むことを思いつき、クリームパンを編み出している。また当時もてはやされていたワッフルについてもこれに準じて、ジャムの代わりにクリームを挟んだクリーム・ワッフルを売り出した（注・ワッフルの表記もウオッフル、ワップルなど統一されていなかった）。ちなみにそれまでのジャム入りは凬月堂考案のものであった。

なお、相馬は新宿移転にあたり、当時パン屋の最大手であった銀座・木村屋の三代目当主の木村儀四郎を訪ねて意見をうかがった。木村曰く「本郷は競争が大変だ。それにもう街としてでき上がっている。その点新宿はいい。これからの街だ。あそこなら大丈夫。まちがいなく発展する」と太鼓判を押されて決心がついたという。後に発展を重ねて勢いづいた中村屋の銀座進出説が取り沙汰された時、相馬は自らのことのように心配し、その行く手に光をかざしてくれた木村に対し、「決して銀座進出の如き不義理は致し申さず」の親書を送ったと伝えられている。もちろん現在は互いに敬意を払いつつ、こだわりなく商いが行われている由聞き及んでいる。各地域間が遠く、商圏の狭かった頃のこととは申せ、苦労人同志の心の通う、聞いていて気持ちのいいお話である。ところでこの相馬愛蔵という人だが、業界きってのインテリゆえか、いくつかの逸話がある。たとえばインドの革命家ラース・ビハーリー・ボースの一件。

ボースは母国インドにおいて、学業半ばにして退学し、一九一〇年以降は革命運動に専念した。そして一九一二年デリーにおいてインド総督ハーディング卿暗殺事件が起るが、彼もそれに関与したことにより、インド国内で懸賞がかけられ、さらにラホール反乱の失敗から母国を逃れ、日本に亡命する。英国の執拗な追及をくぐり抜ける彼を、その事情を知る相馬は、犬養毅や頭山満といった有力な政治家の要請を進んで受け入れ、自宅に匿った。およそ政治的なことに接点の少ない製菓製パン業界にあって、特異な行動であったといえる。そのことあって、ボースは後に相馬の娘と縁を持つようになる。中村屋の一員、家族となったボースは、日本にはカレーライスと称するものはあるが、本物でないことを憂い、恩返しの気持ちもあったのであろう、本場もののカリーを手ほどきする。それはたちどころに評判を呼び、今も同店の名物となっている。

またエロシェンコ事件というのもあり、当時の新聞を大いに賑わした。エロシェンコとは、ロシア生まれの盲目詩人にして童話作家である。そして大杉栄や長谷川如是閑らとも交友を持つなど、アナーキストとして知られていた彼は、来日中に本国の革命騒ぎで送金が途絶えるなどの困窮に陥る。見かねた相馬は、かつてボースを匿った部屋に彼を住まわせ、面倒を見ていた。過激派の嫌疑をかけた警察は相馬宅を取り囲み、横暴とも思える官権を発動してエロシェンコの逮捕に踏み切った。相馬はその狼藉に対して敢然と抗議し、時の警察署長に謝意を表明させている。はっきりとした政治的意見を述べることのしにくかったこの時代の、彼は数少ない気骨溢れる、そしてリベラルにしてインターナショナルな感覚を身につけた商人であった。その中村屋、今日、柱であるパンに加えて、中国の月餅、中華饅頭、ボース由来のインドのカリー、エロシェンコに機縁を持つロシアのピロシキ、加えて和菓子、洋菓子、レストランと、間口も実にインターナショナルに、日本を代表する食のエンターテイナーを演じている。

余談だが中村屋の発祥でもある激戦の地、本郷で同店と競いパン屋としてがんばっていたひとりに吉田平三郎・菊太郎父子がいた。近江屋なる屋号の同店は第二次大戦後は洋菓子に比重を移したというが、その子平次郎は、一世を風靡した銀座・南鍋町の米津凮月堂の二代目職長、門林弥太郎の娘と縁を持った。北舟子の俳号を持ち、『雪割灯』の句集を編み、富士山頂に句碑を建立するほどの粋人でもあった彼は、後に妻方の関係から銀座の名門・米津凮月堂の再興に尽力。晩年は東京渋谷に、渡仏した息子の帰国を待って新たにフランス菓子屋を誕生させている（現在は銀座に本店を移設）。こんなところにも、かつて本郷に撒かれた別の一粒の麦が育っている。甘き系譜はたとえ所を替えようと、各地に脈々と絶えることなく続いていくようだ。

不二家創業

時代を今少し下ってみよう。明治の末期、四三年には不二家が開業する。創業者の岩田林右衛門という方は、明治一八年（一八八五年）愛知県の農家に生を受けた。六歳の時藤井家の養子となり、明治三三年（一九〇〇年）一五歳の折に逆境を乗り越えて、すべてがハイカラな横浜に出てきた。杉浦商店という鋼鉄商に入店して苦節一〇年、義兄の世話で同市元町二丁目にささやかな西洋菓子店を開いた。後に日本中に甘き夢を届ける不二家の誕生である。

藤井姓を日本一の富士山にひっかけ、文字を〝ふたつとない家〟とした不二家の屋号。藤井氏の夢は初めから稀有壮大であったようだ。狭い店内だが、奥には喫茶室を設けてコーヒーや紅茶を供し、店頭ではシュークリームを含む洋生菓子の類を並べた。その頃の洋菓子店では、一部の進んだところは別にして大半が未だ焼いたもの、日持ちのするものが中心の品揃えであった。そんな中で彼の店の洋菓子は、お客様の目には大変新鮮に映ったようだ。さらに苦労人の彼は一律三銭という、おごらず抑えた値段をつけた。そのためにそれほど儲かりはしなかったようだが、着実に顧客を増やしていった。いくらか落ち着いた大正元年九月、乏しい中に渡米を決意し、各地を視察。自らの手がけている洋菓子喫茶の道は間違っていないとの確信と、その将来性に自信を深めて帰国。その後の不二家の母体、いわゆるソーダ・ファウンテンの構想はこの時にしっかりと固まる。そしてこのあたりに、他のお菓子屋がなべてフランスへとなびく中、敢然としてアメリカ指向を貫き、彼の地特有のお菓子の持つ楽しさ、ハピネスの追求を心がけていった同店の変わらぬ姿勢の原点が見出される。ところで彼の帰省みやげはレジスターであったというが、これを備えた明朗会計に基づく近代的な店舗経営は一躍話題となり、お店もいよいよ大繁盛していく。ただし売り物の喫茶すなわちソーダ・ファウンテンをお茶場と呼んでいたのが時代がかって面白い。人柄がにじみ出る努力が実って、大正一二年に待望の銀座出店が叶った。これ以降同店は銀座不二家としてあまねく知れるところとなり、さらに命名由来のごとく日本一の不二家へと飛躍していくことになる。ざっと振り返るに、この明治末期に始まり、大正に基盤を固め、震災、大戦にめげることなく立ち上がり、荒廃しすさんだ人々の心をペコちゃんのミルキーで和ませ、オバQキャラクターで明るさを取り戻し、ファミリーレストランでハッピータイムを、サーティーワンで選べるアイスクリームの楽しさを教えてくれた。また提携したパリの銘店ダロワイヨーの美味で、お菓子の真髄を我々に示してもくれている。なお同社のキャラクターとして人気を誇るペコちゃんだが、この登場は昭和二五年で、モデルは外国雑誌の挿絵からヒントを得たという。そして名前は東北地方で牛の呼び名とされているベコにヒントを得たものとか。相棒のポコちゃんは缶を手で押した時に出るペコポコという響きの連想からで、ふたりそろえてペコちゃんポコちゃんで親しまれていった。そしてミルキーは昭和二七年の登場である。これについては、米軍からもたらされた余剰の脱脂粉乳と統制解除されてほどない水飴との利用から考案されたものであった。思えば誰にも愛されることになるミルキーは、実は世の必然性から生み出された究極の名品であったといえようか。

大正〜昭和初期

受難の時代

大正時代——大企業の確立&来邦ドイツ人・ロシア人たちの活躍

大正という時代は期間としては長くなかったが、それなりに起伏に富んでいた。大正ロマンといわれる如く穏やかな面を持つ一方で、相応の激しさをも併せ持っていた。この新たな時代の中、洋菓子は人々の求める嗜好にもマッチしてその消費は増大し、これと並行して国内の供給体制も整っていく。例えば森永製菓は大正二（一九一三）年、ドロップやミルクキャラメル等を発売して、次々とヒットを飛ばし、これらは日常生活を営む上での必需品の体さえなしていく。また国産品もさることながら、輸入品も多くなっていった。日清・日露戦争を経て、日本は曲がりなりにも世界の仲間入りを果たしたと同時に、地球も確かに狭くなってきたのであろう。大正五（一九一六）年にはアメリカからチューインガムが入り、その販売会社としてリグレーが創立。続いて大正七（一九一八）年には森永が、わが国で初めて原料のカカオ豆から手がけるチョコレートの一貫製造システムを完成。このことにより原料用のチョコレートは輸入品の実に七割安にもなり、高嶺の花であったチョコレートも一挙に庶民の口に近付いてきた。これらの工業製品は、こうしてこれまで以上に人々の生活を豊かなものにしていったのである。

また、大正三〜七（一九一四〜一八）年の第一次世界大戦後、捕虜となったりした後、日本に定住するようになったドイツ人やロシア人たちによって、それまでのフランス風や英米風に加え、独特のドイツ風あるいはロシア風のお菓子が現れるなど、洋菓子の世界はさらににぎやかになり、それにつれて洋菓子店もいっそう数を増やしていった。ちなみにドイツ菓子ではユーハイムが産声を上げ（後述）、彼と同じ捕虜仲間だったフロインドリーブも同時期に愛知県の敷島製パンの主任技術者に迎えられた。彼は今日の著名なドイツ菓子とパンの店「フロインドリーブ」の創設者で、独立は関東大震災後の大正一三年であった。またドイツ料理店「ローマイヤ」の初代アオグスト・ローマイヤも同じく青島の捕虜で、やはり同じ頃に高級ハムや手作りソーセージをもって、わが国で初めてのデリカテッセンを始めている。

また来日したロシア人にあっては、マカロフ・ゴンチャロフが大正一二（一九二三）年に菓子製造に着手し、リキュール・チョコレートやフルーツ・チョコレートを販売。昭和二二年にＭ・ゴンチャロフ商会と改組し、昭和二八年ゴンチャロフ製菓としている。また大正一五・昭和元（一九二六）年にはヒョードル・モロゾフが神戸で洋菓子店を開業。同店は昭和一一年に息子ヴァレンティンの名をとり、ヴァレンティン洋菓子店となり、昭和二六年コスモポリタン製菓と社名変更する。創業以来一貫してチョコレート、キャンディーといった、いわゆるコンフィズリー（糖菓）の技術で日本の洋菓子界を啓蒙。ちなみに同社の創業当時に、リキュール・ボンボンを日本人に分かりやすいようにと命名したウィスキー・ボンボンなる語は、その名称のわが国流布の嚆矢である。また、同社が英字新聞に掲載した〝バレンタインデーにはチョコレートのプレゼントを〟の広告が、今日のバレンタインデーにおけるチョコレートの祭典の始まりとされている。なお、同社の流れを引いて昭和六（一九三一）年に神戸モロゾフ製菓（現・モロゾフ株式会社）が創業している。

とまれ、いずれの時代にも戦時にあって外地にいる人々は、想像を絶する苦労を強いられるもの。だが彼らはそんな逆境をみごとに跳ねのけて大成し、スイーツに料理にと、後々の日本の食文化向上に計り知れない力を与えてくれた、かけがえのない人々であった。

そして大正一一（一九二二）年、モボモガが流行ったこの年、コロンバンを興すことになる門倉国輝がパリから帰国し、清水製作所という電気屋を営む清水利平と協力して電機オーブン・清水式ベスター号を完成。またこの両氏の指導のもとに林正夫が電機ミキサーを完成。勘や手作業、力仕事の多かった洋菓子製造の近代化が進んでいく。また同年、森永太一郎と同郷の江崎利一が佐賀から上京してグリコを創業。後発ゆえにアイデアを凝らし、後におまけ付き商法で大をなしていく。そして後半の大正一二（一九二三）年に関東大震災が起り、東京や横浜といった首都圏の製菓業者も他産業と同様に甚大な被害を蒙った。しかしながら、そのことがかえってすべての近代化を早めることになり、たちまちにして目覚しい復興を遂げていくことになる。なお、この時代の製菓業界をもう少し細部にわたって見てみると、明治八（一八七五）年にいち早く西洋菓子のビスケットを手がけた凮月堂一家が隆盛を極めて技術面をリードしていたことが分かる。一方、森永製菓はますます発展し、大企業としての布陣を整えていった。また述べた如くグリコも創業。大正一三（一九二四）年には先行する森永に対抗する明治製菓（現・明治）が発足した。総じて大正期は大企業が確立していった時代といえる。なお、一般的

門倉国輝

な洋菓子店においては、ケーキ類の仕上げはグラスロワイヤルという砂糖掛けが中心であったが、次第にレベルが向上し、大正一〇（一九二一）年頃からバタークリームに置き換えられていった。現代のケーキに近付いていったわけである。

永久に競い高めあうライバル・明治製菓発足

日露戦争後の明治三九年（一九〇六年）、国内の需要に応じて明治製糖が設立された。このことより少し遅れて、凮月堂の米津恒次郎他、菓子業界の有志と実業界の有志とで、東京菓子株式会社の構想が持ち上がった。さりながら意見思惑一致せず、菓子業界の面々が離反し、残った実業派が中心となって東京菓子株式会社が発足。一方その動きに合わせて明治製糖は別会社として大正製菓を興し、先の東京菓子と合流した。東京菓子の社名を生かした同社は大正一三年さらに明治製菓と改称した。ただその過程にはこれからの食卓を担うべきパン製造の壮大な計画も浮かんだとか。そして討議を重ねた結果、一転して森永に対抗する一大製菓会社としてスタートを切ることになったという。なお同社はキャラメル、ドロップ、キャンディー、カルミン等を次々に打ち出し、大正一五年には先行する森永を追走するように、ミルクチョコレートの発売にこぎつける。

両雄に割って入るグリコ

森永太一郎と同郷の江崎利一という人が、佐賀より上京し、弟の清六氏と協力し、大正一〇年（一九二一年）にグリコを創業する。先行する森永ミルクキャラメルやサクマ式ドロップスを追走せんと思案の末、滋養、栄養、体力増強を謳う時流を鑑みて、栄養素のグリコーゲンから転用したグリコの名を付けたキャラメルを発売した。箱には両手を挙げてゴールインするような健康的なランナーをデザインし、〝一粒三〇〇メートル〟のキャッチフレーズまで添えた。さらには先行する企業に立ち向かうにはプラスアルファーをと、おまけと豆文をつけるなど、奇相天外な創意と工夫がなされた。これが爆発的な人気を呼び、子供のジャンケンに見られる如く、パーのパイナツプル、チョキのチヨコレイト、グーのグリコの遊びにまでその名が及び、一気に先行各社の仲間入りを果たすまでになっていった。

ドイツ菓子店ユーハイム

一九〇八年よりドイツの租借地・青島に来て、お菓子と喫茶の店「ユーハイム」を開業していたカール・ユーハイムは、一九一四年（大正六年）不幸にも第一次世界大戦に巻き込まれてしまった。当時連合国側にあった日本軍の攻撃を受けて、エリーゼ夫人共々捕虜となり、ほどなく夫人と幼い子供を残して単身大阪、広島と転送の身となる。その間の収容所においても彼は悲嘆にくれることなく得意のバウムクーヘンを焼いたりケーキを作っては周りを喜ばせていたという。五年後にやっと釈放されるが、当時はインフレがひどく、釈放捕虜の救済策が講じられる中、横浜に本店を構えていた明治屋が手を差し伸べ、新しく開く銀座店カフェ・ユーロップの製菓部主任に採用を申し出てくれた。同店は大正八年に銀座尾張町、現在の和光の裏側に開かれたが、ここで身を粉にするエリーゼ夫人の働きぶりとユーハイムの作る自慢のバウムクーヘンやケーキはたちまち評判を呼んだ。その頃までの洋菓子は、主に砂糖を卵白で溶いたグラス・ロワイヤルや水で砂糖を溶いたアイシングと呼ばれるものでケーキを飾ったり、覆ったりしていたが、彼の作るケーキは母国ドイツ流にバタークリームをたっぷり使った口当たりなめらかなものであった。この頃を契機として、日本のお菓子も全体のレベルがどんどん上がってくる。契約終了後の大正一〇年、夫妻は横浜山下町の売り店と出会い、念願の独立を果たす。だが、歓びも束の間、関東大震災に打ちのめされ、振り出しに戻って失意の内に神戸にやってくる。そこで友人のロシア人の舞踏家と出会い、叱咤激励を受けて再起を促がされ、三宮に店を再開。ところがそこに第二次世界大戦が襲い掛かってナイーブな彼を苛み、入院加療のために帰国を余儀なくされる。病いも何とか治まり夫人が迎えに行ったが、明るかった性格は元に戻ることなく、終戦の前日眠るように他界。夫亡き後夫人は帰国したが、かつてのスタッフが火を灯し続け、店の再興に掛かる。一方、追い討ちをかけるように、夫人は帰った母国で最愛の息子カール・フランツの戦死を知らされる。それもドイツ降伏の二日前、ウィーンのちょっとした小競り合いの銃火で。失意のうちに暮す彼女の消息は、日本の再生ユーハイムのスタッフの知るところとなり、「何とか夫人を日本に迎えよう」と燃え、一九五三年その熱意が実り、夢が叶った。概ねフランス菓子を良しとするわが国の甘味志向の中で、不二家がアメリカ志向を貫いていった如く、フロインドリーブともどもドイツ菓子を押し通し、お菓子の価値観の幅を広げたカール・ユーハイムの足跡は、わが国の食文化史上にひときわ大きな輝きを残している。

わが国近代フランス菓子の祖・コロンバン創業

埼玉の熊谷市小川町から上京した士族・門倉幸一の次男として、明治二六年下谷に門倉国輝は生まれた。大酒飲みの夫に愛想をつかして母親は姿を隠し、思い余った父は生まれて間もない妹と国輝を上野の不忍池のほとりに連れ出し、親子心中を図る。今まさに幼い命が消えんとしたその刹那、天の啓示か、国輝坊や、無心にニッコリ微笑んだ。それを見た父はハッと我に返り、ウソのように殺意がそがれていったという。まさしく間一髪の命拾いであった。得てしてこういう人が名を残すことになる。思いとどまった父は横浜に出て、知人の世話で料理店を開く。どうやらこのあたりから食べもの方面とのつながりができていったようだ。国輝少年一二歳の時、そうした食べもの関係の縁もあってか、横浜常磐町、馬車道の凮月堂に小僧奉公に出されることになった。ここは当時破竹の勢いであった米津凮月堂当主・米津松造の四子・武三郎が営む洋菓子専門店であった。凮月堂一門の総師をつとめていた門林弥太郎いわく「あまりいたずらが過ぎるため、思い余ってよく着物の紐で柱に縛り付けておいたもんだが、それでもすぐにどこかへ行ってしまって……」とぼやくほどのやんちゃぶりであった。しかしながら、国輝少年はここで才覚を現す。仕事の跳ねた後、夜間中学に通わせてもらう許しを得て学業を修め、果ては自ら進んで外人町に使いに出かけ、独学で英語に取り組む。横浜、洋菓子、外人、外国語等々。新しもの好きの彼にはぴったりの環境だったともいえる。明治四三年（一九一〇年）、一応の仕事を修めて同店を辞し、当時フランス料理及びフランス菓子で名を上げてきた芝・三田にある東洋軒に移った。この後ひととき麹町の大蔵省印刷局内に、東洋軒に倣って朝陽軒なる喫茶室を開いているが、三年ほどで東洋軒に戻っている。二八歳になった国輝青年は、東洋軒主人・伊藤耕之進に見込まれて、フランス菓子研究のために渡仏を敢行、日本郵船に乗り込んだ。時に一九二一年、大正一〇年のことであった。彼は当時パリで一流といわれたカンボン通りの、今はもうなくなってしまった菓子店コロンバンに入店。純粋なフランス菓子を習得する。帰国独立時、コロンバンの名称使用の許可を得るほどに仕事に励んだ。そして一〇年後に再び渡仏し、今度はマジェスティック・ホテルで料理菓子、糖菓、アイスクリーム等を学び、ジェックス菓子店では妻ともどもチョコレートの何たるかを身につける。後年筆者によくこういっておられた。「菊ちゃんたちはいいよ。分からなきゃ辞書があるんだから。僕の時は何だって耳学問なんだから大変だ。おおかた想像で解釈し、自分用の字引きなんか作ったりしたんだから苦労したよ。第一あの頃パリにいる日本人といったら、僕と宮様（北白川宮成久王）と侯爵（前田利為）夫妻とお医者さん（?）……。それぐらいしかいなかったんだからねぇ」。さもありなん。こうした先人のご苦労があったがゆえに今日があるわけで、日本大使館かJALやANAのオフィスに飛び込めば何とかなるかも知れない、などと相手かまわぬ最後の切り札を持っている我々の世代などは、多少のことで文句をいったらバチがあたりそうだ。大正一一年に最初の帰国をし、東洋軒に復職し、見聞を活かして銀座にリボン銀座なるフランス風の店を開店。震災によって東洋軒が壊滅したため、やむなく退店し、大正一三年（一九二四年）大森に薬物化学研究所・コロンバン商店を創業。フランス菓子の製造販売にしてはたいそう大仰な名称のスタートであった。そして昭和四年（一九二九年）晴れて銀座三角堂跡に出店。さらにその二年後、その近くの六丁目角に、在仏中よりの知己、藤田嗣治の天井壁画六枚を飾った銀座コロンバンを開店し、三角堂跡の店を新たにテラスコロンバンとして道路に椅子、テーブルをせり出した形に改装する。かよう藤田嗣治の絵を持ってきたり、パリ風テラスを設けたりと、いつもひとり時代の最先端を行く同氏の面目躍如たるものがその商いの節々に強烈に感じられる。またさらに常々こんなこともいっていた。

「フランスから帰る時、電動ミキサーを買ってきたけど、日本じゃあ未だ一台もなかったなあ。それから電機屋と一緒に、あっちで見てきた電機オーブンを設計して、それらしいものを完成させたんだけど、往生したよ。何しろ誰も見たことがないもんだから、いくら口で説明しても分かってもらえないんだよ。そうそう、それから冷蔵ショーケースも僕が初めてアメリカから輸入したんだよ。それですぐにデパート、確か銀座の松坂屋だったかなあ、そこへ持っていったら相手がびっくりしちゃってねぇ、こりゃあすごいって……」。

さらに商い以外でも大活躍をしている。昭和二年（一九二七年）神田駿河台において全国の業界関係者が集まり、代表者会議を開催した。協議の末、全国菓友会連合会が結成され、彼は会長に推されている。また昭和六年（一九三一年）には『喫茶とケーキ通』なる書の出版もしている。足跡を挙げると際限がないが、注目すべきところでは東京市本所区議会議員に当選し、副議長を務めるまでに信任を得て、深く行政にも携わっている。さらには昭和二六年、日本で初めての試みである東横のれん街に進んで出店し、その二年後の東京駅八重洲口の名店街創設にあっては、各店に呼びかけ、半信半疑で渋る店主を自ら説得、発足させた功労者でもある。この成功により、全国の百貨店に一躍名店街ブームが起り、それらの食品部があっという間に様相を変えて、一種の流通革命を起こしてしまったゆえ、思えば大変な殊勲である。また後年、全日本洋菓子工業会という業界団体の理事長として四散していたこの分野をまとめ、ひいては個人的な交友をもとにその会を世界洋菓子連盟に加盟させるなど、発展する商いとは別に、常に大所高所から製菓業界の発展に尽くしてきた。今でこそわが国は世界の大国として相応の扱いを受けているが、当時としては未だやっと立ち直りかけてきた敗戦国の貧しい国であり、とても世界の仲間入りを即座に認めてもらえる状態ではなかった。それを貴重な外貨に換えた自費をもって渡欧幾たび、ついに世界に日本の洋菓子界を認めさせたのだ。費用とて毎度の個人負担ではたまったものではなかったはずである。筆者も在欧中何かとお手伝いをさせていただく機会をもったが、それはそれは大変な努力、尽力、そして人脈であった。改めて申すまでもなく、世界洋菓子連盟への日本加盟は、氏の燃える情熱なくしては成し得なかったこの時期の快挙であった。一九八一年に八八歳をもってハワイの別荘で天寿を全うしたが、最後まで一徹を通しつつ洒落た国際人であり続けた門倉国輝一代記は、そのまま近代日本洋菓子史として置き換えることができよう。

昭和時代前期・戦前

軍需産業がすべてに優先

昭和の時代に入るとほどなく金融恐慌になり、世界恐慌の嵐が吹き荒れた。続いて昭和六（一九三一）年を契機に日本は戦時体制に入り、満州事変、日華事変と、事変の名を借りた戦争状態から、そのままの流れで太平洋戦争に突入していく。軍需産業がすべてに優先し、諸物資の経済統制が強められていった。洋菓子の業界も主原料の砂糖や小麦粉、バターなどがいち早く統制品になり、海外からの輸入も困難になった。特に砂糖からは代用ガソリンのブタノールが生産できるとあって、ことさら調達が難しくなった。こうして甘いものは人々の前から姿を消していった。特にお菓子の中でも欧米文化を背景とする洋菓子は、外国語の使用さえ禁じられる風潮の中、暗い受難の時代を迎えることになる。非常食として役立つビスケットや乾パン、疲労回復に有効とされるキャラメルなどは、軍需産業として認められ、逆に奨励されていったが、それ以外の洋菓子を営む多くの店や製菓会社はやむなく転廃業を余儀なくされていった。

甘くほろ苦きチョコラベル・コレクション

私事で恐縮だが、筆者の父は菓子屋という家業、環境の故か、チョコレートのラベルの収集という、ちょっとユニークな趣味を持っていた。その中にはまだ国産チョコレートの草創期ともいえる大正末期、昭和の初めころの珍しいものも多数ある。こうしたものを見るにつけ、新しい味覚を知らしめるための努力や労苦、日本の文化的、社会的なレベル、そして冒頭に述べた如くの、有事を意識した暗い時代への道程がはっきりと浮き彫りにされてくる。たかが一葉のチョコラベルから。

先覚者ゆえの努力と苦労

時の積み重ねを感じさせる変色したアルバムを繰るに、昭和初期の頃は圧倒的に森永製菓の製品が目立つ。わが国で初めて原料のカカオ豆からチョコレート一貫製造の機械化されたチョコレート工場ができたのは大正七年で、同社の田町工場がそれであった。後年それで鳴らす明治製菓が活躍しだすのは、もう少したった大正一五年になってからである。したがってその時点では、苦労もやはり森永の方がひと足先に体験しているようだ。何となれば売る以前に、いかにチョコレートなるものを一般大衆に知ってもらうかの方が先だったようなのだ。何せ消費者が認識していなくては話にならない。そこで板チョコの一枚一枚にチョコレートとは何ぞやを説くために、原料のカカオ豆から製品になるまでの工程を写真と文で綴りつつ、栄養価の分析表まで付けて折り込み、一からの啓蒙と教育を施しているのだ。いつの時代でもリーディング・カンパニーは大変なようで、涙ぐましい努力を強いられている。そしてキャッチフレーズに、〝嗜好界の権威・滋養の源泉〟と謳っている。折に付けダイエットを説き、低糖、低カロリーを打ち出して止まぬ昨今とは隔世の感を禁じ得ない。もちろん横書きの文字は左から右の配列である。

その他いろいろあるなかでも感心させられるのは、「チョコレートの栞」と題した宣伝用の小冊子だ。見開きより「チョコレートと

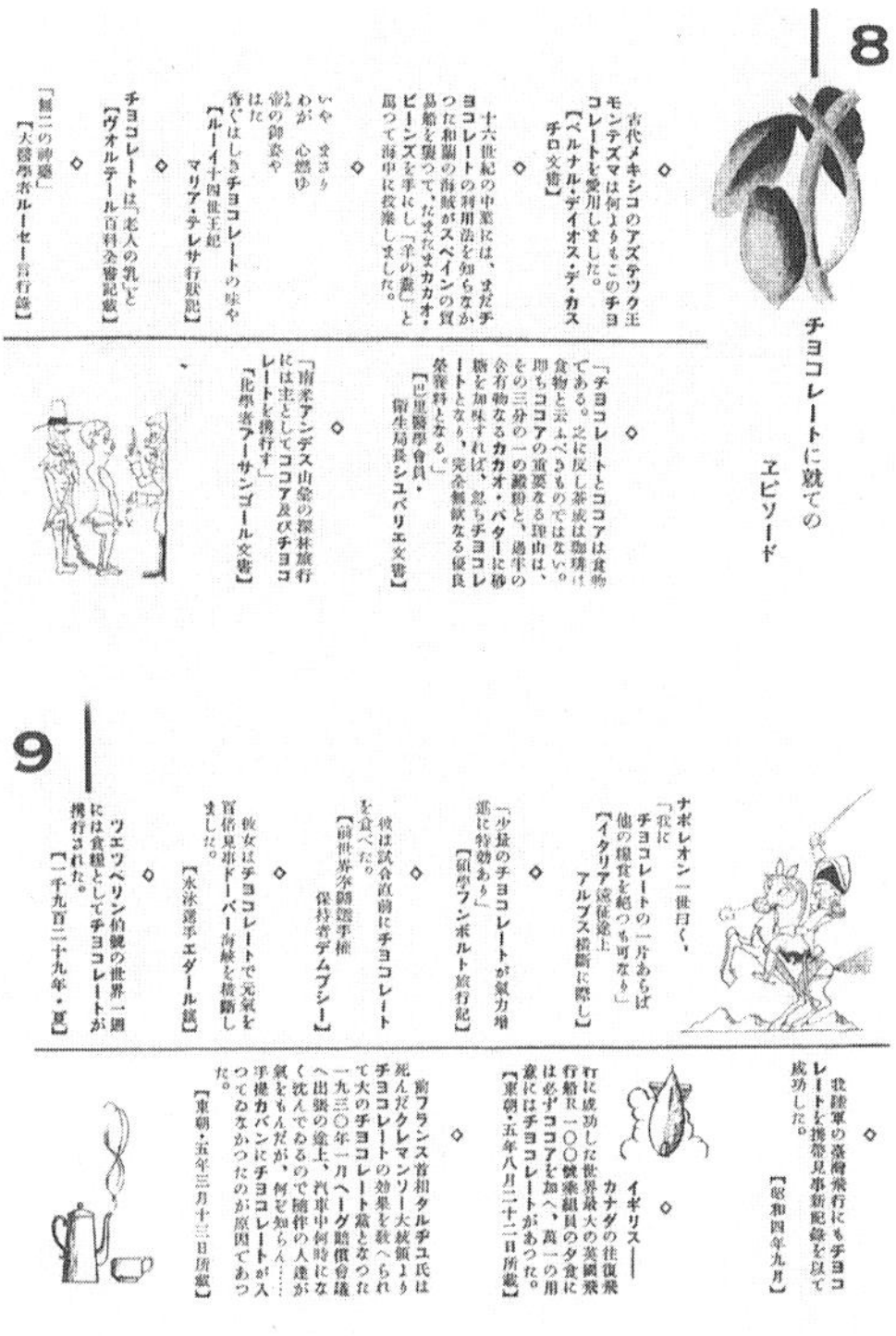

「チョコレートの栞」（昭和6年、森永製菓）

は？」と題し、すなわち「チョコレートはカカオ樹の種子から作ります。カカオ樹は学名テオブロマ・カカオと云ひ、これはギリシャ語にて『神々の糧なるカカオ』の意味で、古代メキシコの……」と、以下カカオ豆の説明、組成と続き、古くからこれを利用していた南米アステカ人とスペイン人の出会い等々、チョコレートの今日までの足跡を述べている。このくだりなどは、半世紀以上たった今日、不肖筆者もかねてより知った風をしてあちこちに書き連ねていることで、今さらながら赤面、恥入る次第である。またこのことで驚いていたら、その亡父の文箱より、すっかり変色した往時のチョコレート研究の論文を発見し、そこにも同様に縷々述べられていた。昔の人たちには恐れ入るばかりである。

また同じ栞の中で、ちょっと愉快なものも見受けられる。「チョコレートのエピソード」である。一、二拾ってみると、「ナポレオン一世曰く『我にチョコレートの一片あらば、他の食糧を絶つも可なり』、イタリア遠征途上、アルプス横断に際し」というのだが、本当だろうか。馬上勇ましく剣振りかざす漫画のイラスト入りである。

そうかと思えば、日英単独飛行を成功させた女流飛行家ブルース夫人が「オー、モリナガ・スポーツマン・チョコレートよ！」といったとか。これは大阪ホテルで撮ったという写真入りなので、ひょっとしたら本当にいわせたのかも知れない。

さらには「前フランス首相タルギュ氏は、死んだクレマンソー大統領よりチョコレートの効果を教えられて、大のチョコレート党となった。一九三〇年一月ヘーグ賠償会議へ出張の途上、汽車中何時になく沈んでいるので随伴の人たちが気をもんだが、何ぞ知らん……。手提カバンにチョコレートが入っていなかったのが原因であった」。うーん、当方こそ何ぞ知らん……。「よきチョコレートの中には戀の味、文藝の味、その他いろいろの味がある」菊池寛。「濃厚な甘さ、たとへば深紅の牡丹の花が紫の蜜にぬれし如し」野口雨情。「もう一箱お送り下されば、決して辞退いたしません」東郷青児。こういう人がいうから洒落て聞こえるのだ。

この他ルイ一四世妃マリア・テレサやフランスの思想家ヴォルテール、ドイツの新人文学者フンボルト、はては飛行船のツェッペリンまで引き合いに出して、真偽の程はさておき、あらん限り普及に努めている。またモダーン・チョコレート・オラクルと称する占い付きのものもあり、盛んに遊び心を誘っている。今でいう星占いの類であろう。何でも「オラクル様、オラクル様」と唱えながら、折りたたんであるラベルの扉を開くのだと、往年父より聞いた記憶がある。こういった手法は今も基本的には変わっていないが、占いの文句には何ともいえぬ時の流れを感じる。一例を原文のままに写せば、「石田三成、天一坊、由比正雪なんて人騒がせがアララ！　あなたと同じ星です。はてな？　映画のスターって柄じゃなし（シッ）何で新聞種になるんだらう？」。

「第六感でお進みなさい。幸運が今あなたをまってゐます。でもロールスロイスが欲しいの、グレダ・ガルボと競演したいのなど、チトどうかと思ふね」。

「モダンなあなたに今日はアラパージュ・パレードをおすすめします。ナフタリン臭い緋鹿の子に、コテで桃割れに結った江戸娘など一寸ばかりシークなものですから」。アラパージュとはフランス語の à la page、すなわち「時代の先端を行く」の意味。となるとずいぶんシャレた表現が通じていた時代といえる。またシークとはシックのことと思われる。

「デパートの屋上に出る。成る可く危険な処へ歩み寄る。悲しげに下を通るマシン（自動車）を勘定する。監視人が来るようならＯＫ。さもなければ出直し。アムソリー・サー」。かなり危いことをそそのかしている。言葉もフィーリングもそれぞれの時代に生きるもの。正直いって今のわれわれでは、これを一読しただけではピンと来ないが、それでも天一坊や由比正雪が出てきたり、果ては桃割れを結った江戸娘を登場させたり、チトどうかと思うね。アムソリー・サーなどの一言一言には、思わず頬が緩んでくる。またよほどの映画通でない限り、かの名優グレダ・ガルボを知っている人も少なくなった。

しのび寄る暗い陰

そうかと思うとこんなものもあった。大東京チョコレート。これは明治製菓だ。大東京の素顔として、面積を坪数で比較し、羅府、上海、伯林、紐育に次ぎ東京を第五位としている。上海はシャンハイと分かるとしても、他をロサンゼルス、ベルリン、ニューヨークと読める方はかなりのオールド・ジェネレーションとお見受けする。続いて人口も紐育（ニューヨーク）六五九万人に次いで東京第二位で四九七万人、以下倫敦（ロンドン）、伯林（ベルリン）、市我古（シンガポール）、上海（シャンハイ）、巴里（パリ）、大阪と記されている。第十回オリムピック優勝記念チョコレートもあった。三段跳びの南部忠平、百米自由形・宮崎康二、八百米リレー、百米背泳・清川正二、二百平泳・鶴田義行、千五百米自由形・北村久壽雄、馬術障害飛越ではバロン西こと西竹一と列記され、それぞれの成績と不滅の功績を称えている。だいぶなつかしい響きの名前が出てくる。日本競泳陣の華やかなりし頃のことだが、それにつけても金メダルを七つも取得し、国を挙げて頑張っていることが分かる。ただ、オリンピックで盛り上がるのは今も昔も変わらぬとしても、東京や大阪の面積、人口さえも世界と比すなど、どこといわず全体に国威発揚のムードが感じられる。遅れていたわが国ニッポンも粉骨砕身ここまでやって来たんだ、急追よくついに世界の仲間入りをするまでになったんだ、まではよいとしても……。勘繰り出せばきりがない。そしてそんな不安が的中する。とうとうこんなものまで現れた。鐵兜チョコレート、爆弾チョコレートだ。鉄兜をかぶった兵隊が銃剣を突きつけては、隣のエンジェルマークが泣き出そう。デザインされた爆弾の下では、必ず多くの死傷者が出て修羅場となるのだ。もちろんこれを発売した同社とて本意ではあるまい。でも世界中がそうしたムードに包まれ、その時わが国もその中に確かに位置していたのだ。平和に治まる今日にいて偉そうに物いえた義理でないのは承知の上だが、それにつけてもハッピーであるべきお菓子の世界にまでも、こうした世相が映し出されること自体悲しい限りである。せめて子供たちに夢を与えるお菓子の世界ぐらいはと願うは筆者のみにてはあらぬはず。そのお菓子ま

森永爆弾チヨコレート

森永鐵兜チヨコレート

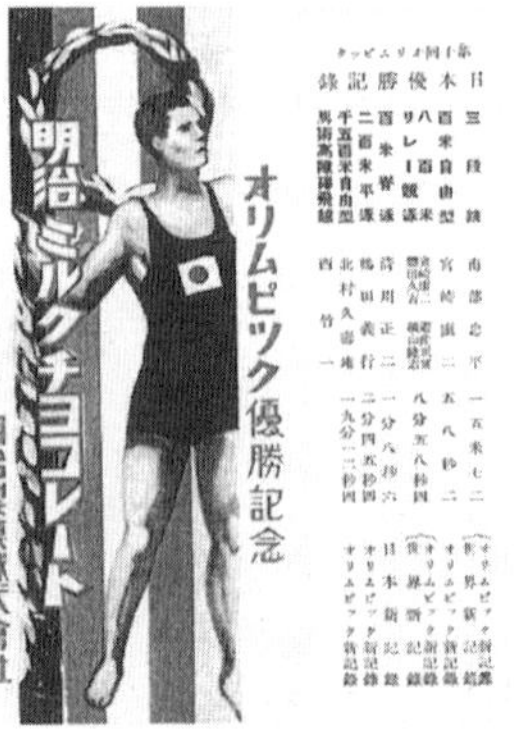

オリムピツク優勝記念
明治ミルクチヨコレート

でも、ひとつふたつと人々の前から次第に姿を消していった。それと同時に夢も消え、殺伐とした空気が世の中を支配していく。ああ、やんぬるかな甘き生業。

昭和初期を顧みれば

次第に世情が厳しくなっていく様とそれに抗う動きを当時の各書に見ることができる。たとえば昭和三（一九二八）年刊の『菓寶』と題する業界誌だが、これにはあえて和洋菓子聯合技術奨励会のタイトルが付けられている。ここに当時の最先端をいっていたであろう各種の和洋菓子を載せているが、この書に付けられた和洋聯合という語に、そろそろ和だの洋だのといっていられなくなってきた背景を如実に感じ取ることができる。ところが、日中戦争で意気上がる昭和一四年の、『主婦の友』の附録として付けられた「夏の飲物と冷菓の作り方百種」では、三色バヴァロワや挽茶のブラマンジェ等、まだまだ元気を装っている。続く開戦直前の昭和一六年五月発刊の主婦の友社の『家庭パンとおやつの作り方』などでも、各種のパンや、和菓子、あるいはスポンジケーキ、ビスケット、プディング、シュークリーム、アイスクリーム、シャーベットといったさまざまな洋菓子類が家庭でできるおやつとして紹介されており、いささかの余裕さえうかがわせる本作りがなされている。開戦直前で、むしろ意気も大いに上っていたのだろうか。ただ、その実、内情はかなり切迫していた。そしてそのまま国中が戦争へと突き進んでいってしまう。戦時にある昭和一七年の『日本の菓子』（山崎斌著・月明文庫）の後記では、こんなことも書いている。「菓子のない、よい菓子のでき難い昨今、菓子の話でもあるまいと言はれるかも知れないが、しかしさうであれば、尚更これは語らなければならないと私はおもふ」と。そしてこのしばし後、戦局は不利を呈し、時局は一挙の暗転。同書の予見したごとく、まさしく世の中はお菓子どころではなくなっていく。やはりお菓子は人生を豊かにするものであり、平和の象徴でもある。そのお菓子が目の前から消える、あるいは遠い存在となってしまう世の中には、決してなってはならないとの感を、誰しもが強く抱くことになる。

昭和二〇年代・戦後〜昭和三〇年代

荒廃から復興へ

戦い済んで日は明けて

一九四五年八月一五日終戦。長年にわたって積み上げてきたものを瞬時にして失い、戦後の厳しい経済情勢と苦しい食糧事情の中で、全国民がただただ生き抜くだけで精一杯の状態だった。文字通りゼロからの出発である。進駐軍による統治下、統制経済が施行されたが、物資の不足には抗いようもなく、人々は買出し列車に明け暮れ、横行するヤミ米、ヤミ物資をその日の糧とする暗い日々が続いた。かぼちゃがお米の代役を果たしたり、ご飯に青豆を混ぜただけのおかずなしの食卓が日常でもあった。甘いものといえば、サツマイモやそれを乾燥させたカンソイモぐらいしかなく、嗜好品であるお菓子にまではとても手など回る状態ではなかった。特に砂糖などはことのほか貴重品であったため、その代用としてサッカリンやズルチンといった人工甘味料が使われた。そうした状況から脱すべく、何とか体制が整い、復興の兆しが見えてきたのは終戦から三、四年後のことである。まず、昭和二四（一九四九）年に医薬品がらみもあって水飴、ブドウ糖の統制が解かれ、次いで翌二五年に練粉乳の統制解除及び菓子類の価格統制、いわゆるマル公の撤廃が行われた。そして昭和二七（一九五二）年に甘味業界待望の砂糖と小麦粉が晴れて自由の身になった。やむなく手をこまねいていた洋菓子店や製菓会社も急速に息を吹き返していく。同時に多くの主要産業も目覚しい復興を遂げ、国民生活は日増しに向上し、食生活もみるみる豊かになっていった。アメリカ側の手厚い支援にも謝意を表さねばならないが、何より自立せんとする日本人の不屈のバイタリティーがあったからこその再起でもあった。

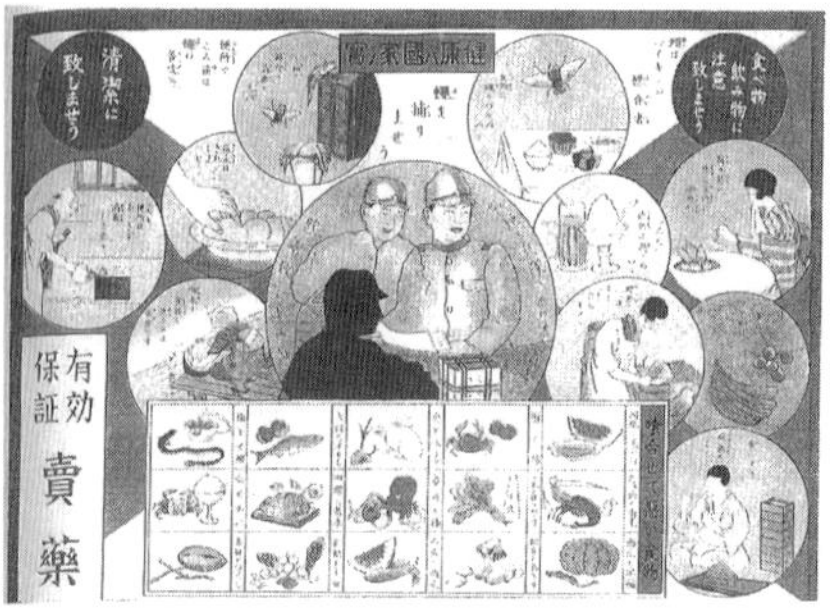

太平洋戦争・戦時中のチラシ

終戦から復興へ

さてその昭和二四年、一般家庭においてさえ早くもお菓子へのアプローチがなされていく。『一流料理人腕くらべ・日・米・沸・露・中華——夏のお料理大全集』と銘打った婦人倶楽部発行の書に、アメリカのパタソン夫人指南として、エンジェルケーキやシュガー・クッキース、オールド・ファッション・ショートケーキといった数々が列記されている。おおかたの厳しい実生活からはかけ離れていたとは思うが、人々はそこに甘美な夢を見ていたのだ。さらに二年後の『お菓子のスタイルブック』（黒田初子著・日本織物出版社刊・昭和二六年）には、何とクリスマスケーキの作り方などを載せている。また昭和二七年の『ビスケット』（婦人の友）にはさらに多くのお菓子を紹介しているが、その内容に大いなる工夫が見られる。〝すり鉢とフライパンでできるビスケット〟や〝粉のいらないマカロン〟等である。実のところ未だ機具や材料もままならない様子がみてとれるが、それでも豊かさを求めて、官民一体、総力挙げて、国全体が前に進んでいる。

製造面でのシステムの充実

電動式のミキサーや電機オーブンを日本に取り入れたのがコロンバン創始者の門倉国輝氏であったことはすでに述べたが、この時門倉国輝氏の指示に従い一緒になってミキサーを作ったのが、林正夫という人である。彼は後にミキサー専業の関東混合機工業なる会社を興した。現当主の林孝司氏によると、初期のものはどうやらイギリスのリード社のものに倣って作ったらしいというが、ともあれこのことによりお菓子屋さんがどれほど助かったか分からない。材料を混ぜるという重労働からの菓子職人の解放こそが近代製菓法への脱皮の第一歩といえようか。戦時体制に入ってからはさすがに動きも止まったが、戦後再開されてからは一気に需要も増え、それとともに改良が繰り返され、今日ではタイマー付き、湯煎付き、異物混入防止カバー付きはもとより人間の手そっくりの動きをするマシン等まで作られ、お菓子作りを側面から支えてくれている。

それから電機オーブンの出現。これも大革命といえよう。煉瓦を積んだ窯に薪をくべ、巧みに火加減を調節するという名人技は見せどころを失ったが、少し慣れれば誰でもが、正確にきれいにお菓子を焼くことができるようになった。門倉氏は「向こうで使っていたものを見様見真似で電機屋と取り組み、ニクロム線を配してそれらしいものを完成させた」と述懐していたが、その電機屋というのが清水利平という方で、清水製作所というその分野での草分け的な会社を興したことで知られている。そして作ったオーブンは清水式ベスター号と名付けられ、多くのお菓子屋で利用された。先の林正夫氏のミキサーを専門的に指導したのも、実はこの清水氏だったそうで、共に門倉氏の帰国して直後のことだったというから、大正一一年頃の話だ。そして戦後からこの流れを引いた文化電機（もうなくなってしまったが）という会社をはじめ、いくつかの専業メーカーがこぞってその生産に力を入れ、普及に尽力した。オーブンの耐用年数というのものは大変長く、開業当初からのものを大切に使用されているお菓子屋さんも少なくない。そしてそれでも新しく買い替えねばならぬとき、引き取られるオーブンを前にしみじみと、剥げて凹んで黒光りした鉄肌をさすりつつ、「これには本当に世話になった。ちょっと待ってくれ。これだけは置いていってくれないか」といって型式や製造番号の打ってあるプレートを取り外し、手元に残す人も多いとか。家庭でも台所、かまどには荒神様という神様が宿るという。菓子屋にあっても同じこと。長年苦楽を共にした製造の根源たる火の元に対する思いはひとしおのものがあるのは当然のこと。たかがオーブンなどと軽んじてはバチがあたる。ここにはお菓子屋さんの魂が込められているのだ。そのオーブンについても、戦後暫くはともかく、特に近年の進歩には目を見張るものがある。

作る方が何とかなってくれれば、後は売る方である。時代を少し先走るが、昭和三〇年代に入ってから、電機冷蔵ショーケースが普及してくる。今では当たり前すぎる装備だが、当時の生菓子を扱うお菓子屋さんにとっては計り知れない朗報である。これについては後述するが、実名を挙げるなら保坂製作所という会社がある。冷蔵ショーケースの専業メーカーである。同社代表の保坂貞雄氏は「あの頃は社会的必要性も手伝ってか、いずこもそうしたものの開発をめざしていたようですし、決して手前どもだけが先頭を切ってやってきたわけでは……」と謙虚に述べておられるが、こちらの活躍と貢献は特筆に値する。

戦後を潤す夢の仕掛け人

さて、時を戻そう。こうした復興期の昭和二三年、森秋廣という人が、間借りしていたカネボウの本社で乏しい材料を工夫して代用チョコレートを開発した。幕末に来日したタウンゼント・ハリスにちなみ、これをハリスと名付けて売り出した。甘い物に飢えていた人々の間でたちまち広まっていった。アイデアマンの彼は今度は酢酸ビニールを使って国産初のチューインガムを作り出す。昭和二六年初秋のことである。これもまた爆発的な人気を博し「チューインガムのハリス」の名は一気に世に浸透していった。まだテレビ草創期の頃のこと、「名犬リンチンチン」という人気番組があった。頭の良いシェパードが飼い主の少年を助けて大活躍するという映画で、当時の子供たちは画面にくぎづけになっていたものだ。そのスポンサーとなりコマーシャルを流していたのが、かくいうハリスガムであった。昭和四一年同氏は会社を縁の深いカネボウに譲渡し、カネボウハリスの商標となった。同社はその後発展してカネボウ食品になりカネボウフーズ、クラシエフーズとなっていく。

ところでチューインガムといえば、もう一方の雄はロッテだが、こちらも昭和二三年に創業している。ガムの販売会社としては大正五年にリグレーが創立され、モボやモガにもてはやされたが、ロッテは先のハリスとともにその下地を受け継ぎ、西のハリスと並ぶ東のロッテとして成長を遂げ、一気にチューインガム市場を確立していった。その後はわが国有数の総合菓子メーカーのひとつに育っていったことは周知のごとくである。またそれにも増して急伸し、ついには業界での売り上げ日本一となった業界のガリバー・山崎製パンの、お菓子の世界への貢献度も今さら申すに及ばぬものがある。ちなみに申し上げると、こちらは飯島藤十郎が昭和二三年に興したもので、当初はわずか一二坪の委託製パン工場からの発足であったという。それがみるみる成長し、今日の大を成したゆえ、まさしくジャパニーズ・ドリームといえよう。

ところで、さらにここに特記すべきものがある。景品付きの「紅梅キャラメル」や「カバヤキャラメル」「ニイタカドロップ」、あるいは景品はないが「フルヤのウィンターキャラメル」「ライオンバターボール」といったものなどだが、これらが甘い味覚と楽しみに飢えていた子供たちに限りない夢を与えていたことが印象深い。ちなみに紅梅キャラメルには、巨人軍選手のブロマイドが入っており、レギュラー九人を集めて送ると、すぐに破けてしまう、今の子供たちだったら相手にもしてくれないようなグローブや、たちまち空気が抜けてしまうゴムボールがもらえた。ある年齢以上の方なら強くご記憶にあられようが、水原監督や川上、千葉、青田、与那嶺、南村といった名選手たちが日本のヒーローだった時代である。これが欲しくて欲しくて、子供たちはみなおこづかいをもらうや、一目散にお菓子屋さんに駆けつけた。そして友達とダブっているカードを交換するのだ。それに対抗する立場にあったのがカバヤであった。こちらは文庫券が一枚入っていて、五〇点貯まるとカバヤ文庫と称する漫画本が一冊もらえる。これまた子供の世界では大騒ぎとなっていた。よろず乏しかった当時としてはなかなかのもので貴重この上なく、まるで宝物のように扱われた。この二社を比べるに、それぞれの発祥地のゆえか紅梅キャラメルは東の方に強く、カバヤは西日本方面に力が入っていたように見受けられた。が、それはともかく、わが国の復興途上におけるこの二社の、既存の大メーカーを向こうにまわしての大健闘は、楽しみの少なかった当時の子供たちに、大いなる遊び心と、ささやかであったがすばらしい夢を膨らませてくれた。国が豊かになるほんの少し前の、甘き世界へのタイムスリップをさせて頂いた。

食味今昔

人工甘味料としてのズルチンに関してだが、しばらくはフルーツ缶詰などに利用されていたが、健康上の理由から一九六八年以降は全面禁止になり、サッカリン・ナトリウムについては、お菓子一グラムにつき残存〇・一グラムまでとされるに至った。なお後者については、近年の低糖低カロリーを求めるヘルシー志向から、コーヒー、紅茶などを摂る際のダイエットを目的としての利用は増大しつつある。今日では貧しいから人工甘味料を使うのではない、豊か過ぎるから使うのである。同じようなことが他のものにもいえよう。かつて主食の代用とされたかぼちゃは、パンプキンパイやパンプキンプディング等に生まれ変わって、今やハロウィーンの主役に躍り出ている。さつまいもについても、スイートポテトとしてスイーツ界の通年商品の座についている。世の移り変わりは想像を超えるものがある。

昭和三〇年代――驚異の復興から高度成長へ

話を戻そう。〝戦後〟の意識もだいぶ薄らぎ、〝もはや戦後ではない〟といわれたこの時代、強く記憶に残るのは、昭和三〇年代に入ってのクリスマスだろう。夜の銀座に一〇〇万余人が繰り出し、道という道を埋め尽くし、クラッカーを鳴らし、三角帽をかぶり、レイをかけた自由を満喫する人たちが、手に手に四角いクリスマスケーキの箱を提げ、聖夜を祝った。手に入れた平和のすばらしさを心の底から楽しんだのだ。それからほどなくして、電気冷蔵庫が普及し、洋菓子店にも先にご紹介したごとくの、おしゃれな電気冷蔵ショーケースが備えられ、お菓子のレベルもみるみる向上していった。日持ちのしないカスタードクリームや生クリームを使ったお菓子なども安心して作って販売できるようになり、お客様も心置きなく買って帰り、食べたい時に食べられるようになった。たとえばショートケーキ、シュークリーム、エクレア、プリン、モンブラン、サヴァラン、バヴァロワといった豊かな洋生菓子の類である。

昭和三〇年代後期においては、商いの面でも大きな変化が現れた。経済復興とともに導入されたアメリカ式合理的経営方式と流通システムにより、他の多くの産業と並んで、製菓業界もまた驚異的成長を遂げていったが、その立役者として消費活動をリードしていったのが百貨店である。ここに名店街やのれん街、老舗街といったものが誕生し、街中の一商店あるいは小企業に甘んじてきた多くのお菓子屋が、消費文化の花を咲かせた。昭和二六（一九五一）年に最初にできた東横のれん街のシステムは昭和三〇年代に入ると一気に広がりを見せ、たちまち全国各地に波及していった。時はあたかも昭和元禄、〝消費は美徳〟と、次々に展開される百貨店、駅ビル、地下街、複合商業施設等もこぞってこの方式を導入。中央、地方を問わず、洋菓子店も和菓子店もこの流れに乗るべく懸命の努力を重ねた。当然お菓子の性格にも変化が起きてくる。特に顕著な発展を見たのが乾き物といわれる商品群だ。大量供給可能にして日持ちがよく、壊れにくくて配送に便利といった諸要素が、活発なギフト需要に対する必須条件となる。例を挙げるなら、缶入りクッキーやバウムクーヘンといった品々がブレークし、時流に乗った多くの洋菓子店が商店から企業へと脱皮していった。顧みるに消費者が流行を追いかけ始めるのもこの頃からである。

昭和四〇〜五〇年代

高度成長期

昭和四〇年代——流行の先駆け

消費活動が盛んになり、生活にゆとりができると、消費者の求めるお菓子の傾向も変化してくる。すなわち口にするだけではなく、見て楽しむようになり、飾る技術が格段の進歩を遂げてきた。デコレーションケーキを例にとっても、細かい線絞りで技術を競ったり、マジパン細工の花やかわいらしい動物をケーキに飾ったりした。またショートケーキを折りたたんだようなオムレツケーキやブッセといわれる半生菓子も流行っていった。いくつものヒット商品もさることながら、全体像の中でのチョコレートケーキやチーズケーキのブームも特筆に値する。それまでの洋菓子店といえば、ショートケーキ、シュークリーム、プリンという、定番の御三家さえ置いておけば間違いない時代が長く続いた。が、この頃から先の二品がなければお菓子屋としての市民権すら与えられないほどに、この波は世を席捲していったのだ。チーズに限っていえば、それまでさほど食卓に上らなかったにもかかわらず、これだけ短期間にお菓子を通してチーズに接した国民も珍しいといえる。裏を返せば、日本の洋菓子界はチーズの普及とその文化の紹介に、計り知れないほどの大きな足跡を残したといえよう。その他、この時代のスイーツマーケットにおいては、贈答用のお菓子として缶詰の水羊羹（榮太樓總本舗）やプリンにゼリー、シガレットタイプのラング・ド・シャ（ヨックモックのシガール）、北海道土産としてホワイトチョコレート（六花亭のふきのとう）などがもてはやされた。それらは、今に至るもロングセラーとして輝きを放ち続けている。

日本のお菓子の流れが変わった

日本ほどインターナショナルな国はない。東西のあらゆるものが集まり、そしてそのどれもが見事に日本に帰化し、生活に組み入れられてきた。食文化、ことにお菓子にあっても長い間にいろいろな国からやってきたが、ただ全部が全部そのままの姿で根付くというわけでもなかった。その都度同化させるべく日本なりに種々の手が加えられていったものも少なくない。そうしたある日、日本の洋菓子業界は鮮烈な驚きに包まれた。フランス菓子店「ルコント」の登場である。かくいうそこは、長年ホテルオークラの製菓長を務めていたアンドレ・ルコント（A. Lecomte）が六本木に開いたお店である。お世辞にも目立つ佇まいではなかったが、そこに並んだお菓子たちは紛れもないパティスリー・フランセーズ。それも全く日本的な手が加えられていないホンモノだったのだ。フランス人が自国のものをごく当たり前に作っただけにもかかわらず、その印象はショートケーキやプリンを見慣れた目には何とも強烈に、そして何より新鮮に映った。このささやかなお店の投じた一石により、明らかにわが国の洋菓子の流れが変わった。ただその前に、その出現を予感させる兆候があったことも確かである。それは東京青山に展開された「ドンク」のお菓子である。実にきれいにまとめられたお菓子群に、お菓子愛好家も業界もこぞって遥けく美しきフランスを垣間見たのだ。このドンク流フランス菓子による強烈なインパクトで、いっせいに目覚めたところへもってきての本場物の登場である。いろいろ試行錯誤を繰り返したが、何のことはない、やっぱり本物はすばらしい。改めてこの事実を知らされたわけである。

日本に本物のフランスパンが登場

話変わってパンの世界。正直いってあの細長くバリバリのフランスパンがこんなに日本で広まるとは誰が想像できただろう。これもまた藤井幸雄氏率いるドンクの功績といっていい。

頃は昭和四〇年代半ばのこと。フランスパン（バゲット）が爆発的大ヒットとなり、パリの地図入りの細長い袋を抱えて歩くことがファッションとなった。これについては一九七〇年の大阪万博がその起点となった。その折、パン作りの神様と謳われたレイモン・カルヴェル（Raymond Calvel）先生の薫陶を受け、フランスより来日したフィリップ・ビゴ（Phillippe Bigot）が本物のそれを紹介。その後同氏共々機械一式を引き取ったドンク率いる藤井幸男がその情熱を引き継ぎ、パンニュース社の西川多紀子がそれに賛同、「フランスパン友の会」を作るなどして強力にバックアップしていった。これらの人々の情熱により、フランスパン文化が日本にも定着していった。続いてピエール・プリジャン（Pierre Prigent）、セルジュ・フリボー（Serge Fribault）といったフランス人技術者が次々に来日し、ドンクに入社。そうした彼らを、藤井幸男の秘蔵っ子・平井政次が総指揮官として取りまとめ、日本の食文化の変革に更なる力を注ぐ。アンドレ・ルコントによって開かれた近代フランス菓子に加えて、同国のパン文化もまた、わが国の食卓に確たる市民権を得ていくことになる。そしてアンデルセン（高木ベーカリー）等のダイナミックな展開による、豊かなデニッシュペイストリーのブームがそれに続く。そこにはかつての菓子パンのイメージは微塵もなかった。改めて顧みるに、この時代はわが国の近代パン文化の草創期でもあったといえよう。

美食の伝道師

先に述べたピエール・プリジャンについて付記する。パリ生まれにしてブルターニュ育ちの彼は、得意のパンの他にも彼の地の名物たるクレープ各種を紹介し、はたまた伝統に基づくフランス菓子を、さらには地に足の付いたフランス料理を、東京・南青山に開いた自店「シェ・ピエール（chez Pierre）」で作り続け、フランス文化の啓蒙に努めてきた。また、在日フランス人の料理人、製菓人たちで親睦の会を作っているが、人望厚い彼はビゴ共々その創設に携わるとともに長年同会の幹事として異国に働く同胞をまとめ、何くれとなく励まし続けて今日までをつないできた。セルジュ・フリボーについては、艱難辛苦の末、ルノートル・ジャポンを背負って水を得た魚のように大活躍をした。

続いてこれらのフランス人技術者の後を追うように、ドイツからはハルツムーツ・カイテル（H. Keitel）が来日して、京王プラザホテルの総料理長として腕を振るう。またスイスからはウォルフガング・ポール・ゴッツェ（W. Paul Götze）が最新スイス菓子を引っさげて来日。バーゼル市にあるコバ国際製菓学校仕込みの鮮やかなテクニックを披露して日本のスイーツ界に新たな風を吹き込んでいった。さらに加えるなら、ドンクの藤井幸男氏が手掛けた食材や製菓・製パン機器類の輸入商社たる日仏商事をそのまま受け継ぎ、見事に発展させた筒井ベルナール（Bernard Tsutsui）、あるいは近いところではダロワイヨのシェフを務めた後独立したフレデリック・マドレーヌ（Frederic Madelaine）、ベルギーから来たチョコレートのエキスパートのヨリス・バンヘー（Joris Vanhee）、フランスの食材を広く紹介しているフランク・ドゥクロメニル（Frank Declomesnil）等々の各氏の貢献も特筆に値する。このようにさまざまなエトランジェ（異邦人）の、時間をかけた地道な努力と流れる汗あって、今日の我々の食卓の豊かさがある。

まなじり決して飛ぶ製菓人

一九七〇年になるやならずやの頃の、邦人パティシエたちに目を転じてみよう。外国への渡航のハードルが下がるにつれ、それまでの遅れを取り戻さんと意を決して飛び立っていった若者たちが、果敢に彼の地でのコンクールに挑み、受賞者の仲間入りを果たし、最新のヨーロッパ情報を携えて帰国。次々に本格的なフランス菓子やドイツ、スイス、オーストリア等のお菓子の店を開業していった。また雑誌などでスイーツ特集の記事が頻繁に紙面を賑わすようになったのもこの頃で、個々の製菓人の感性もみるみる高まっていった。さらに、彼らによって一粒チョコレート菓子の技術や、ヨーロッパで飾り菓子の主流を占める飴細工の技術なども、新たに日本に持ち帰られた。こうした彼らの手により、日本のスイーツ界は一気に流れを変え、新たな潮流が奔流となって世を席捲していくことになる。またそれだけにとどまることなく、作り手も消費者もさらなる新しいテイストや未知のお菓子を求め、マーケットにも毎年の如く流行のスイーツが提案されていくようになる。顧みるに、そうしたことのすべての起点は、まなじり決して挑んでいったこの時期の、若手パティシエたちの熱き血潮たぎる雄飛にあったといえよう。

追いつき追い越す発展の陰に

たかがお菓子、されどお菓子。その長い道のりを今日の繁栄に導いてくれた方々は、内外を問わず前述の如く数知れず。筆運ぶ紙数に限りあるは残念だが、限られた紙幅を前にどうしても追記させていただきたい方がさらにお二人ばかりおられる。歩まれた道のりは全く異なるが、甘き世界の受けた恩恵は比肩しようのない大きなものがある。

理論と科学、お菓子の世界を学問に

お一人は松田謙一氏である。ご自身華やかな場面に出ることが少なかったため、一般の方々には馴染みのないお名前と思うが、同氏の人生、略歴改めて振り返るに、一見波乱万丈のようでいて、その実ドーンと貫くお菓子一徹の道に心打たれるものがある。

先ずは地道に歩んだ前半と中盤。決して派手やかなものではなかった。大正一二年大阪明治屋製菓部入社。その後何軒かのお菓子屋を経て、昭和九年より発展期で勢いづく不二家に入り、製品開発に従事。そのキャリアを見込まれて昭和一三年より農林省農村工業指導所にて食品加工の研究、指導に当たる。思うに不二家からこのあたりまでの間に、後々の深い見識と鋭い洞察力、そしてそれに伴う科学の目が培われていったようにお見受けする。

さりながらこうした前半生から形成された感性、素養には、戦後の荒廃と生き抜くためのみの競争社会は、想像以上に過酷なものであったようだ。事実その生業において多くのことを手がけるが、お世辞にも商売上手とはいい難く、度毎に失敗、やり直しを繰り返していく。その割りにご当人はいたってケロッとしていたというのが救いだが、いよいよ丸裸になっていったというご家族のご苦労ご心痛は察して余りあるものがある。

終戦直後は、雑踏極める上野に甘い物屋らしきものを開き、続いて有楽町の日劇の地下に移り、第一ホテルのバックアップを仰ぎながら、ケーキ屋を始める。が、これもうまくいったとはいいがたく、ほどなく撤退。昭和二八年に松田製菓を設立し、生菓子から一転してアーモンド・ドラジェの製造に着手する。今でこそファッショナブルな糖菓として知られているが、当時はそんなしゃれたお菓子など知る人とてない。これぞヨーロッパの銘菓と喧伝にあい努めるが案の定さっぱりで、やむなくいつもご近所に配って歩いていたという。

しかしこれごときでくじける氏ではない。今度はどうして名付けたかローズバットなる名の大ぶりのキスチョコや生姜の砂糖漬け等、次々と斬新なアイデアを披露していく。そんな時、明治製菓がその発想と技術とキャリアを見込んで製品開発の依頼に訪れる。そこで彼が手ほどきしたのがマーブルチョコレート。これが今にしては神話に近いほどの勢いで世を席捲していった。甘い物の戦後史の中でもペコちゃん微笑む不二家のミルキーと並ぶ指折りの大ホームランとなった。氏の技術指導で大輪の花を咲かせたものはこの他にも数知れず、たとえば今をときめく北海道のホワイトチョコレートもそのひとつである。帯広の千秋庵、後に改名した六花亭からの発売であったが、この後同地に続々と同様のものが現れて、北海道中を覆ってしまったところを見ると、村興しならぬ道《どう》興しの満塁ホームランであった。初めはブラックチョコレートだったというが、雪国による白のひらめきと化学的な積み上げにより、ホワイトに変えて完成させたという。

実をいうと、当時の日本の技術力ではまだホワイトチョコレートは、手に余る難しい仕事だったのだ。その後は推して知るべし、同氏を訪ねて教えを請う人、陸続したことは申すまでもない。後年、日本洋菓子協会という組織にあって、指導的立場から業界を眺め、歯に衣着せぬ明快な、それでいてウイットに富んだ言動で天下のご意見番に徹し、周囲はまた畏敬の念を払いつつ、こよなく慕っていった。かくいう松田謙一氏こそが、わが国の長い洋菓子史にあって、勘と経験を頼りにそれを良しとしてきたこの道を、ケミカルにしてサイエンスの世界であることを立証し、ひとつの学問として捉え高めていった数少ない貴重な先達であった。

海を越え来る同胞を支えて

続いてもうおひと方。こちらはパリ在住の商業デザイナー、里見宗次《むねつぐ》先生。同氏の足跡もまた、たかだかの紙数で語れるものではない。一九〇四（明治三七）年大阪に生まれ、一九二二（大正一一）年一八歳で渡仏。パリの国立美術学校に入学を果たす。この年齢が同校の入学の上限というゆえ、さすがは才能の開花研賛を重んじる芸術の都である。ギリギリそれに併せて雄飛した氏の志また当初よりすでに、人並み外れて高みにあったといえようか。三年で卒業した彼はいきなり春、秋のサロンで連続して入選。続く一九二八年、フランスの代表的なタバコであるゴロワーズのポスターで一等賞。一九三二年にはフォワール・ド・パリのポスターで再び一等賞。翌年の六日間自転車競走ポスターでまたまた一等賞と、フランスを代表する催事でたて続けに優勝の栄誉に輝き、一躍デザイナー界の新星として遍く知られるところとなった。

高まるムネ・サトミの名声は遠く祖国にまで及び、当時自他ともに国際企業を任じてはばからぬミキモトパールがポスター依頼に訪れた。次いで手掛けた日本国有鉄道のものでは、パリ万博の名誉賞を受賞し、加えてオランダ航空の依頼等、内外の評価はとどまるところを知らない。またその実績に加え、温厚で面倒見のよい誠実な人柄から、いつしか在留日本人美術家協会事務官に任命されてしまった。梅原隆三郎や藤田嗣治、荻須高徳、高田力蔵といった邦人や世界の一流の作家、アーティストたちとの交流が深まっていったのもこの頃である。

さて、華麗にして一途な足跡たどれば際限がないが、実は里見氏が渡仏した大正一一年、おりしも日本の菓業界からは甘き風雲児・門倉国輝青年が同じくフランスを訪れており、単身お菓子の研賛に勤しんでいた。パリ広しといえども数少ない邦人同士、互いの存在はすぐに知れるところとなる。志す道は異なれど、異国で骨身を削る者のみに通じる熱きものに互いに魅かれ、たちどころにして肝胆相照らす仲となり、以来六〇余年両氏の親交は日仏に離れながらも、なお深みを増して続いていく。

ところで雲行きの怪しくなる昭和一五年、フランス語が堪能ということもあって、外務省嘱託タイ・仏印国境確定委員としてバンコクへ渡ることになる。どうしても日本に落ち着けない運命にあるようで、そのまま終戦を迎えた。敵国ということで連合軍キャンプに収容されたが、解放されるやたちどころに腕を発揮し、タイの宣伝ポスターで優勝する。芸術に国境なしを実証してみせたのだ。そして今度は日本に帰ると思いきや、氏は迷うことなくさっさとフランスへ帰ってしまった。芸術的活動の場は残念ながらまだ日本にはないと見たのだ。

一方戦後の日本だが、しばらくは渡航の自由もなく鳴りをひそめていたが、昭和も三〇年代を過ぎる頃より、渡欧する人がボツボツ現れてきた。いくらか落ち着いたとはいえ、こと海外に赴くとなれば、世慣れた今と違ってその心細さはひとしおである。そうした時の、現地に在住している邦人の存在は、訪れる者にとっては計り知れなく大きなものがある。彼らのもとには縁も所縁もない人たちまでもが、ありとあらゆる伝を探っては次々と訪れ、さまざまな要求と助けを求めた。お菓子の分野とて例外ではない。菓業界のリーダーの一人たる門倉国輝氏との縁の深さから、その繋がりを頼りに、門倉氏経営のコロンバン関係以外にも、実に多くの人が里見氏のもとを訪れる。受け止める氏も大抵ではない。何しろひっきりなしにわけの分からない人たちが訪ねてくるのだからたまらないはずだ。

恥ずかしながら筆者もそうした一人ゆえ、人一倍身の縮む思いの致すところだが、その大変さは身に沁みて分かる。氏に比すべくもないほんのわずかな期間であったが、お世話になって後の滞在中、刹那的には同じような立場に身を置いたことがあった。そうした折、氏ほどではないにしても、まま同胞の方が訪ねてこられる。その方がたとえいくらかでも言葉を準備してくれていたなら少しは助かるのだが、そうでないと分かるとたんに身体中が汗ばんでくる。観光案内ぐらいならここぞと一緒に楽しめるが、就職のお世話ともなるとえらい騒ぎとなる。国が違えば習慣も法律も異なる。先ず希望に沿うところを見つけて雇用契約を取りつけるのもひと仕事だが、それ以上に滞在許可証、労働許可証、社会保険の手続き等、外国人ならではの問題も山ほどある。無事どこかにお世話できたとしても、その滞在中のトラブルや悩み事は、成り行き上ある程度は心配してあげねばならない。外国で生きていくということは一種の戦いである。筆者などは人一倍寂しがりやゆえ、とても永住の決意など致しかねるが、そんな真剣勝負の生活の場に、同胞というだけで訪れる、数え切れぬほどの見ず知らずの菓業人たちの面倒を、氏はいやな顔ひとつせずに見続けてきたのだ。物みな豊かになり、懐も厚く、心配ごとひとつなく、国内旅行の気分で海外に出かけられるようになった昨今では考えられぬことだが、今日のわが国の洋菓子文化発展の陰には、洋菓子史の表には出てこないこんな支えがあったのだ。

そのムネ・サトミこと里見宗次先生、なんと九一歳で天寿をまっとうするまで、現役商業デザイナーとして活躍し続け、残した作品は実に二万点を優に超えるまでになっていたという。そして一九九六年、最愛の妻とかつての盟友にして菓聖と謳われた門倉国輝氏のもとに……。その偉業にエールを送るとともに菓業界あげて、氏より賜った恩恵に心より深く謝意を表さねばなるまい。

昭和五〇年代——バレンタイン&ヌーヴェル・パティスリー

昭和五〇年代に入る頃から、小型でおしゃれなフランス菓子とは対照的に、アメリカンタイプと称するカットケーキが流行し、お菓子好きの人々の選択の幅を広げた。また、パティスリーに飽き足りなくなった製菓業界は、一粒チョコレート菓子への傾斜を深めていく。ただ、これは本来味も形もさまざまに作られるものだが、中身がガナッシュでできているトリュフの名を付けたものだけが独り歩きしてしまったのも、いかにも日本的な流行であったといえる。このことがきっかけとなってか、バレンタインデーも一気に商戦のイベントとして位置付けられ、さらにエスカレートして、義理チョコやパロディーチョコなどが世を賑わせた。またこのブームを機に、そのお返しの日としてホワイトデーなるものが一九八〇年頃に生まれ、大きなイベントに成長していった。昭和五〇年中期には、お菓子の主流を歩むフランス菓子の傾向が、ヌーヴェル・パティスリーと称されるムースを中心とした軽いものに移行していく。これはフランスのミッテラン政権の誕生による労働時間の短縮に対応するためのもので、ショックフリーザーの活用に合わせて生まれたお菓子である。同後期になると、トラディッショナルから最新のものまで、一応フランス及びヨーロッパ菓子の習得を終えたわが国の製菓業界は、新たな形態を求めて動き出す。そして、従来のようにあらかじめ焼成して詰め合わせにするのではないアメリカンタイプの焼きたてクッキー、できたてをその場で提供するアイスクリームやシャーベット、あるいはきれいな器に盛ってソースや飾りを添えて供するデザート菓子（アシエット・デセール）などが次々と提案され、ブームとなっていった。

甘き才媛の活躍

でき上がるデリケートな製品群とは裏腹のハードな仕事内容から、これまでお菓子作りは自ずと男性主導の世界となっていた。しかしながら、機器類の発達による重労働からの解放もあって、女性の製造面への進出が急増していった。ただ考えるまでもなく、量を求めぬ立場に立てば、まさしくお菓子作りは家庭向きのたおやかな作業であり調理技術である。女性ならではの感性の表しどころも随所に見出すこともできる。そうしたことに目覚めさせるとともに、ただ難しく面倒で遠いところにあると思われていた世界を、身近にそして夢のあるものとして広く世に紹介の労をとってくれたのが、女性のお菓子研究家の先生たちであった。宮川敏子や森山サチ子といった才気溢れる方々の啓蒙を受けた人は数知れぬほどである。

配合も作りやすい小分量に書き改め、複雑に思える手順を女性らしく細やかにかつ優しく解説し、時には物語を添えて夢をかき立て、工芸的なテクニックも手芸の要領で馴染ませていってくれた。こうした内側からの教育活動は、お菓子文化の高揚にどれほど大きな効果を与えたか分からない。家庭の主婦やお嬢さん方に、卵や砂糖、バター、小麦粉といったバラバラの素材を自らの意志でまとめ、形あるものに仕上げていく喜びを知らしめたこと、また甘き世界に対する造詣を深めさせ、お菓子作りを通して、多くの人々の人生を豊かならしめた功績は、これまでの男性にはほとんど成し得なかったことではなかったか。その努力と熱意に表敬の念を禁じえぬは、筆者のみにてはあらぬはず。内なる甘き使徒、活字媒体に電波媒体に今日も活躍せる後続のマドンナ先生方にもエールを送りたい。

昭和六〇年代〜平成・令和時代

豊かな社会と洗練されたものへの道

昭和六〇年代——次々と打たれる手

チーズケーキやチョコレートケーキ、あるいは手作りチョコレート菓子、新しい提供の仕方によるクッキーや氷菓と、さまざまなジャンルを次々と網羅していったところで、比較的手薄になっていた半生タイプの焼き菓子に注目が集まった。そして脱酸素剤や粉末アルコール製剤使用といった新しい保存方法の開発を背景に、マドレーヌやフィナンシエ、フルーツケーキなどが自家需要やギフト商品としてシェアを拡大していった。一方では、よりおしゃれに小型化、高級化していった反動と、食後の満足感の訴求から、大ぶりで価格を抑えた大型シュークリームなどに人気が集まっていった。また、マスコミ媒体等における女性のお菓子研究家たちの活躍もますます盛んになり、甘味文化がより広く、深く知らしめられ、お菓子のファン層の拡大につながった。

平成時代以降——より高いハードルに向かって

日本の製菓業界の国際化がいっそう進み、海外でのコンクールの活躍の場も更に増えてきた。これまでとは比較にならないほどの海外渡航の日常化や豊富な情報量により、日本の製菓技術のレベルも急速に向上していった。このことは製パン業界もまた同様で、度ごとの、お菓子やパンのコンクールにおける日本人の入賞や優勝に、国際的な評価も一気に高まった。そして、ついには日本人の参加なくしては国際大会が成立たないのではないかと思われるまでに、その存在感は増していった。一方、国内においては、バブル成長期から崩壊へとその背景も急変し、大手や老舗、名店のいくつもが市場からの撤退を余儀なくされた。

そうしたもろもろの事情に合わせ、お菓子の傾向もまた変化を遂げていった。たとえば高額なギフト需要に重きを置いた商品構成も、バブル崩壊後はいっとき低価格帯中心に衣替えし、社会の動きとニーズに対応していった。そしてそれが落ち着くと、その反動もあってか一転し、さらなる高級化路線に走ったりもしている。また、これまでのフランス菓子主導から、よりインターナショナルな感性へと切り口の幅が広がっていった。そしてマスコミの影響を強く受けながら、ほぼ毎年のように流行のお菓子が作られていった。その背景には原料メーカーや商社などの仕掛けもあり、大きな効果を発揮したが、根本には何よりもそうしたことを楽しもうとする消費者の心理が働いていた。

味覚上の変遷とは別の、もうひとつの流れについても記しておこう。一九九〇年代後半より今に続く健康志向の高まりである。マクロビオテックに始まり、黒酢、黒豆などの黒い食品、赤唐辛子、アセロラなどの赤い食品、あるいは五穀、雑穀類などが次々に注目を集めた。その一方では、各メーカーは賞味期限、消費期限に気を遣い、添加物やアレルギー物質の表示にことのほか気を配る。他方、消費者心理はさらに細かな配慮を求めるようになり、世の中はより高いハードル、そしてクリーンな状況を求めていく。

マーケットの変化

顧みるに平成という時代、お菓子やパンそのものの変化や進化もさることながら、それを求めるマーケットにも、大きな地殻変動が起っていった。デパートの地下にシフトされている食料品部に改めて熱いまなざしが向けられた、いわゆるデパ地下ブームである。続いてホテイチ。名のあるホテルの一階に作られた、そこのベーカー部製のパンや惣菜、デザートの類が注目を集めたのだ。さらには空港におけるソラナカ、鉄道のエキナカ、地下鉄のチカナカカと、新たなショッピングゾーンが作られていく。それどころか全国各地にくまなくコンビニエンスストアがシフトされていく一方、巨大なモール型ショッピングセンターも続々と立ち上がっていく。さらにはインターネットを利用してのネット販売システム、ギフトの贈答や返礼におけるカタログ販売等もいよいよ充実。加えて街なかにおいても、次々とホットスポットが作られていく。時代は大きなうねりをもって変革を遂げている。そしてそこにはまた新たなニーズが生まれ、それに応えんとするスイーツや贈答用のパン類なども作られ、さらにウォンツを先取りした提案がなされていく。この美味なるマーケットはますます楽しみな、エキサイティングなものになっていく。

新しき時代

顧みるにわが国のお菓子やパンの歴史とは、南蛮渡来の昔より、いかに学び取り入れるかに腐心してきたかの足跡であった。そしてふと気が付けば、世界をリードする立場に立つまでになっていた。ただ、自らの開発によって世界の製菓・製パン界に直接寄与できたといえるものは、さほど多くは見当たらなかったように見受ける。しかしながらこれからは違ってこよう。国力の充実に伴い、新たな文化の担い手として、相応の責務が求められてくる。いってみれば、長きにわたる習得の時を終え、今ようやくにして、西洋各国と肩を並べ、同じスタートラインに立てるまでになったのだ。この美味なる文化に所縁を持つ人々は、これよりは先達の印した深く重く長き軌跡を踏まえた上で、いかにインターナショナルな立場でお菓子の世界に貢献できるかを考えなければならないだろう。幸い特に近年においては、世界各国との国際交流もますます深まりを見せ、先に述べた如く国際舞台におけるコンクール等での邦人の活躍もかつてないほどの盛り上がりを見せている。頼もしくかつ新しい息吹を感じる。まさしく今ここに新たな歴史の始まりを見る思いがする。いにしえの驚きに始まり、刻苦の歴史を踏まえて豊かな今日を迎え、そしてさらに輝ける未来に向かわんとする美味なる世界に幸あれと祈りつつ、筆を置くこととする。

あとがき

人類の草創期及び神代の時代から今日に至るまでをたどってきた『古今東西スイーツ物語』、いかがでしたでしょう。

スイーツの足跡をたどるものとしては、過去にも何冊か上梓の機会を持たせていただきました。最初の取り組みは一九八六年で、お菓子業界の老舗出版社である製菓実験社よりの『洋菓子の世界史』なる書。これにはフランス製菓組合のジャン・ミエ会長から推薦のお言葉を賜りました。続いては時事通信社より『お菓子の世界・世界のお菓子』、朝文社より『西洋菓子彷徨始末』『西洋菓子・世界の歩み』『西洋菓子・日本の歩み』、更にはお隣の韓国からは韓国語版にて *Histoire de Pâtisserie* を……。そしてその度毎に内容も豊かになっていきました。情報の限られていた昔日と異なり、近年は新しいニュースがどんどん入ってきます。それにつれ通説の訂正がなされたり、また不明や空白部分も次々に埋まり、そしてそこに新たな発見も加わります。

さてこの度ですが、そうしたことも総括しつつ、世界と日本というこのふたつのスイーツの流れを、対比しやすく何とか一冊に収めることができないものかと腐心し、極力双方のスリム化を心掛けながら、改めて拙筆を執らせて頂きました。さりながら、いざとなるとあれもこれも捨てがたい、加えて更なる新たな情報もと欲が出て、結果、当初心積もりしていたほどの紙数の削減には至らず、そこそこのボリュームとなってしまいました。またニュースソースにあっては、メジャーな情報に偏るきらい少なからず、さらには地域的にも世界にあっては主要先進国に、日本にあっては首都圏に偏る傾向も否めず、反省すべき点も多々残すところとなりました。そうしたことにつきましては遍くご批判を甘受するとともに、すべからく筆者の浅学にして至らぬ故と、平にお許し賜るようお願い申し上げます。

終わりにあたり、拙筆拙文にもかかわらず、本書に上梓の機会をお与えくださった松柏社社長の森信久様、編集の労をお取りくださった戸田浩平様をはじめ、本書の出版に手をお貸しくださったすべての方に、衷心より厚く感謝の意を表させていただきます。

二〇二二（令和四）年　早春

吉田菊次郎

参考文献

●世界のスイーツ物語

Ein new Kochbuch. Marx Rumporlt. 1581.

Ein Kostlish new Kochbuch. Heimeran. 1598.

Le pastissier François. François Pierre de la Varenne. 1655.

Neues Salzburgisches Kochbuch. Conrad Hagger. 1719.

Braunschmeigisches Kochkunst. Olms Presse, 1789.

Physiologie du Goût ou Méditation de Gastronomie. Brillat-Savarin Jean Anthelne. 1828.

Le Cuisinier Parisien. Antonin Carême. 1828.

Le Pâtissier Royal Parisien. Antonin Carême. 1841.

L'art de la Cuisine Française au XIXe siècle. Antonin Carême. 1847.

Anweisung in der feinenn Kochbuch. J. Rottenhöfer. 1851.

Le Pâtissier Pittoresque. Antonin Carême. 1854.

La Cuisine Artistique. Urbain-Dubois & Emile Bernard. 1872.

Praktisches Kochbuch. Senriette Davidis. 1875.

Le Grand Livre des Pâtissiers et des Confiseurs. Urbain Dubois. 1883.

Le Pâtissier Moderne. Gustave Garlin. 1889.

Die Kochkunst in Zwei Jahrtausenden. Traudl Seifert & Ute Sametschek. 1900.

Le Mémorial des Glaces. Pierre Lacam. 1911.
Praktische Konditoreikunst. 1916.（著者不詳）
Die Kunstgeichteder Susswaren. Hanns.（出版年不詳）
Traité de Pâtissier Moderne. Emile Darenne & Emile Duval. 1920.
Traité général de Confiserie Moderne. Emile Duval. 1920.
Ile Pasticciere e Confettiere Moderno. G. Ciocca. 1921.
Wiener Kochbuch. Louis Seleskomik. 1923.
Le Repertoire de la Pâtisserie. Jean-Louis Banneau. 1925.
Calendrier gastronomique. Grimod de la Reynière. 1946.（復刻版）
Une vie, du pain et des miettes. Raymond Calvel. 1958.
Guia del Goloso. Pauta. 1958.
The chocolate lover's companion. Norman Kolpas. 1977.
Le livre de recette d'un compagnon du tour de France. Ives Thuries. 1977.
Le pain. Bernard Dupaigne. 1979.
L'art Culinaire au XIXe siècle Antonin Carême. Jacques Chirac. 1984.
Das Brot. Uitgeverij Lannoo. 1984.
La grande Histoire de la Pâtisserie-Confiserie Française. S. G Sender & Marcel Derrien. 2003.
『ぱん由来記』、安達巖、東京書房社、一九六九年
『菓子の文化史』、締木信太郎、光琳書院、一九七一年

『ラルース料理百科事典』、三洋出版貿易、一九七五年
『美味礼賛』、ブリヤ・サヴァラン、関根秀雄訳、白水社、一九七六年
The International Confectioner（『現代洋菓子全書』）、三洋出版貿易、一九七七年
Le livre du pain（『パンの本』）、ジャーク・モンタンドン、山本直文・林憲一郎共訳、パンニュース社、一九七八年
『古代アステカ王国』、益田義郎、中公新書、一九八〇年
『美食の手帳・くらしっく・ど・ら・たーぶる』、大木吉甫編・訳、三洋出版貿易、一九八一年
『フランス料理を築いた人々』、辻静男、鎌倉書房、一九八一年
『フランス料理の歴史』、ジョルジュ・ブロン、ジェルメース・ブロン、杉富士雄・杉文子・松田照敏共訳、三洋出版貿易、一九八二年
『ヨーロッパ歳時記』、植田重雄、岩波新書、一九八三年
『チョコレート百科』、森永製菓編、東洋経済新報社、一九八五年
『アイスクリームの本』、森永乳業編、東洋経済新報社、一九八六年
『フランス料理』、フランソワ・ルリ、小松妙子訳、白水社、一九九一年
『菓子たちの道しるべ』、熊崎賢三、合同酒精（株）製菓研究室編、一九九二年
『名前が語るお菓子の歴史』、ニナ・バルビエ、エマニュエル・ペレ、北代美和子訳、白水社、一九九九年
『宮廷料理人アントナン・カレーム』、イアン・ケリー、村上彩訳、ランダムハウス講談社、二〇〇五年
『世界の歴史』、宮崎正勝、ナツメ社、二〇一〇年
『ケーキの歴史物語』、ニコラ・ハンブル、堤理華訳、原書房、二〇一二年

『アイスクリームの歴史物語』、ローラ・ワイス、竹田円訳、原書房、二〇一二年

◉日本のスイーツ物語

『倭漢三才圖會』、寺島良安、一七一三年
『古今名物御前菓子秘伝抄』、一七一八年
『長崎夜話草』、西川如見、一七二〇年
『餅菓子即席増補手製集』、十辺舎一九、一八一三年
『西洋料理通』、仮名垣魯文、一八七二年
『和洋菓子製法独案内』、岡本半渓、一八八九年
『實用料理法』、東京博文館、一八九五年
『食道楽』、村井弦斎、報知社出版部、一九〇三年
『喫茶の友』、山本亀治郎、一九〇三年
『阿住間錦』、古川梅次郎、阿住間錦発行所、一九二五年
『菓寶』、和洋菓子聯合技術奨励会、一九二八年
『日本史・前編』、ルイス・フロイス、高市慶雄訳、日本評論社、一九三二年
『菓子研究』、菓子研究会、一九三五年
『一商人として』、相馬愛蔵、岩波書店、一九三八年
『夏の飲物と冷菓子の作方百種』、主婦の友七月號附録、一九三九年
『家庭のパンとお八つの作方』、主婦の友社編、一九四一年

『日本の菓子』、山崎斌、月明文庫、一九四二年
『一流料理人腕くらべ・日・米・佛・露・中華・夏のお料理大全集』、婦人倶楽部六月号附録、一九四九年
『お菓子のスタイルブック』、黒田初子、日本織物出版社、一九五一年
『ビスケット』、婦人の友社、一九五二年
『ガトー』、社団法人日本洋菓子協会連合会、一九五二～二〇二一年
『上古の倭菓子』、山下晃四郎、日菓加糖新聞社、一九五八年
『パンの日本史』、足立厳、ジャパンタイムス、一九五八年
『日本チョコレート工業史』、日本チョコレート・ココア協会、一九五八年
『日本洋菓子史』、池田文痴奄編、社団法人日本洋菓子協会、一九六〇年
『商道五十年』、宮崎甚左衛門、実業之日本社、一九六〇年
『お菓子の百科』、芝崎勝弥、光琳書院、一九六三年
『デモ私立ッテマス・ユーハイム物語』、株式会社ユーハイム、一九六四年
『日本巡察記』、ヴァリニャーノ、松田毅一・佐久間正共訳、桃源社、一九六五年
『凮月堂本店の由来・小説風清く月白し』、中村達三郎・小島政二郎、神戸凮月堂、一九六八年
『製菓法・洋菓子編』、協同組合全日本洋菓子工業会、一九六九年
『世界の菓子・ＰＣＧ』、協同組合全日本洋菓子工業会、一九七〇～二〇二一年
『菓子の文化史』、締木信太郎、光琳書院、一九七一年
『アイスクリームハンドブック』、半澤啓二、光琳書院、一九七二年
『日本キリシタン殉教史』、片岡弥吉、時事新報、一九七九年

『菓子製造全書』、日本菓子教育センター、一九七九年
『おろしゃ国酔無譚』、井上靖、文藝春秋、一九八一年
『世界を見てしまった男たち』、春名徹、文藝春秋、一九八一年
『さざなみ軍記・ジョン・万次郎漂流記』、井伏鱒二、新潮社、一九八二年
『ペトロ岐部』、松永伍一、中央公論、一九八四年
『チョコレート百科・森永製菓編』、東洋経済新報社、一九八五年
『アイスクリームの本・森永乳業編』、東洋経済新報社、一九八六年
『和菓子の系譜』、中村孝也、図書刊行会、一九九〇年
『コスモポリタン物語』、川又一英、コスモポリタン製菓、一九九〇年
『南蛮資料の発見』、松田毅一、中央公論社、一九九一年
『天正遣欧使節』、松田毅一、朝文社、一九九一年
『南蛮のバテレン』、松田毅一、朝文社、一九九一年
『慶長遣欧使節』、松田毅一、朝文社、一九九二年
『フロイスの日本覚書』、松田毅一、E・ヨリッセン、中央公論社、一九九二年
『日本史研究』、笠原一男、山川出版、一九九二年
『日本書記』、宇治谷孟、講談社、一九九二年
『食の文化史』、大塚滋、中央公論社、一九九二年
『切支丹時代』、遠藤周作、小学館、一九九二年
『思い思いのホテル思い』、社団法人日本ホテル協会、一九九二年

『フランシスコ・ザビエル』、津山千恵子、三一書房、一九九三年
『ザビエルを連れてきた男』、梅北道夫、新潮社、一九九三年
『初めて世界一周した日本人』、加藤九祚、一九九三年
『熱血商人』、渡辺一雄、徳間書店、一九九三年
『支倉六右衛門と西欧使節』、田中英道、丸善ライブラリー、一九九四年
『和菓子ものがたり』、中山圭子、新人物往来社、一九九四年
『ふうげつ物語』、株式会社上野凮月堂、一九九五年
『カステラ文化誌全集』、株式会社カステラ本家福砂屋、平凡社、一九九五年
『ぽるとがる遊記』、角幡春雄、新潮社、一九九五年
『Ice Cream Data Book 九五』、アイスクリーム新聞社、一九九五年
『菓商・小説森永太一郎』、若山三郎、徳間書店、一九九七年
『日本チョコレート・ココア協会五〇年の歩み』、日本チョコレート・ココア協会、二〇〇二年
『虎屋の五世紀』、株式会社虎屋、二〇〇三年
『中村屋のボース』、中島岳志、白水社、二〇〇五年
その他自著を含む内外諸文献

●著者略歴

吉田菊次郎（よしだ・きくじろう）

俳号・南舟子（なんしゅうし）　一九四四年（昭和一九年）東京生まれ。明治大学商学部卒業後渡欧し、フランス、スイスで製菓修業。その間、第一回菓子世界大会銅賞（一九七一年於パリ）他、数々の国際賞を受賞。帰国後「ブールミッシュ」を開業（本店・銀座）。現在同社会長の他、製菓フード業界のさまざまな要職を兼ねる。文筆、テレビ、ラジオ、講演等でも活躍。二〇〇四年、フランス共和国より農事功労章シュヴァリエ叙勲及び厚生労働省より「現代の名工・卓越した技能者」受章。二〇〇五年、厚生労働省より「若者の人間力を高めるための国民会議」委員拝命。同年、天皇皇后両陛下より秋の園遊会のお招きにあずかる。二〇〇七年、日本食生活文化賞金賞受賞。二〇一一年、厚生労働省より「職場のいじめ、嫌がらせ問題に関する円卓会議」委員拝命。二〇一二年、大手前大学客員教授に就任。二〇一四年フランス料理アカデミー・フランス本部会員に推挙される。同年、果実王国やまなし大使に任命される。その後も国内外の受賞多数。主な著書に『あめ細工』『チョコレート菓子』『パティスリー』『洋菓子の工芸技法』（柴田書店）、『洋菓子事典』（主婦の友社）、『デパートB１物語』（平凡社）、『お菓子漫遊記』『お菓子な歳時記』『父の後ろ姿』（時事通信社）、『西洋菓子彷徨始末』「東北スイーツ紀行」『左見右見』『水脈』（朝文社）、『今までにないスイーツの発想と組み立て』（誠文堂新光社）、『洋菓子百科事典』（白水社）、『流離』『スイーツ歳時記＆お菓子の記念日』（松柏社）、『万国お菓子物語・世界をめぐる一〇一話』（講談社）他多数。

古《こ》今《こん》東《とう》西《ざい》スイーツ物《もの》語《がたり》

二〇二二年五月三十一日　初版第一刷発行

著　者　吉《よし》田《だ》菊《きく》次《じ》郎《ろう》

発行者　森　信久
発行所　株式会社 松柏社
〒一〇二-〇〇七二
東京都千代田区飯田橋一-六-一
電　話　〇三（三二三〇）四八一三（代表）
FAX　〇三（三二三〇）四八五七
メール　info@shohakusha.com
https://www.shohakusha.com

装丁・本文設計　常松靖史［TUNE］
組版・校正　戸田浩平
製版・印刷　精文堂印刷株式会社

ISBN978-4-7754-0286-3